Marie-France Castarède
Samuel Dock

Le nouveau choc des générations

PLON
www.plon.fr

12, avenue d'Italie
75013 Paris
Tél. : 01 44 16 09 00
Fax : 01 44 16 09 01
www.plon.fr

ISBN : 978-2-259-22770-4

A Marie-Berthe et Béatrice.

La mère figure le commencement, des émotions comme de la voix ; grâce à vous, nous avons pu faire entendre les nôtres.

Les aînés sont séparés de la jeunesse parce qu'ils forment eux aussi une génération étrangement isolée. Aucune génération n'a jamais connu, assimilé des changements aussi rapides ; aucune n'a vu les sources de l'énergie, les moyens de communication, la définition de l'humanité, les limites de l'univers explorable, les certitudes d'un monde connu et limité, les impératifs fondamentaux de la vie et de la mort se transformer sous ses yeux.

Margaret MEAD,
Le Fossé des générations.

Un déni du langage est en train de s'installer, auquel contribue aussi l'hypercommunication numérique avec ses « éléments de langage » qui émiettent les esprits jusque dans les plus hautes sphères politiques. (...) Cette vague dans laquelle se complaisent les médias menace la civilisation du livre et du verbe bien au-delà de la psychanalyse.

Julia KRISTEVA,
Pulsions du temps.

Avant-propos

Il me plaît de penser que ma décision d'écrire ce livre est née non d'une démarche raisonnée et anticipée, mais d'émotions imprévisibles et vécues.

J'ai interrompu à soixante-huit ans mes fonctions de professeur de psychopathologie à l'université de Besançon, belle ville de Franche-Comté, où j'ai gardé des souvenirs agréables de mon enseignement ainsi que d'un colloque organisé sur *La Voix*. Pour cet événement, mes étudiants m'avaient beaucoup aidée et j'avais pu rassembler d'éminents spécialistes autour de ce sujet qui m'a toujours tenu à cœur[1]. Préfacé par André Green, un livre, publié en 2005 et recensant les actes de ce colloque, avait récompensé ce travail. La voix, c'est ce qui soutient le langage et ce qui vous relie à une personne. Elle en est la métonymie ! Celle d'un professeur, tout au long de vos études, représente ce qui vous attache à lui, dans sa présence et son originalité.

Or, voici qu'un de mes anciens étudiants de Besançon, habitant désormais Paris, m'invite à la rencontre-dédicace autour de son roman *L'Apocalypse de Jonathan*[2]. Je décide de m'y rendre, curieuse et intriguée par cette nouvelle, communiquée par mail. Je reçois de sa part un accueil enthousiaste. Je comprends devant cette effusion imprévisible qu'il a gardé

1. Castarède, M.-F. (1987), *La Voix et ses sortilèges*, Paris, Les Belles Lettres, 2000 ; *Chantons en chœur*, Paris, Les Belles Lettres, 2012.

2. Dock, S. (2012), *L'Apocalypse de Jonathan*, Paris, Ed. Le Manuscrit.

de moi un bon souvenir et j'en suis non pas reconnaissante, mais émue. Il me présente à son entourage et à ses lecteurs avec une chaleur qui me surprend et me touche.

Rentrée chez moi, mon étonnement ne faiblit pas. Je suis véritablement remuée, au point de ressentir le désir de répondre à son appel à communiquer. J'adresse à Samuel un mail pour l'inviter à prendre un verre et renouer ainsi avec nos souvenirs. Je feuillette son roman, saisie par le style, extrêmement intense, mais remets à plus tard la lecture de ce livre d'un peu plus de quatre cents pages que j'emporterai pour mes vacances. J'attends sa venue le jour convenu et nous devisons avec complicité, d'autant que je me rappelle lui avoir mis 18/20 à son mémoire de recherche, note exceptionnelle que je ne donne que très rarement. Emportée par une intuition inexplicable, je vais dans ma bibliothèque et saisis, sans hésitation, après des années sans l'avoir consulté, l'ouvrage de Margaret Mead, *Le Fossé des générations*. Je le donne à Samuel pour qu'il le lise, anticipant sans la prévoir rationnellement sa curiosité. Peut-être pourrions-nous écrire à deux voix sur ce sujet ? Cette question me traverse l'esprit inopinément, sans doute parce que sa jeunesse chaleureuse m'intrigue et m'interpelle. J'ai été son professeur mais c'est à lui maintenant de me communiquer ses idées sur ce fossé *intergénérationnel* dont nous sommes tous témoins aujourd'hui.

J'ouvre une parenthèse pour situer l'originalité de cet écrit. A son époque, avec d'autres anthropologues et psychanalystes, Margaret Mead avait ouvert, outre-Atlantique, le *courant culturaliste* (Bronisław Malinowski, Ruth Benedict), montrant que la *science psychanalytique* devait s'ouvrir aux conceptions culturelles et sociales des populations concernées. Son étude, *L'Adolescence aux îles Samoa*, qu'elle fit en Océanie, datée de 1928, avait interpellé les psychanalystes européens et américains sur la grande variété des mœurs et coutumes qui devaient infléchir les interprétations psychanalytiques, notamment à l'âge de l'adolescence[1]. Dans son livre *Le Fossé des générations*, écrit en 1969, soit juste après les événements de 68, Margaret Mead distinguait trois cultures, *la culture postfigurative, la culture cofigurative* et *la culture préfigurative*. Dans la première, le changement est lent, imperceptible, et les enfants sont instruits par leurs parents ; dans la deuxième, le modèle social qui prévaut est le comportement des contemporains et les adultes apprennent de leurs pairs ; dans la troisième, préfigurative, Margaret Mead écrit que « dans cette nouvelle culture ce sera l'enfant, et non plus les parents et les grands-parents, qui représentera l'avenir[2] ». Ce sont alors les adultes qui ont besoin du savoir nouveau de leurs enfants. Nous y sommes ! « L'avenir, c'est aujourd'hui[3]. » Comment ne pas donner raison à sa formidable prévision !

Si j'ai cherché dans ma bibliothèque le livre de Margaret Mead pour le remettre à Samuel, dans ce mouvement tout intuitif, c'est en obéissant à une motivation inconsciente : par-delà la relation professeur-étudiant et pour la prolonger autrement, peut-être pouvions-nous interroger celle de nos deux générations. Je me référais à une conférence de Michel Serres où il montrait avec pertinence que la vraie différence intergénérationnelle aujourd'hui se situait entre les adultes et les enfants qui eux sont nés *dans* et *avec* le numérique. Les personnes de ma génération ou de celle de mes enfants se servent de l'ordinateur et d'Internet en tant qu'instruments précieux pour des applications diverses. Samuel, lui, à l'instar de mes petits-enfants, appartient à la génération née dans cette nouvelle manière d'être au monde, *l'ère du numérique*.

1. Depuis, l'*ethnopsychiatrie* et l'*ethnopsychanalyse* s'efforcent, dans le sillage de Georges Devereux (1908-1985), d'ouvrir le champ de leurs observations et de leurs interprétations au regard des diversités culturelles et des déterminismes ethniques. On peut citer pour la France notamment deux universitaires praticiens et chercheurs, Tobie Nathan et Marie Rose Moro, qui revendiquent cette orientation.

2. Mead, M. (1971), *Le Fossé des générations*, Paris, Denoël, p. 136.

3. *Ibid.*, p. 149.

Répondant à mon désir inconscient, il a manifesté la volonté d'en parler et d'y réfléchir avec moi.

En effet, alors que je lui laissais tout le temps de la réflexion, voici que je reçois de sa part, quelques jours après notre entrevue, un plan très détaillé du futur livre ! L'ouvrage de Margaret Mead insistait sur la nécessité de rétablir le dialogue entre les générations passées et présentes. Samuel souhaita poser frontalement la question : que reste-t-il, après plus de quarante ans, de son message quand la fracture séparant les âges n'a jamais semblé si profonde ? Ce fut le point de départ de cette extraordinaire aventure humaine.

Les chapitres du présent livre sont bien délimités. Chacun d'entre eux porte sur un thème spécifique. Par la sélection de ces sujets, nous avons essayé d'embrasser le plus de comportements et de modes de pensée. Des nouvelles pratiques corporelles au culte de l'urgence, en passant par la sexualité et les jeux vidéo, nous ne voulions négliger aucun de ces changements qui marquent et modifient aujourd'hui les relations interpersonnelles.

Nous avons désiré que ce livre prenne la forme d'une conversation pour que *Le Fossé des générations* de Margaret Mead se dessine à travers nos regards croisés et questionne les théories de cette formidable anthropologue. Ainsi ce livre, écrit à deux voix mais ensemble, ouvre-t-il un dialogue unique entre nos deux générations. Cet échange est composé, d'une part, d'exemples personnels garantissant l'authenticité de nos paroles et de notre implication, d'autre part, de références théoriques, nous permettant des analyses plus fines des domaines étudiés mais également de nous ouvrir à d'autres disciplines que la seule psychologie.

Ce qui fut sympathique, c'est *l'association libre des idées*, loin d'un discours docte et préconçu. Plus décisif : ma position ne fut jamais celle de l'adulte instruite et professorale, mais plutôt celle de l'écoute attentive et admirative des idées nouvelles, introduisant pour l'avenir un monde différent. Cet exercice m'a beaucoup plu et enrichie.

Je n'avais jamais eu l'idée d'un tel livre auparavant. J'ai des petits-enfants mais ce projet n'aurait pas été possible avec eux car notre implication mutuelle eût été biaisée par les liens familiaux. Avec Samuel, que je connaissais peu, me venait l'intuition d'une rencontre, fortuite dans ses circonstances, mais fondamentale dans la discussion. J'ignorais tout de sa vie, de sa famille, de ses engagements, de ses relations amicales et professionnelles, de ses idéaux. Je ne connaissais de lui que son roman, au titre annonciateur mais quelque peu tragique, voire prophétique ! Aujourd'hui, les rôles se sont inversés ; je ne suis plus son professeur : il m'accompagne dans mon expression, la critiquant ou l'approuvant, et je l'écoute avec attention et ferveur.

Voici qu'au soir de ma vie ce dialogue me motive, m'ouvre à un nouveau monde que je ne connaîtrai pas dans ses développements futurs, m'incite à une création commune enrichissante et sincère. Ce mot éclôt sous ma plume car j'ai aimé la sincérité que requérait cet exercice, avec moi-même et avec l'autre.

J'ai fréquenté le divan des analystes en tant que patiente car je voulais découvrir ma vérité profonde, mes affects enfouis, mes douleurs et mes passions, dégager subtilement les lignes de force de ma vie et de ma créativité. Quant à ma vocation d'analyste, elle est née de mon souci de « faire pour autrui ce que d'autres avaient fait pour moi » : c'est la raison que j'ai souhaité donner aux psychanalystes formateurs qui m'interrogeaient pour la suite de mon cursus dans l'exercice de mon futur métier ! Avec mes patients aujourd'hui, je tente, m'inspirant des techniques recommandées, d'être une personne vivante qui a pu mettre fin à ses douleurs et à ses conflits de l'enfance grâce à l'analyse.

Je défends avec tous mes interlocuteurs, de quelque horizon qu'ils soient, la primauté absolue des liens constitués dans les toutes premières semaines de la vie, des affects vécus avec les membres de l'entourage du bébé : mon attachement à mon sujet de recherche, *La Voix*, vient de cette importance découverte pour moi-même, à l'instar de tous mes patients et patientes.

L'expérience de l'analyse me semble être la seule démarche qui permette une telle découverte, vécue à l'aune des réminiscences affectives chères à Marcel Proust ! Sa *mémoire involontaire* est toute proche du travail décrit par Freud, comme le montre très bien Jean-Yves Tadié dans son livre *Le Lac inconnu*[1]. Je cite Proust : « ... ce magnifique langage, si différent de celui que nous parlons d'habitude et où l'émotion fait dévier ce que nous voulions dire et épanouir à la place une phrase tout autre, émergée d'un lac inconnu où vivent des expressions sans rapport avec la pensée et qui par cela même la révèlent[2] ». Dans l'analyse, le langage n'est plus celui de la pensée raisonnable, mais celui d'une souvenance imprévisible, libre, dédiée à l'autre qui écoute et interprète vos évocations ingénues, parfois stupéfiantes.

Avec Samuel, nous n'avions pas ce but en perspective puisque chacun d'entre nous a fait ce travail dans la solitude de l'analyse personnelle. Mais, à travers notre dialogue intersubjectif, nous avons cherché la sincérité des échanges, par fidélité à nos vocations respectives : il fallait que nous puissions parler librement, sans crainte, sans vanité, sans fard, sans artifice. Ainsi s'agit-il d'un *jeu* comme l'entendait Donald W. Winnicott, créatif, rebondissant où deux solitudes se racontent et s'expriment avec franchise et humour. Nous tenions à parler de nos métiers respectifs sans tabous ni réticences. Il a fallu un an d'échanges, de réflexions, d'écriture et de réécriture pour que notre projet puisse voir le jour.

Nous livrons aujourd'hui le travail accompli au cours des semaines et des mois qui ont rythmé notre collaboration.

---

1. Tadié, J.-Y. (2012), *Le Lac inconnu : entre Proust et Freud*, Paris, Gallimard.

2. Proust, M. (1927), *Le Temps retrouvé*, Paris, Gallimard, tome III, p. 822.

L'atmosphère a toujours été détendue, voire spontanée et drôle. La fréquentation d'autrui permet d'aller à la rencontre de soi et la lucidité avec soi-même permet de mieux revenir vers l'autre. « Il faut se voir soi-même comme un autre », affirme Paul Ricœur[1]. Ceci n'est pas pour déplaire aux deux cliniciens que nous sommes, moi nourrie par une intense expérience psychanalytique et pédagogique, lui ayant choisi une formation universitaire en accord avec ses ambitions profondes et partageant sa vie entre la littérature et la psychologie clinique. La confiance et la bonne foi ont toujours présidé à nos rencontres : « Un parler ouvert ouvre un autre parler, et le tire hors, comme fait le vin et l'amour », écrit Montaigne dans son troisième essai[2].

Je me suis laissée aller à mon admiration naturelle pour les maîtres : cela est typique de ma génération où les moyens de communication étaient largement moins développés. Ainsi la génération de nos aînés, professeurs et/ou intellectuels de renom, était-elle particulièrement écoutée et prisée car nous étions loin des débats incessants, contradictoires, parfois cafouilleux et débridés d'aujourd'hui. Certaines références, auréolées du prestige des penseurs reconnus par leurs pairs, étaient incontournables. J'aime donc me référer, sinon me réfugier, comme la petite fille que je n'ai jamais tout à fait cessé d'être, à leurs idées pour développer les miennes.

L'actualité bouillonnante de notre sujet d'étude m'a parfois contrainte à bouleverser mes habitudes universitaires et à me tourner vers des sources plus journalistiques (articles de presse, magazines divers…) pour étayer mon propos.

Samuel, quant à lui, peut, beaucoup mieux que moi, pressentir les extraordinaires changements impliqués par ce nouveau monde. Il a su se montrer critique comme élogieux pour ses contemporains. Il a également été capable de retenir

1. Ricœur, P. (1990), *Soi-même comme un autre*, Paris, Le Seuil.
2. Montaigne, M. de (1595), *Les Essais*, III, 1, Paris, Editions du Cerf, 2010, p. 794.

ce qu'il trouve de positif dans les idées et les conduites de ma propre génération.

Cette démarche libre a permis de nous exprimer en dehors des écoles, des clans, des animosités diverses et variées. Personnellement, je n'aime pas l'embrigadement, l'esprit de caste, les environnements fermés. Le seul groupe auquel j'ai aimé être inféodée est celui du chœur, car l'esprit de communauté est au service de la beauté et de la musique, une des passions de ma vie enracinée dans ma prime enfance. Nous avons parlé, Samuel et moi, de notre discipline, la psychologie des profondeurs, et de notre métier de clinicien, en toute indépendance et loin des dogmes. Certes, nous sommes sensibles tous les deux aux apports de la psychanalyse, mais soucieux de la remettre en question dans une optique constructive. Si notre sujet privilégié demeure la fracture intergénérationnelle, nous n'avons pas manqué cette occasion particulière de questionner notre discipline ainsi que sa place présente et à venir dans la civilisation.

A titre personnel, j'ai vécu cette aventure comme une plongée bienfaisante et vivifiante au cœur de mes engagements.

Marie-France Castarède

Introduction

Alors qu'il m'incombe la tâche délicate d'introduire le fruit d'un an de travail, de rencontres, de réflexions et d'émotions, il m'est difficile de ne pas remonter là où tout a commencé. Non pas dans le cabinet de Marie-France Castarède, lorsque poussée par une étrange intuition elle me remit *Le Fossé des générations*, point de départ de cette merveilleuse aventure humaine, pas non plus à la villa 6 Mandel lorsque je la revoyais pour la première fois depuis quatre ans. Non, tout a commencé sur les bancs de l'université, avec une enseignante pas vraiment comme les autres et une immense connivence. Elle faisait partie, dans l'établissement dans lequel j'étudiais, des rares professeurs qui revendiquaient leur obédience psychanalytique. Elle intégrait ce savoir à ses cours et c'est à ses côtés que j'ai appris à respecter le silence d'un patient, à l'écouter et à deviner l'affect qui s'y exprime, que j'ai compris tout ce dont peut témoigner la densité d'une voix, ses oscillations comme les indices de tant d'émotions ; c'est enfin avec elle que j'ai saisi la polyphonie d'un discours, toutes les significations qui s'offrent dans un seul terme, paraisse-t-il banal et négligeable, l'univers qui s'ouvre derrière une résistance, toutes les souffrances qui se terrent parfois derrière une immense placidité, toutes les entraves, toutes les fragilités que peut crier une simple parole murmurée. Un cours de psychologie. Une leçon d'humanité. Et une rencontre, donc. Nous écoutions les entretiens cliniques enregistrés qu'amenaient les autres étudiants ; je proposais des interprétations, avide de comprendre, d'explorer toutes les parcelles du psychisme. Elle souriait, un peu complice, peut-être touchée par l'enthousiasme légèrement adolescent avec lequel je ne cessais d'intervenir. Oui, je me rappelle toujours son regard, son sourire et ses encouragements. Peut-être déjà une relation privilégiée grâce à une passion partagée pour ce métier. C'est avec un très grand bonheur que je revis ce même regard pénétrant, ce même sourire confiant quelques années plus tard, lorsqu'elle me demanda de lui dédicacer mon roman.

Paradoxe intéressant, c'est un fossé qui nous a réunis. Celui que l'anthropologue Margaret Mead avait fait s'incarner entre deux cultures, la culture *postfigurative* et la culture *préfigurative*. Si j'avais toujours apprécié le travail de Margaret Mead, qui a beaucoup influencé ma vision de ce que peut être *la nature humaine*, je ne connaissais pas cet ouvrage, bien plus focalisé sur la culture occidentale que les autres. Ce fossé, je l'ai parcouru en une nuit. Il a été pour moi une véritable révélation. Au même titre qu'avaient pu l'être, par exemple, la lecture du roman *Crime et Châtiment* (1866) de Dostoïevski, ou, dans un tout autre registre, de l'essai *L'Ere du vide* (1983) de Gilles Lipovetsky. Un de ces ouvrages dont le savoir vous offre une clé de compréhension de vous-même et du monde qui vous entoure, vous permet de toucher à une réalité que vous pressentiez, voire que vous subissiez, mais qui, avant cette lecture, vous dépassait et qui, lorsqu'elle vous est transmise, vous accorde maintenant une place dans l'histoire de l'Humanité et dans la société, une marque indélébile ! Pas une transformation de l'esprit mais son affirmation, plus de densité et plus de cohérence. Une révolution mentale. Un sens.

Si le livre a été publié en 1971, l'analyse qu'il présente n'en demeure pas moins d'une stupéfiante actualité. Et pour cause, comme l'écrivait Margaret Mead elle-même : « L'apparition d'une cassure entre les générations, qui fait que la plus jeune, parce qu'elle manque d'aînés expérimentés, doit se former elle-même, constitue un très vieux processus dans l'histoire humaine, et il se reproduira dans n'importe quelle société en tant que conséquence d'une rupture dans la continuité de l'expérience[1]. » La jeunesse qu'elle décrivait évoluait dans un monde nouveau et ne pouvait plus trouver d'appui sur l'enseignement parental. L'origine du fossé dépendait de « quelques transformations importantes du milieu », notamment en matière de communication.

Que reste-t-il aujourd'hui de ce processus ? Quels changements sociétaux et culturels sont survenus depuis la rédaction du *Fossé des générations* ? Les modèles familiaux, les usages du corps, l'accélération temporelle, l'omniprésence des écrans... Le plan de ce livre s'est imposé à moi avec une puissance déconcertante. Ce fossé, je voulais y descendre, m'aventurer dans tout ce qui sépare ma génération des précédentes. Comment se comporte la nouvelle génération ? Comment pense-t-elle ? Comment ressent-elle ? Pourquoi ? De quels bouleversements majeurs peut-elle témoigner ? Si les façons de traiter de la fracture intergénérationnelle étaient nombreuses, nous avons choisi dans le présent ouvrage d'aborder les modifications du rapport à soi, au corps, à l'autre, les nouvelles définitions du couple et de la famille, parler de l'invasion des images et de la fulgurance du temps, questionner leur retentissement dans la vie psychique... Nous avons voulu approcher dans ce livre les transformations de l'intime.

J'ai souhaité prolonger la réflexion de Margaret Mead, peut-être même soulever de nouvelles hypothèses pour cette fracture qui sépare deux époques et finalement deux psychés l'une de l'autre.

J'ai proposé à Marie-France de réaliser cet hybride que vous tenez entre les mains.

Un livre qui soit un dialogue vivant, entre deux âges et deux vécus. Marie-France avait soixante-douze ans et moi vingt-sept lorsque nous avons commencé l'écriture de ce livre. Aujourd'hui, il faut communiquer vite et bien, aller droit au but en un minimum de temps, être le plus *vrai*

---

1. Mead, M., *Le Fossé des générations*, *op. cit.*, p. 73.

possible. Sans nous perdre dans cette culture de l'instantanéité et du *présentisme*, nous avons voulu rendre notre échange le plus dynamique, le plus vivant possible, ne recourant à l'intime, à ce registre *personnel*, ô combien exploité par les médias, que lorsqu'il accordait à notre propos plus de justesse, plus de densité. Ne recourant à l'image que lorsqu'elle se faisait langage.

Un livre qui soit également un essai, avec pour seule ambition de réfléchir, de conceptualiser notre appréciation du réel et avec pour impératif d'inscrire notre savoir dans des cadres théoriques aussi structurants qu'argumentés. C'est avec un vrai souci de rigueur méthodologique et de respect de certains paradigmes que nous avons procédé. La psychologie mais aussi la littérature, la sociologie ou la philosophie, même les neurosciences : nous n'avons négligé aucune piste de réflexion mais au contraire essayé d'actualiser au mieux les recherches indispensables à la compréhension des phénomènes évoqués. Chacun avec son style. Chacun avec ses références, des courants de pensée jusqu'aux notes de bas de page, chacun avec sa voix propre. Une ambition commune et non négociable toutefois : donner corps à la fracture.

Puisque Marie-France Castarède et moi-même sommes psychologues cliniciens et sensibles à la psychanalyse, nous avons, tout au long de notre collaboration, essayé de remettre en question ces disciplines. Penser la psychanalyse, sa place et sa fonction sociale aujourd'hui n'a pas représenté un objectif secondaire mais un moyen pour comprendre ce qui se joue au cœur du fossé des générations.

Quelques précisions préalables s'imposent. On ne compte plus les livres qui traitent de la *génération Y*. Cette génération née avec l'essor du numérique, habituée aux jeux vidéo et à l'utilisation d'Internet, sensible à l'écologie, etc. Si notre livre fait référence parfois à cette expression et à cette lettre, Y, c'est afin d'évoquer la tranche d'âge qu'elle concerne, les vingt à trente ans, et non pour corroborer, poursuivre ou même simplement s'appuyer sur les travaux déjà réalisés sur le sujet. Certes, la génération Y est la première à pouvoir témoigner d'un véritable bouleversement technologique, ce qui implique des comportements et des modes de pensée particuliers, qui peut-être préfigurent également un bouleversement civilisationnel comme l'a auguré Michel Serres avec *Petite Poucette*. Mais je crois qu'une analyse structurale approfondie devrait nous éloigner bien vite de son portrait classique, insuffisant et incorrect, et montrer qu'elle n'est pas qu'une *digital native*. Je suis un représentant de la génération Y. Mais disons-le d'emblée, cette dernière n'existe pas telle qu'on la décrit actuellement (et superficiellement). La génération Y, ce n'est pas que le *fun*, pas que le Web et les nouvelles technologies, pas que cette décontraction existentielle et ce souci de l'écologie. On n'évoque que trop rarement ses doutes, sa sensibilité, son angoisse.

On ne compte plus non plus, en psychologie clinique ou en psychanalyse, les études du registre « transgénérationnel », c'est-à-dire, grossièrement, les mécanismes inconscients de la transmission entre les générations. Ici, tel ne sera pas notre propos. Nous avons réfléchi aux dynamiques intergénérationnelles, aux relations que les générations entretiennent mais en rendant à chacune ses contours, en montrant ce qui les distingue voire ce qui les sépare, en définissant ce qui les caractérise avant d'évoquer ce qui saurait les réunir ou les lier, consciemment ou inconsciemment. Marie-France et moi sommes partis à la rencontre du monde de l'autre, de ce qui n'appartenait qu'à sa propre temporalité, des événements qui l'ont marqué, de ce qui a façonné ses représentations, sa psyché à un instant précis. Nous avons voulu connaître l'autre. Le connaître dans le respect de ce qu'il est et de ce qu'il fait, dans le respect de sa différence, de sa singularité, bien avant de lui faire porter quoi que ce soit et bien avant de considérer qu'il était *traversé* par tout un héritage d'affects et d'histoires passées. Je comprends qu'il est très commode, voire incroyablement confortable, pour un très grand nombre de cliniciens, de rechercher à tout prix ce qui se transmet de génération en génération par-delà le langage puisqu'une telle démarche permet de faire l'impasse sur toute l'influence du contexte social présent et de restreindre l'évolution d'un individu à sa filiation sans tenir compte des transformations sociales extérieures à la famille. L'individu et l'inconscient sont saufs ! Le présent ouvrage souhaite inscrire l'individu dans son époque et refuse de se crisper sur la transmission d'inconscient à inconscient.

C'est sur le contexte social que portera ma dernière précision, sur les notions de *postmodernité* et d'*hypermodernité* que le psychosociologue Claude Tapia a défini ainsi : « Si le courant postmoderne véhicule des tendances au désenchantement, au pessimisme, au scepticisme à l'égard des valeurs héritées des Lumières, celui qu'on peut intituler hypermoderne figure sinon un dépassement du moins un nouvel élan vers une modernité encore plus moderne et plus libérée des inhibitions idéologiques, psychologiques, esthétiques, cela aussi bien chez les individus qu'au sein de la société globale[1]. » Les sociologues peinent à trouver un consensus quant aux notions de postmodernité et d'hypermodernité. Certains les font se prolonger, d'autres s'affronter ; certains théoriciens préfèrent même n'utiliser aucune de ces expressions pour n'en garder qu'une seule : celle de la « modernité tardive ». Soucieux d'offrir une juste définition des processus sociaux qui nous ont intéressés sans égarer le lecteur, nous avons décidé d'utiliser préférentiellement le terme *postmodernité*, n'évoquant l'*hypermodernité* que lorsque les phénomènes évoqués en étaient caractéristiques.

Comme dans tout dialogue, vous trouverez dans celui-ci des retours en arrière et des anticipations, quelques digressions. Nous avons toutefois structuré le texte de telle façon que le lecteur puisse avancer au travers des différentes thématiques sans craindre d'être déstabilisé. De même, si certains

1. Tapia, C. (2012), « Modernité, postmodernité, hypermodernité », in *L'Hypermodernité en question*, *Connexions*, Erès, n° 97, p. 8.

détours théoriques assez pointus étaient nécessaires, nous avons tâché de demeurer assez didactiques pour être compris du plus grand nombre et pas seulement des professionnels des sciences humaines et sociales. Une conséquence négative d'une telle démarche porte sur des passages parfois un peu plus *scolaires* que d'autres. Nous assumons parfaitement ce qualificatif s'il nous permet d'être compris d'un plus vaste lectorat, tout en conduisant sur de nouveaux chemins, de nouveaux axes de réflexion les plus initiés d'entre eux. Enfin, malgré la très nette séparation opérée entre les sujets que nous abordons, nous avons été guidés par un fil conducteur, par une idée centrale au carrefour de toutes les autres que le lecteur sera invité à découvrir progressivement. Ainsi, certains concepts, je pense particulièrement à celui de « manque à être », verront sensiblement leur sens ou leur explication évoluer au fur et à mesure de la lecture.

L'honnêteté intellectuelle la plus basique m'interdit de prétendre que nous avons été exhaustifs sur des sujets aussi complexes et variés, quoique coordonnés les uns avec les autres. L'observation la plus objective de notre travail m'invite à reconnaître la tentative de repousser au plus loin nos limites.

J'évoquais l'hybridation de cet ouvrage. J'ai conscience de la mienne. De la rencontre de la psychologie et de la littérature dans mon existence, et de mon besoin des deux pour apprivoiser ce monde et l'exprimer, pour dire tout ce que je remarque, tout ce que je ressens, ce avec quoi je parviens à cohabiter comme avec ce qui ne passe pas. J'ai traité les sujets que nous évoquions avec le plus de vigilance clinique et la plus grande rigueur théorique et méthodologique possible. Mais j'ai refusé d'adopter le ton clinicien. J'ai gardé l'amour des lettres et des mots. J'ai préservé ma façon de les utiliser. Un peu de poésie et énormément d'émotion. Nous avons souvent été en désaccord, Marie-France et moi. Nous n'avons recherché aucun consensus, aucune vision commune de la société car nous désirions toucher du doigt d'abord ce qui nous dépassait. La franchise que nous attendions de l'autre impliquait avant tout une immense sincérité avec nous-mêmes. Pour moi, cette dernière passe par le souci du mot, de ce qu'il représente, de l'émotion qu'il transmettra, de la rencontre entre mon esprit et un lecteur que je ne connais pas, souhaitant que mes éprouvés rencontrent les siens. Il n'était pas question d'être doux mais d'être vrais, pas de neutralité bienveillante mais une implication totale, pas d'indifférence scientifique mais une sensibilité puissante et intègre. La vérité du dogme est inséparable de celle de l'affect. Quand je relis nos échanges, je crois que cette volonté de rester proche de ma façon d'être et de ressentir m'a permis de rendre plus lisible le fossé des générations. J'ai désiré que le lecteur l'observe, qu'il le voie en grand, qu'il le ressente, qu'il le fasse sien plus qu'il n'en aurait été capable par le biais d'une simple étude sur le sujet. Qu'il le vive.

Il est là, il ne peut être nié par personne. Il exprime bruyamment le vécu de deux générations particulières, de l'intensité de leurs expériences dans des univers divergents, de chaque côté d'une barrière infranchissable. Plus loin que la vision anthropologique de Margaret Mead, il se fait récit de vies psychiques, cœur primitif d'un individu. Il quitte le groupe, se répercute sur chaque comportement et touche au singulier comme à l'universel. Il n'est pas q.ue symptôme ; il n'est pas que mutations extérieures. Il décrit un changement profond, peut-être bien la déstabilisation d'une civilisation entière. Il ne va pas sans heurts. Il ne va pas sans turbulences. Il n'est plus un fossé. Il est un choc des générations. Une seule page vous en sépare.

Samuel Dock

Du corps-mystère au corps-objet

Puissance du langage : avec mon langage je puis tout faire, même et surtout ne rien dire. Je puis tout faire avec mon langage, mais non avec mon corps. Ce que je cache par mon langage, mon corps le dit. Je puis à mon gré modeler mon message, non ma voix.

Roland BARTHES,
Fragments d'un discours amoureux.

La construction de l'unité corporelle

Marie-France Castarède. J'ai la conviction que l'image du corps s'élabore très précocement, à l'âge où l'on est bébé. Le corps trouve sa représentation dans la manière dont la mère accueille son bébé, le corps de son bébé, car le corps, ce n'est pas seulement les tissus, les os, les organes : c'est un ensemble. Une apparence, certes, mais une apparence qui a aussi un intérieur. Les humains que nous sommes ont tous une représentation psychique de leur corps. Bien sûr, on peut évoquer la santé du corps et de ses organes. Mais finalement, on ne parlera des organes qui sont à l'intérieur du corps que si, par difficulté ou par maladie, ils sont touchés. On dira alors : « Ah ! Zut, j'ai mal au foie », ou encore : « On a détecté une faiblesse dans mon genou ». Le corps, initialement, correspond à une manière d'être avec soi-même. Je crois à l'unité psyché-soma.

Samuel Dock. Le corps sans psyché n'existe pas. Nous sommes un « tout ».

M.-F. C. Sigmund Freud écrit en 1923 que « le Moi est d'abord et avant tout un Moi corporel[1] ». Après lui, Donald W. Winnicott, pédiatre et psychanalyste, a décrit l'intégration de l'esprit et du corps comme une collusion psychosomatique : il se réfère à la « psyché qui habite le soma[2] ». Celle-ci décrit l'issue réussie du processus de personnalisation advenu grâce aux soins de la mère, qu'il a appelé le *holding* et le *handling*[3]. C'est le temps de la dépendance absolue, lorsque la mère, saine mentalement, est dans un état de *préoccupation maternelle primaire*. Ces deux modalités passent par une série d'identifications mutuelles entre la mère et son bébé qui permettent l'intégration réussie du Self. Si la mère n'a pas été capable de prendre et de manipuler (*handling*) le bébé suffisamment bien durant la phase où elle le tient (*holding*), il ne sentira jamais qu'il fait un avec son corps : survient alors un clivage esprit-corps. La maladie psychosomatique est le symptôme de quelque chose qui s'est mal passé au cours de ce premier développement émotionnel de l'individu.

S. D. Ou d'autre chose ! Si je partage votre opinion quant à l'importance du premier corps à corps, celui avec la mère, je ne crois pas que l'ensemble des pathologies psychosomatiques témoigne uniquement d'un écueil de cette relation archaïque.

M.-F. C. Pour Winnicott, dans un développement sain, la psyché et le soma ne sont pas distinguables l'un de l'autre

1. Freud, S. (1921), « Le Moi et le Ça », in *Essais de psychanalyse*, Paris, Payot, 1981, p. 194.

2. Winnicott, D. W. (1935-1963), *De la pédiatrie à la psychanalyse*, Paris, Payot, 1969, p. 66.

3. Le *holding* (maintien) est le processus par lequel la mère apporte à son enfant un soutien physique adapté, surtout lorsqu'il est physiologiquement vulnérable. Le *handling* (maniement) physique de la mère est constitué d'une série d'actes physiques qui font partie de la routine des soins quotidiens.

chez le bébé et chez l'enfant en pleine croissance. Pour l'individu bien portant psychiquement, il est naturel que le sentiment d'être soi fasse partie intégrante du corps. Par conséquent, le noyau du Self, qui est issu d'une relation précoce mère-enfant, est constitué par l'intégration du corps et de l'esprit.

Ainsi, Winnicott fait référence à l'identification totale de la mère à son bébé. Si toute cette période se passe bien, le bébé connaît un sentiment continu d'exister et un sentiment d'identité inscrits dans son corps. Pour Winnicott, le pire des environnements est celui qui change de manière imprévisible. Cela amène à une défense par l'intellectualisation : l'enfant peut alors édifier un « faux Self[1] » intellectuel.

S. D. Sans une mère *suffisamment bonne*, capable d'exercer sa préoccupation maternelle primaire, cette bienveillance qui ne se fait jamais envahissement psychique, ces gestes adaptés qui doivent façonner le sentiment d'exister, l'identité corporelle même de l'enfant, il ne pourra jamais édifier son Self[2]. Il ne pourra pas se sentir assez fort pour affronter entièrement la séparation d'avec la mère et accéder pleinement à l'indépendance. Il demeurera en faux Self. Cette expression porte sur « l'hyperadaptation de surface[3] » de certains individus, c'est-à-dire l'aménagement de relations de complaisance aux autres, des relations adaptatives, dénuées d'authenticité et de spontanéité. Au contraire du vrai Self qui s'enracine dans une subjectivité chaque fois unique et irremplaçable, qui témoigne de la confiance que le sujet a en lui-même, de celle qu'il peut accorder aux autres.

---

1. Le faux Self est une adaptation docile aux intrusions de l'environnement. Cf. Mijolla, A. de (2002), *Dictionnaire international de psychanalyse*, tome II, Paris, Calmann-Lévy, p. 1556.

2. Winnicott a repris la notion freudienne d'un Moi gouverné par les pulsions internes mais qui établit des relations avec le monde extérieur.

3. Winnicott, D. W. (1965), *Processus de maturation chez l'enfant*, Paris, Payot, 1980.

M.-F. C. Tandis que la mère sort de l'état de *préoccupation maternelle primaire*, elle commence à se désadapter et à avoir des défaillances à l'égard du bébé. Ce processus nécessaire marque la désillusion pour le bébé. C'est à ce point de son développement émotionnel, entre l'illusion et la désillusion, entre la dépendance absolue et la dépendance relative, que la compréhension du bébé se développe [1].

Plus tard, André Green, dans sa propre terminologie, appellera « structure encadrante du Moi » cette situation : il décrit le *holding* de Winnicott comme une « structure encadrante dont le souvenir restera lorsque la perception de la mère ne sera plus disponible du fait de son absence [2] ». La structure encadrante peut être considérée comme la matrice de *la tiercéité*, qui s'enracine chez Green, d'une part, dans la triangulation œdipienne décrite par Freud, d'autre part, dans la « fonction paternelle » décrite par Jacques Lacan. De nouveau, nous pouvons mesurer l'intrication du psychique et du corporel, l'influence de l'environnement extérieur sur la représentation des phénomènes somatiques. La fonction paternelle est possible à intégrer par l'enfant dès lors que sa mère lui montre que le père a de l'importance pour elle : « Dans la relation mère-enfant, la médiation qui doit être évaluée est la place du père pour la mère, le désir de la mère

1. Tous ces changements dans les relations précoces sont utiles au bébé car ils signent le début de son autonomie. Le passage d'un état de *dépendance absolue* à un état de *dépendance relative* l'incite à construire ses représentations et lui permet d'accéder progressivement au *symbolisme*. La *position dépressive*, processus normal, amène le bébé à comprendre qu'il peut tout à la fois aimer et détester sa mère. Il introjecte son objet interne vis-à-vis duquel il peut ressentir aussi bien de l'amour que de la haine : il devient *ambivalent*. La construction d'un objet idéal fantasmatique, inconditionnellement présent et bon, n'est plus dissociable de celle de l'objet conflictuel. Le fantasme du *paradis perdu*, qui renvoie au *narcissisme primaire* des débuts de la vie, s'enrichit du *narcissisme secondaire*.

2. Green, A. (2002), *Idées directrices pour une psychanalyse contemporaine*, Paris, PUF, p. 293.

pour le père et la manière dont elle s'appuie sur le rôle complémentaire de son compagnon. Tous ces paramètres organisent et structurent la relation directe, immédiate entre mère et enfant[1]. »

Ainsi, la mère donne un statut psychique au corps de son bébé. Il faut surtout parler du regard de la mère, chargé d'émotion. Elle vient d'accoucher. Elle a mis au monde ce petit garçon ou cette petite fille. Grâce à son écoute mais surtout grâce à sa manière de le regarder, elle va le mettre au monde psychiquement. Elle le met au monde corporellement ; il est vivant, il pousse son premier cri mais ensuite c'est sa mère qui va induire sa relation à son corps par son *enveloppe sonore*[2] et sa manière de le regarder. Winnicott explique avec beaucoup de pertinence que le bébé *se voit* dans le regard de sa mère ; il va « lire » dans ses yeux ce qu'elle ressent. Est-ce de la tendresse, est-ce de l'émerveillement, un charme enjoué ? Ou est-ce au contraire une répulsion, une défiance ? Des sentiments très positifs ou très négatifs peuvent s'exprimer dans ces moments primordiaux.

Je pense à une de mes patientes, Axelle, qui a du mal à croiser mon regard. En la recevant depuis de très nombreuses années, à sa demande, suite à nos associations de pensée communes, nous sommes sûres toutes les deux que sa mère n'a pas pu, pour des raisons très intimes et profondes, la regarder avec amour. Au point que ma patiente, qui souffre tant aujourd'hui de ses difficultés de communication, ressent et comprend qu'elle ne s'est pas sentie aimée dans les yeux de sa mère. Elle ne peut croiser mon regard car elle

1. Cupa, D. (dir., 2008), « La construction du père perdu », in *Image du père dans la culture contemporaine. Hommages à André Green*, Paris, PUF, p. 45.

2. Concept élaboré par Didier Anzieu à la suite du Moi-peau, lequel représente l'enveloppe tactile. D'autres enveloppes s'emboîtent à partir de celle-ci : enveloppes sonore, visuelle, olfactive, chromatique, enveloppes de chaleur, de souffrance, d'angoisse, de rythme, etc., cf. Mijolla, A. de, *Dictionnaire*, tome I, *op. cit.*, p. 523.

craint pathologiquement d'y lire de l'indifférence. Analyse du transfert et du contre-transfert, telle est ma tâche, parfois insurmontable… Ce cas a vivement intéressé André Green qui a parlé d'Axelle dans un de ses derniers livres[1]. Ainsi la conscience du corps et le narcissisme primaire se construisent-ils à l'aube de la vie.

Ensuite, le corps de l'enfant va s'édifier au contact des camarades. On joue pendant la récréation à des jeux. Je me souviens personnellement du ballon prisonnier. Ce sont des activités qui rendent le corps actif en relation avec les autres. Il y a aussi le corps attrayant. On est frappé par le visage d'un camarade ou sa silhouette : « Ah ! Quelle jolie fille ou quel joli garçon ! », songions-nous, sensibles que nous étions au charme de l'autre.

S. D. Cette phase n'a pas beaucoup changé ! Je jouais moi-même au ballon prisonnier avec mes camarades, même si le football est aujourd'hui plus pratiqué que ce jeu. Cependant, je me souviens d'avoir commencé à jouer assez tôt à la console, comme beaucoup de personnes de ma génération. Nous regardions alors l'écran, et non plus le visage de l'autre à nos côtés. Peut-être que les jeux vidéo appauvrissent cette mise en activité du corps dans une relation dont vous parlez. Mais la convivialité, la volonté de « faire corps » pour atteindre un objectif, la communication pour coordonner les actions des personnages, tout cela est mobilisé par le jeu qui possède un intérêt social et même cognitif non négligeable.

M.-F. C. Au moment de la puberté, le corps revêt une importance toute particulière car il change et se charge de séduction. L'ébauche d'une vie sexuelle peut être entrevue avec l'attirance pour l'autre et la reconnaissance de sa propre séduction dans les yeux de l'autre. On s'inquiète

1. Castarède, M.-F. (2010), « Axelle : un contre-transfert à toute épreuve », *in* Green, A. (dir.), *Illusions et désillusions du travail psychanalytique*, Paris, Odile Jacob, p. 139-142.

d'exister dans son regard de même que l'on est fier de l'attirer. Le corps devient un élément passionné et passionnant de la vie amoureuse.

Puis, il y a la découverte, à proprement parler, du corps amoureux, et c'est là que peut-être nous pouvons commencer à envisager des différences intergénérationnelles. Le corps était chéri mais pas provoquant.

S. D. Je comprends votre remarque. Il est beaucoup plus facile pour les personnes de ma génération de dévoiler le corps, d'opter pour un style conforme à son idéal, pour une apparence très personnelle, au risque parfois de l'outrance, du grotesque ou même du vulgaire. Ce corps tatoué, piercé, parfois dénudé trouve un appui, voire des « panoplies disponibles » sur un grand nombre d'images publicitaires, de séries télévisées, de films, de photographies partagées sur les réseaux sociaux. Sans déjà évoquer les nouvelles pratiques corporelles, le choix vestimentaire, à lui seul, figure une opposition féroce entre les générations, un motif d'incompréhension.

M.-F. C. Pour ma génération, le corps était un outil de séduction que l'on devait maîtriser, élaborer chacun pour soi. Mais si la relation était accomplie avec un partenaire amoureux, on pouvait donner libre cours à son corps, à ses émois, à ses sensations, à son érotisme. Ces émois étaient subordonnés aux sentiments et cela ne me déplaît pas du tout, encore aujourd'hui, de penser que les affects dominent dans l'attrait des corps. Ils le rendent plus profond, plus exaltant, plus personnalisé… Plus on est avec l'autre dans une grande ferveur, plus le corps va participer, jouir et trouver sa plénitude de sensations. Aujourd'hui, où je peux me pencher sur mon passé, je me rends compte que je suis restée fidèle à cette primauté de l'élan sentimental vers l'autre.

S. D. Vous dites que le corps, pour votre génération, n'existait pas en tant que tel s'il ne tendait pas vers une altérité. Altérité maternante et étayante, qui l'aidait à se développer, mais également altérité comme objet du désir, sans laquelle il n'est pas de dynamique vitale, sans laquelle il n'est d'horizon corporel. Je reprends toutefois vos propos concernant l'unité psychosomatique. La psychologie est une science récente et les concepts que vous alléguez composent un idéal que bien souvent l'existence vient bouleverser, un idéal sur lequel la société ne cesse elle-même d'influer. Qu'en est-il du développement de l'unité psyché-soma aujourd'hui ? Pensons par exemple aux nouvelles avancées biotechnologiques en matière de gestation, comme la procréation médicalement assistée. Ne modifient-elles pas les représentations de cet idéal que vous défendez ?

M.-F. C. Vous avez raison. Ce qui me gêne et parfois me dérange aujourd'hui, c'est cette pensée multiforme sur le rôle maternel. Disons-le d'emblée : le problème de la mère porteuse me choque, pas du tout au sens moral du terme mais parce que cette position n'est pas à la hauteur de l'humanité que nous souhaitons représenter. Or, l'humanité à laquelle je pense, c'est celle d'un couple qui fait un enfant *désiré*, puisque nous avons la chance, grâce aux méthodes contraceptives, de mieux prévoir la naissance de l'enfant que la mère *attend*. Ce qui me comble, dans mon imaginaire, c'est de savoir que cet enfant, désiré par un couple, va être attendu par sa mère dans son habitat.

S. D. Je réagis sur « l'humanité que nous souhaitons représenter ». La représentation de cette humanité dont vous parlez s'est édifiée avec les codes culturels et sociaux de votre époque. A titre personnel, je suis sceptique quant à la PMA (procréation médicalement assistée) et la GPA (gestation pour autrui). Je ne suis pas pour, je ne suis pas contre, mais je considère que la procréation relève d'un domaine philosophique et éthique particulièrement subtil et que ces questions ne doivent pas être traitées à la légère. Ce sujet d'interrogation n'est cependant pas vecteur d'angoisse pour moi. Ma génération est plus ouverte à l'égard des bouleversements biotechnologiques puisque, contrairement à vous, nous avons été spectateurs de leur évolution ininterrompue. Nous ne leur prêtons pas les mêmes caractéristiques dangereuses ; nous n'y voyons pas nécessairement les stigmates d'une humanité dévoyée. De plus, nous avons fait nôtre l'idéal postmoderne. Puissamment démocratique, celui-ci est permissif et refuse l'autorité, la castration, le manque… Tout doit être possible. Chacun doit pouvoir jouir, « profiter » comme tout le monde. Ce refus des limites colore très nettement notre rapport intime à l'autre, à la société, notre façon de ressentir également. Ce n'est pas l'ouverture vers plus de « possible » qui inquiète, mais les frontières de « l'impossible », ce qui nous rappelle à nos manques, à notre mortalité, à notre si humaine fragilité. Pour cela, la postmodernité est profondément égalitariste. Pour ma génération, en phase avec son temps, l'égalité est plus importante que la liberté. Sauf peut-être que la liberté de consommer.

La GPA et la PMA questionnent nos représentations de la maternité mais aussi de la femme. Justement, « l'humanité » dont vous parlez était-elle plus belle à votre époque ? De 1940 à 1980, le statut de la femme était bien loin d'être à l'égal de celui de l'homme. Il a fallu attendre 1967 pour que la contraception soit autorisée et 1975 pour que l'IVG soit légale. Avant ces lois, des sexualités incertaines, avant ces lois, les faiseuses d'anges et leurs crochets, de la barbarie, du sang, tellement de larmes pour déloger l'enfant non désiré. Voilà ce qui me fait peur. Voilà pourquoi quand vous dites « nous », j'entends « toutes les personnes de ma génération ». Je ne crois pas qu'il soit possible de séparer les représentations sociales et les affects. Nous éprouvons aussi avec notre temps. Ceux qui ont manifesté contre le « mariage pour tous » et qui manifestent d'ailleurs aujourd'hui contre l'IVG me semblaient, à ce titre, particulièrement « hors du temps ».

M.-F. C. Oui, mais là encore il est important de lier à ces affects un solide socle conceptuel. Dès sa conception, l'embryon, puis le fœtus *va vivre sa vie* dans le ventre de sa mère. Beaucoup de praticiens s'intéressent de plus en plus à la vie prénatale[1]. Ce que nous savons pertinemment aujourd'hui, c'est que la vie émotionnelle de sa mère va retentir sur son psychisme en devenir. M'étant intéressée de plus près à la voix maternelle, j'ai découvert qu'elle était entendue dès la vie fœtale.

Le fœtus entend et répond par des réactions cardiaques et motrices à partir de cinq mois et demi. A sept mois, il fait des mouvements en réponse à des stimuli externes, lorsque ceux-ci sont suffisamment intenses pour couvrir les bruits inhérents aux activités cardiaques et digestives de sa mère. Il est donc confirmé que la voix maternelle ressort bien du bruit de fond. Nous avons ainsi une idée très précise sur les premières impressions sonores du fœtus, la *mélodie* de la voix maternelle s'élevant au-dessus du *rythme* de ses productions corporelles. La psychanalyste italienne Suzanne Maiello pense que la rencontre avec la voix permet au fœtus une première *relation d'objet* et écrit : « La perception de la voix maternelle pourrait représenter la première expérience d'altérité de l'enfant pendant la vie prénatale, étant donné qu'il n'a aucun pouvoir sur sa présence ou son absence, ni sur sa qualité émotionnelle ou mentale[2]. » Cette voix sera reconnue parmi d'autres à la naissance : les bébés de trois jours reconnaissent la voix de leur mère par rapport à une voix étrangère. Bien plus, si la mère lit un texte sans ses intonations habituelles, ce que l'on appelle la lecture *recto tono*, le bébé se détourne : il est donc éminemment sensible à la *musique* de la voix maternelle. Ainsi, elle est, avant son visage, le tout premier lien du bébé avec sa mère. Le *chant* de sa voix lui devient familier, chant *rythmé* par ses inflexions.

1. Voir à ce sujet Missonnier, S. (2009), *Devenir parent, naître humain*, Paris, PUF.

2. Maiello, S. (2000), « Trames sonores et rythmiques primordiales », in *Journal de psychanalyse de l'enfant*, n° 26.

Comprenez donc, Samuel, que les premières interactions de la mère avec le fœtus, puis avec le bébé, sont considérables et ne doivent pas être négligées.

S. D. Bien sûr, ce sont bien ces interactions et leurs implications sur le devenir psychique qui insufflent un certain scepticisme dans ma conception de la PMA et la GPA. Mais, encore une fois, vous ne semblez pas pouvoir concevoir le devenir féminin en dehors de la maternité car tel était peut-être l'idéal, voire l'injonction patriarcale, qui porta votre génération et que vous avez faite vôtre.

M.-F. C. Après la naissance, le bébé va vivre dans une intimité très grande avec sa mère au point que Winnicott pourra dire : « Un bébé, cela n'existe pas », car il faut inclure la mère et ses affects dans le couple indissoluble qu'ils forment. Cette phrase a été fondamentale pour ma génération puisqu'elle liait directement l'existence du bébé et celle de la mère. Certes, à mon époque, c'était bien la mère qui était entièrement en charge du bébé, et je suis attachée à cette conception. Mais si j'insiste, avec beaucoup de mes collègues, sur le rôle éminent de la mère pendant la grossesse et les premiers mois de la vie du bébé, c'est pour montrer que cette expérience est riche de promesses pour la vie future de l'enfant et qu'elle constitue pour la mère un épanouissement profond et indéniable de sa féminité. Je suis donc inquiète par les conséquences sur l'unité psyché-soma de ces avancées scientifiques dont vous me parlez, car nous ne mesurons pas encore vraiment leurs effets.

De plus, la maternité opère une transformation de la libido telle que la sexualisation est différée par le *courant tendre* et que se crée un cycle sublimatoire où la mère favorise la différenciation et l'autonomie de son nouveau-né. La passion maternelle cesse ainsi d'être *folie* pour devenir *création*. Selon la philosophe et psychanalyste Julia Kristeva : « Dans cet apprentissage de la relation à l'autre, la mère réalise à la fois la plus grande intensité de la pulsion [...] et une inhibition de la pulsion quant au but qui permet à l'affect de se muer en tendresse[1]. » Une femme peut se réaliser dans la maternité à condition d'y éprouver pleinement en quoi consiste l'altérité. Freud pensait « qu'aimer son prochain comme soi-même » était impossible. Pourtant, la mère *suffisamment bonne* peut y prétendre à condition que la maternité soit pour elle l'expérience de la construction authentique d'un lien à l'autre. Pensez-vous vraiment que ce lien puisse être maintenu lorsqu'il s'agit par exemple d'une mère porteuse ? J'ai le sentiment que c'est bien le rapport à l'autre, à la différence, que menace avant tout la société dans laquelle évolue la jeune génération.

S. D. Julia Kristeva parle tout de même de la capacité maternelle de l'homme, et même de l'autorité maternelle de la femme, d'ailleurs ! Or, selon votre conception, deux hommes, ou un homme seul, ne pourraient pas élever un enfant. C'est pourtant le cas tous les jours, et cela ne révulse pas ma génération outre mesure, au contraire de l'homophobie ou de la dénonciation des familles monoparentales, au contraire de toute forme de discrimination, fût-elle « justifiée » à l'aide d'une théorie. Nous savons qu'il ne s'agit pas du fruit d'une évolution de la société au sens strict mais de la reconnaissance nécessaire, vitale même, d'une situation existante. A quoi servirait-il de se murer dans un passéisme autistique ? La seconde moitié du XXe siècle, votre époque, a été fortement marquée par la lutte intensive et constante des féministes, parce que la femme subissait un statut infamant, qu'elle était considérée comme un être inférieur à l'homme. Avec le recul, rares sont ceux qui remettraient aujourd'hui en cause les droits qu'elles ont réussi à acquérir. Il en sera de même demain concernant la lutte des homosexuels ou des féministes d'aujourd'hui. La régulation est le principe le plus puissant de notre société.

M.-F. C. Il faut voir les films de Colwyn Trevarthen[2], professeur et chercheur écossais, qui révèle cette synchronie

1. Kristeva, J. (2005), *La Haine et le Pardon*, Paris, Fayard, p. 176.
2. Colwyn Trevarthen est professeur émérite de psychologie de l'enfant à l'université d'Edimbourg.

mère-enfant. Elle est faite non seulement de voix, mais aussi de gestes, de mimiques. C'est une véritable chorégraphie qui va se mettre en œuvre entre l'enfant et sa mère. Tous les cas de figure sont possibles mais le plus favorable pour la santé psychique du bébé, c'est lorsque sa mère lui exprime sa tendresse et son empathie, lui montrant qu'elle le comprend et qu'elle peut jouer avec lui. Ainsi, elle lui transmettra ce que l'on désigne, d'un mot particulier et juste, « un affect d'existence », c'est-à-dire : « L'intersection optimale entre la mère et l'enfant a pour but de créer l'affect d'existence. Sentiment de cohérence et de consistance, support du plaisir d'exister, qui ne va pas de soi, doit être infusé par l'objet et qui se montre capable de tolérer l'admission de l'Autre et la séparation d'avec lui. [...] la capacité à être seul en présence de quelqu'un signe cette évolution favorable[1]. »

L'enfant va lire dans ses yeux et entendre dans sa voix son amour. On pense au poème de Verlaine « Mon rêve familier » où il évoque celle qui « m'aime et me comprend[2] ». Car, si la vie vaut la peine d'être vécue, si nous souhaitons à tous, autant que nous sommes, d'aimer la vie, cet amour s'enracine dans les tout premiers moments de l'existence... Pour en revenir à mon point de départ, il est donc souhaitable, voire indispensable, que la mère de l'enfant désiré par elle et son compagnon soit celle qui le porte dans son ventre. Une relation fondamentale se noue. La femme devient mère, au sens propre de la gestation : cette expérience lui confère un épanouissement et une place dans l'humanité incontournable. Ma génération était marquée par ce primat de la maternité dans l'identité corporelle de la femme.

1. Green, A. (1982), *Narcissisme de vie, narcissisme de mort*, Paris, Editions de Minuit, p. 58.

2. Verlaine, P. : « Je fais souvent ce rêve étrange et pénétrant / D'une femme inconnue, et que j'aime, et qui m'aime / Et qui n'est, chaque fois, ni tout à fait la même / Ni tout à fait une autre, et m'aime et me comprend. [...] Et, pour sa voix, lointaine, et calme, et grave, elle a / L'inflexion des voix chères qui se sont tues. »

Le corps nu

S. D. C'est ce qui me choque dans vos propos. Pas d'équilibre intrapsychique sans homme, pas d'identité corporelle sans maternité... donc sans phallus ! La femme, pour votre génération et selon votre conception, était donc plus aisément prise au piège d'une relation de dépendance à l'homme, le seul à pouvoir lui faire l'enfant, le seul lui permettant de se réaliser au travers de sa maternité. Si je tends à partager votre point de vue quant à une certaine négation de l'altérité pour ma génération, au profit de « l'objet », je m'interroge quant au caractère réellement épanouissant d'un tel abandon à la figure masculine, voire patriarcale. Et puis, si vous cherchiez perpétuellement une confirmation d'existence, une *forme,* dans le regard de l'autre, votre génération était, me semble-t-il, marquée par une pudeur frôlant parfois l'inhibition. On ne montrait pas le corps nu.

M.-F. C. J'aime ce mot, *pudeur,* et je trouve qu'on en manque aujourd'hui. Je ne souhaiterais pas tant vous raconter les malentendus à propos de la pudeur dans ma génération que de vous dire mon sentiment : elle a besoin d'être réhabilitée.

Les malentendus, pour en parler brièvement et personnellement, venaient du jugement des adultes sur la curiosité de la jeune génération. Nous n'avions pas à notre disposition, tant s'en faut, les images d'aujourd'hui. Notre curiosité, concernant le corps nu et la sexualité des adultes, était d'autant plus frustrée qu'elle n'était nourrie spontanément ni par la famille ni par l'école[1]. Prenons mon propre exemple. Pour la jeune fille pubère que j'étais devenue, je devais passer par des ruses nombreuses et variées pour me faire mon idée. Les livres, tout d'abord... La fréquentation des bibliothèques ne m'amenait pas qu'à lire les livres de la « Bibliothèque

1. Les cours d'éducation sexuelle n'existaient pas encore !

rose[1] » : je cherchais, dans les dictionnaires, les planches anatomiques. Je m'efforçais de découvrir les livres *à l'index*. J'allais me promener dans les jardins du Trocadéro pour regarder la grande statue d'un homme nu qui me fascinait. C'est sans doute pour cela que les exhibitionnistes, dans les parcs publics, épouvantaient et intriguaient les petites jeunes filles que nous étions. Ce que je décris pour ma part concernait les filles de mon âge puisqu'à l'époque les collèges n'étaient pas mixtes. Chacune d'entre nous s'entretenait avec ses camarades de classe de ses découvertes, afin d'enrichir nos curiosités. Le plus intime et le plus défendu, c'était de « regarder par le trou de la serrure ».

S. D. C'est certain. Nous sommes mieux informés quant à la sexualité, et surtout sur ses risques. Le corps se dévêt plus aisément et les statues ont perdu de leur pouvoir tandis que se multiplient, surtout par le biais d'Internet, des images charnelles d'une stupéfiante diversité, des photographies de milliards de corps. Il me semble que ce dernier en devient moins inquiétant mais qu'il conserve toutefois une part d'étrangeté inaliénable. La promulgation de la chair, son dévoilement ne résout pas son énigme symbolique. Un corps, même exhibé de la façon la plus crue, n'est jamais qu'un corps. Il doit s'inscrire dans un langage pour exister, dans un contexte ; il doit être accompagné d'un *sens*. Sinon, il n'est que béance, que gouffre, que matière, que fluide, que cellules, que simulacre pornographique. Or ce n'est pas tellement la divulgation du « corps nu » qui me frappe aujourd'hui mais celle du corps tout court, habillé ou non. Le corps obèse dans les émissions de « relooking », le corps

1. Lors d'un voyage en train, Louis Hachette rencontre le comte de Ségur, mari de la comtesse de Ségur, née Sophie Rostopchine. Ce dernier lui parle des histoires que son épouse écrit pour ses enfants. Ainsi est décidée la publication d'une collection de livres, créée en 1860, pour les six à douze ans, à la couverture rose ! Ces histoires, passionnantes pour le jeune enfant, n'étaient pas destinées aux adolescents.

anorexique dans les émissions de « témoignages », le corps érotisé dans les télé-réalités, le corps travaillé et modifié dans les publicités... Le corps est partout mais ne dit rien, incapable qu'il est sous cette forme calculée, aseptisée et insignifiante de remplacer la pensée. Ce vide, visuel, plus encore télévisuel, attire malgré tout ma génération. Ce vide froid, qui étale sur le papier glacé des magazines des centaines de jeunes femmes, de mannequins au regard mort.

M.-F. C. Oui. Mais à travers ces anecdotes de mon passé, nous retrouvons la grande idée de Freud : la sexualité infantile. Publié en 1905, *Trois Essais sur la théorie sexuelle* est un ouvrage majeur qui comporte trois parties consacrées aux « aberrations sexuelles » (les perversions), à « la sexualité infantile » et « aux transformations de la puberté ». Dans la deuxième et la troisième partie qui nous intéressent plus particulièrement, Freud montre qu'il existe une sexualité infantile : le développement psychosexuel se fait en plusieurs phases, correspondant aux organisations orale, anale, phallique et œdipienne, avec pour chacune prédominance d'une zone érogène. Ensuite, s'installe une période de latence, avant les bouleversements de la puberté. Ce dont j'ai parlé plus haut concerne certaines pulsions partielles de l'enfance : voyeurisme, exhibitionnisme, curiosité concernant les parties génitales et la scène primitive[1], activités masturbatoires, etc. La disposition à la *perversion polymorphe*[2] caractérise la sexualité infantile. La perversion, à l'âge adulte, est la réapparition et la fixation à une composante de celle-ci. Par ailleurs, Freud parle de la « pulsion de savoir[3] », appelée parfois épistémophilique. L'enfant s'intéresse à la grande énigme : d'où viennent les enfants ? Il se préoccupe beaucoup

1. On appelle scène primitive la scène des rapports sexuels entre les parents, observée, construite, fantasmée par l'enfant et interprétée par lui.

2. Freud, S. (1905), « L'enfant est un pervers polymorphe », in *Trois Essais sur la théorie sexuelle*, Paris, Gallimard, 1987, p. 86.

3. *Ibid.*, p. 90.

de savoir en quoi peut consister le rapport des sexes ou le fait d'être mariés. Ces questions ne recevant pas d'emblée de réponse exacte et complète, l'enfant va les refouler et mettre son énergie à orienter sa curiosité vers d'autres buts, ceux de l'école. Ainsi, la période de latence va s'ouvrir avec un formidable appétit de savoir et de comprendre. C'est ce que nous souhaitons pour tous les écoliers ! C'est très différent aujourd'hui où les enfants ont accès à des informations extrêmement précises, voire à des images particulièrement crues. Quand toutes les pulsions sont satisfaites, que reste-t-il des processus visant justement à les transcender ? S'il n'y a plus d'énigme, comment faire naître la quête de réponse ? La frustration était, pour les personnes de ma génération, vectrice d'apprentissage, de stimulation psychique. La pudeur ne concerne pas que le corps mais également la considération pour l'autre, le respect de son intégrité psychique et de ce que l'on peut lui montrer, lui donner à voir, à entendre, à comprendre.

S. D. Ma génération a d'autres frustrations, d'autres difficultés à transcender, d'autres mystères à percer.

M.-F. C. Je reviens à la pudeur plus précisément, à l'âge de la puberté. Ainsi, nous ne nous exhibions pas, à proprement parler, mais lorsque nous étions jeunes, nous étions fiers de la nudité puisque, grâce à notre corps transformé, nous pouvions faire montre de nos attributs, aussi bien féminins que masculins, dans des moments de confiance. Là encore, il y avait un temps pour tout, un temps pour l'autre. On a beaucoup glosé sur Brigitte Bardot enlevant son soutien-gorge pour se montrer en monokini[1]. Après le « maillot de bain une pièce » de nos parents, qui comportait de véritables jupes pour les femmes, il y a eu le deux pièces

1. Brigitte Bardot se montre en bikini dans le film *Et Dieu créa la femme*, tourné à Saint-Tropez avec Roger Vadim en 1956. Elle se montrera plus tard en monokini dans sa propriété de La Madrague à Saint-Tropez en 1983 !

puis le monokini. C'était un beau corps de femme exhibé qui flattait l'imagination, rattaché à une histoire cinématographique. Il s'agissait alors de montrer le lien entre le corps qui se dévoile et les sentiments amoureux. Le rapport entre le déshabillage et la psychologie des personnages était primordial. Un récit, un langage accompagnait le dévoilement du corps. C'est ce qui faisait de lui autre chose qu'un objet parmi les objets.

S. D. Je suis d'accord. Et voyez quel chemin a été parcouru entre nos deux générations ! Aujourd'hui ce que vous décrivez est devenu banal, sinon anodin. Le corps est là. Vêtu ou non. Il est sa propre histoire, son propre récit, son propre signifiant. Il ne se soucie plus de signifier autre chose que son argument commercial, et encore... Le corps se suffit à lui-même et ne s'encombre pas d'une *pensée,* oui, le corps est *suffisant,* il est devenu une image parmi tant d'autres.

M.-F. C. Rappelons le scénario du film *Et Dieu créa la femme* (1956), film de Roger Vadim, dont les acteurs sont Brigitte Bardot et Curd Jürgens, Jean-Louis Trintignant et Christian Marquand. Ce film raconte l'histoire d'une jeune fille, Juliette, sublime de beauté et de sensualité, qui fait chavirer les cœurs dans le petit port traditionnel de Saint-Tropez. Trois hommes se disputent l'amour de cette jeune orpheline de dix-huit ans. Après beaucoup de péripéties, elle épousera son amoureux transi et évincera celui qui ne lui faisait la cour que pour l'attrait de son corps. Si j'en parle, c'est que ce film devint à l'époque l'emblème de l'émancipation des femmes et le symbole d'une nouvelle liberté sexuelle. Il révolutionna le cinéma par l'audace de ses prises de vues jusqu'aux confins de l'Amérique mais resta fidèle à la psychologie du sentiment amoureux.

Pour ma génération, la pudeur était une forme de prudence dans l'approche de l'autre. Nous ne nous dévoilions pas sous son regard sans qu'une certaine confiance existe et tisse un lien avec lui. Il fallait une familiarité profonde et il était exclu de se montrer à des inconnus dans sa nudité. En revanche, la danse était une activité très prisée à cette époque : valse, tango, paso doble, raspa, twist, slow, etc. Dans une tenue habillée mais excitante, le rapprochement des corps était souhaité, voire encouragé. Celui-ci pouvait aller jusqu'à l'extase, je vous assure ! La suggestion importait presque plus que le dévoilement proprement dit.

S. D. Le corps, médiateur fondamental de la relation à l'autre. Un support de toutes les projections également...

M.-F. C. Exactement. Mais la rencontre intime devait se faire doucement ; nous avions besoin d'écouter l'autre, d'approfondir la relation avant d'aller plus loin, se souvenir ensemble des moments déjà vécus. Il fallait, selon l'expression consacrée, laisser du temps au temps. Cette parole adressée était accompagnée d'un dévoilement progressif du corps. Le visage restait le lieu de la conversation, de la compréhension mutuelle et de l'intimité de deux êtres. Les grands baisers de cinéma étaient évocateurs de ce rapprochement : deux visages se mettaient à s'unir. Le baiser sur la bouche était très sensuel. Nous avons gardé en mémoire les baisers passionnés de Vivien Leigh et de Clark Gable dans *Autant en emporte le vent* (1939), de Victor Fleming, grand classique de l'histoire du cinéma. Nous aimions Ingmar Bergman, le cinéaste suédois, car ses films étaient porteurs d'un grand érotisme grâce à ce que je nomme le corps-mystère, dont on s'approchait très doucement, évoquant toujours les liens psychologiques des personnages entre eux. Pas de corps sans altérité. Pas de corps sans émoi.

S. D. Je souscris à votre analyse. Certains artistes qu'affectionne ma génération, Ray Caesar, Mark Ryden, ou Eric Lacombe, Stepk[1] et Olivier de Sagazan en France viennent, pour des raisons similaires, interroger la relation à

1. Cf. Dock, S. (2012), « Nous sommes tous des anges », *in* Le Huffington Post.

l'intérieur même du corps, l'émotivité de la chair elle-même, comme s'il ne restait plus que cet interlocuteur, comme si l'on ne pouvait plus aujourd'hui se pencher, *s'épancher*, que sur soi. Je pense aussi à Mona Hatoum qui visitait le corps humain avec une caméra. Ce qu'elle nomme « corps étranger », c'est notre propre corps, fait vaisseau étrange et peu hospitalier maintenant qu'il a abandonné l'Autre. Le dernier refuge, les derniers bras, le dernier espace habitable... Quand il n'y a plus de langage, plus de pensée, plus d'altérité, il ne reste que le corps.

Le corps-mystère et le risque pornographique

M.-F. C. Oui, c'est pour cela que j'ai parlé du corps-mystère. Le corps n'est pas qu'un assemblage de parties et d'organes, notamment sexuels. Il est enveloppé par l'épiderme qui lui confère une protection mais également une interface sensible avec le monde extérieur. La peau, chère à Didier Anzieu[1], est une métaphore et un concept psychanalytique essentiel : le Moi enveloppe l'appareil psychique comme la peau enveloppe le corps. Ce sont les caresses que la peau préfère. Dans le jeu de la séduction, si le désir passe par la vue et par la voix, il se concrétisera *à fleur de peau*. Nous retrouvons l'unité psyché-soma dont j'ai parlé précédemment. Cette incarnation du désir était très importante pour ma génération. Dans la mesure où l'amour passait d'abord par le Moi et la psyché, il fallait toucher à la peau avec la même subtilité. L'autre était toujours un mystère ; il fallait donc l'approcher et

1. Didier Anzieu (1923-1999), après l'Ecole normale supérieure et l'agrégation de philosophie, se tourne vers la psychologie avant de se former comme psychanalyste. Il deviendra professeur des universités, notamment à Paris X-Nanterre où je l'ai connu, le choisissant ensuite comme directeur de ma thèse d'Etat sur *La Voix*. Il a laissé une œuvre importante, dont, précisément, *Le Moi-peau*, publié chez Dunod en 1985.

le toucher, aux deux sens de ce terme : le toucher par le cœur et le toucher par les doigts. La parole et la voix sont fondamentales dans cette quête : « Parlez-moi d'amour, redites-moi des choses tendres », dit la chanson. La tendresse de l'âme est la grande alliée de la sensualité du corps. Ainsi, la pudeur est l'antichambre de la sensualité beaucoup plus que son négatif. Le corps-mystère n'en est plus un dans la force des sentiments et d'une vérité partagée.

S. D. Le Moi-peau prend une consonance très différente pour ma génération, j'y reviendrai ! La sexualité était-elle le fer de lance de l'investissement corporel ? Je perçois qu'il vous est difficile de parler du corps sans évoquer sa rencontre avec un autre.

M.-F. C. Oui. Car il n'en reste pas moins que le corps était bel et bien voué au sexuel et ce en dépit de notre pudeur. La poitrine généreuse, la chaleur de l'étreinte, la sensualité de l'érection masculine, l'orgasme féminin frémissant sous les voiles... La pudeur n'étouffait pas le débordement amoureux. Au contraire, elle préparait le sexuel et le rendait encore plus excitant, plus précieux. Soudain, quelque chose d'*énorme*, d'intense et d'unique, allait se passer, l'union des corps, symbole de l'union des âmes. Plus cette rencontre avait été forte, complète, riche, joyeuse, plus l'union sexuelle allait être exaltée, permettant la jouissance, la plus extrême jouissance. La découverte du corps était liée à l'amour. Sans doute cette époque était-elle marquée par une forme de refoulement névrotique, la religion jouant un rôle dans différents milieux sociaux. Le péché de la chair était quelque peu réprouvé, surtout pour les femmes, d'autant que les grossesses non désirées pouvaient jeter l'opprobre sur elles et leur famille. Pour les hommes, la vie sexuelle était plus libre. On parlait de leurs maîtresses dont certaines étaient rencontrées dans les bordels[1].

---

1. Madame Claude, dans les années 1960-1970, tenait un réseau de prostitution.

S. D. Tout cela doit être entendu dans un cadre où la femme était inféodée à la volonté masculine. L'interdiction de l'IVG et les impossibilités de la contraception jetaient l'opprobre sur sa sexualité, culpabilisée et réprimée sévèrement à l'entier profit de la puissance d'un homme, d'un chef, d'un père, d'un décideur : d'un patriarche. Je suis profondément heureux que les choses aient évolué même si j'ai l'impression en vous écoutant que ma génération subit le basculement d'une société trop oppressive à une société trop permissive.

M.-F. C. Oui. En quelques décennies, les mœurs ont considérablement changé et évolué. La religion a perdu de son influence et la contraception a donné une liberté nouvelle aux jeunes filles et aux femmes. Par ailleurs, le cinéma, j'insiste sur ce point, a joué un grand rôle car le contrôle des films s'est considérablement allégé ! On pouvait censurer certaines images des films de Bergman comme *Le Silence*, en 1963, avant de classer X les films pornographiques quelques années après[1]. Aujourd'hui, à la faveur des nouvelles technologies, l'image pornographique s'est répandue au point d'inquiéter les parents et les éducateurs.

S. D. Ma génération n'est tout de même pas la première à avoir été confrontée à la pornographie ! Elle s'était *répandue* bien avant nous.

M.-F. C. Oui mais on peut dire qu'à la fin du XXe siècle et au début du XXIe, pendant ces dernières années, la sexualité est devenue envahissante. On est passé d'un extrême à l'autre car, pour moi, il n'est plus assez question d'amour et de

1. La Commission de censure du cinéma, créée lors de la Ve République sous l'autorité du ministre de l'Information, avait le pouvoir de couper certaines scènes et d'interdire les films à certaines catégories de spectateurs : interdit aux moins de seize ans, de dix-huit ans. Plus tard, en 1975, au moment de l'arrivée des films pornographiques, elle les classait X, attribuant leur diffusion à certaines salles, strictement réservées aux adultes intéressés.

sentiments. Michela Marzano, professeur de philosophie à l'université Paris Descartes, écrit : « Derrière la production croissante d'images de plus en plus violentes et hard, se cachent la frustration et la peur de ceux qui n'arrivent pas à vivre une sexualité libre et originale, indépendamment des images machistes que le porno véhicule. [...] La pornographie représente le symptôme d'un trouble profond qui entoure encore aujourd'hui notre rapport au corps et, plus généralement, nos relations à l'autre[1]. » Plus loin, elle écrit : « Je baise, donc je suis, peut être considéré, à certains égards, comme le nouvel axiome à la mode. Pourtant tout discours autour de la sexualité renvoie à la subjectivité et à l'intimité de chacun dans sa vision personnelle de la rencontre amoureuse entre un homme et une femme[2]. » Aujourd'hui, j'ai l'impression que nous assistons à l'avènement de l'exhibition du corps-objet. La nudité peut mener aussi bien à la rencontre, à l'amour, qu'à l'exhibition pornographique. Penser qu'aujourd'hui beaucoup d'images pornographiques circulent sur Internet, certes, accompagnées de visas, mais qui ne sont pas dissuasifs, me choque profondément. Leur consommation effrénée encore plus.

Comme je l'ai rappelé, l'acte sexuel est inséparable des sentiments qui l'accompagnent. Nous dépassons notre animalité dans la mesure même où le raffinement et l'expression psychique se lient au sensuel, pour le parfaire et l'exalter. Je ne suis pas une adepte du *freudisme* car je rejette toute forme de *catéchisme*, mais je suis d'accord avec Freud pour parler de *psycho-sexualité*. En 1910, dans son essai *Contributions à la psychologie de la vie amoureuse*[3], il montre avec pertinence que la satisfaction sexuelle vient de l'alliance du courant *tendre* et du

1. Marzano, M. (2011), « Le corps au risque de l'image », in *L'Image et la Pensée* (dir. Castarède, M.-F.), Toulouse, Erès, p. 74.

2. *Ibid.*, p. 75.

3. Freud, S. (1918), *Contributions à la psychologie de la vie amoureuse*, Paris, PUF, 2011.

courant *sensuel*[1]. Cette analyse s'articule avec sa conception du développement de l'enfant et de l'adolescent à travers le complexe d'Œdipe. Freud ne m'aurait pas convaincue si mes expériences personnelles n'avaient pas trouvé, grâce à sa théorie, compréhension et éclaircissement.

J'ai participé à la Commission de contrôle du cinéma français pendant plusieurs années. Il fallait réguler les visas et classer les films, notamment pornographiques. J'ai toujours été *accablée*, le mot n'est pas trop fort, par la préséance, dans tous ces films, du corps brut, du corps organe, du corps animal, sans qu'il s'y superpose ce qui fait tout le charme, le luxe de la relation, à savoir la ferveur, l'attrait, l'intérêt, la découverte de l'autre dans ce qu'il a d'unique, ce en quoi la réciprocité va advenir car l'autre est dans la même perspective. Ainsi, chacun s'apprivoise mutuellement, afin de se mieux connaître, de plus en plus finement et cela sans tabous. Je dirais que *lorsque l'on s'aime, on peut tout faire*. Je préfère que les tabous sautent parce qu'il y a d'abord eu relation unique plutôt que les tabous soient tous supprimés avant même qu'on ait pu parler de relation.

Le *hard* confronte à un mésusage du corps et de l'amour des corps. Il engendre un déchaînement pulsionnel sans aucune connotation affective et sentimentale. Des enfants très jeunes peuvent apprendre, ou plutôt se méprendre sur la vie sexuelle à partir de ces images, images crues qui ne tiennent aucun compte de la réaction intime de l'autre à ce qu'on lui propose, de son consentement, de son adhésion profonde au plaisir. Ces images, qui prennent la place de son imaginaire personnel, empêchent pour lui toute participation affective. Il n'y a aucune histoire psychologique qui soutienne

1. Freud distingue deux courants de la sexualité : *le courant tendre* et *le courant sensuel*. Le premier est le plus ancien, adressé à la mère (choix d'objet premier) ; le second prend toute sa force à la puberté et s'adresse à un partenaire sexuel avec la force des désirs incestueux de l'enfant. On peut, selon Freud, vivre ces deux courants séparément.

les ébats du corps. Il n'y a que des plaisirs bruts, des satisfactions vulgaires au sens où elles ne sont jamais rehaussées par une quelconque poésie ou *symbolisation*. Seule cette dernière favorise pourtant la constitution et l'organisation d'un espace psychique personnel. Elle établit un pont entre la réalité intérieure (les fantasmes) et la réalité extérieure, entre le sujet et l'objet, entre le passé et le présent. Dans la vie amoureuse, la symbolisation est indispensable puisqu'elle ouvre à chacun un lieu, *une aire*, dirait Winnicott, où il peut déployer sa fantaisie individuelle en la confrontant à celle de l'autre. Au contraire, l'image pornographique est anonyme et impersonnelle. De plus, les pulsions partielles, telles que le voyeurisme et l'exhibitionnisme, sont exaltées et nous renvoient à des fixations perverses.

Le corps et la religion

S. D. Je comprends comment la pudeur pouvait attiser le désir de l'autre. Mais n'y avait-il pas également une influence directement *religieuse* sur ce mode de pensée ?

M.-F. C. Tout à fait. La religion avait une influence sur un grand nombre de personnes parce qu'elle insistait sur le péché de la chair. Il y avait, différemment pour chacun, selon la force des interdits religieux à l'intérieur de chaque famille, un Surmoi[1] qui réprouvait l'acte charnel, encore davantage pour les filles que pour les garçons. Parmi les sept péchés capitaux, celui de la luxure était particulièrement visé. Les relations sexuelles hors mariage étaient fermement condamnées par l'Eglise catholique. Personnellement, cela ne m'a pas beaucoup gênée car j'ai vite repéré qu'il y avait là une fermeture excessive et insolite. Je préférais, pour mon éthique personnelle,

1. Le Surmoi, selon Freud (1923), constitue l'une des trois instances de l'appareil psychique. Il résulte pour l'essentiel de l'intériorisation de l'autorité parentale.

m'enraciner du côté de la pudeur, beaucoup plus que du côté du péché. J'allais même dire : braver les interdits des parents, lire des livres qui *n'étaient pas de notre âge*, s'octroyer des plaisirs furtifs avec le corps d'un amoureux, danser langoureusement. Tout cela était très excitant pour les filles de ma génération. Je sentais que le clergé était très obnubilé par les questions de pureté et d'impureté (sixième et neuvième commandements de Dieu) parce qu'il était peu au clair quant à sa propre sexualité ! Mes premières intuitions psychanalytiques...

Heureusement, beaucoup de chemin a été parcouru par l'Eglise. Freud et la psychanalyse sont passés par là ! Freud a parlé d'Eros comme d'une pulsion de vie face à Thanatos, pulsion de mort. Aujourd'hui, on réhabilite enfin l'amour sexuel au détriment de la permissivité pornographique. La religion doit se tenir du côté de l'amour humain, sous ses trois formes, *Eros*, *Philia* et *Agapè*. Eros était rejeté comme accordant trop de droits au corps, au désir physique, à une chair jugée pécheresse par nature. Benoît XVI, pape de l'Eglise catholique, a insisté en 2005, dans sa première encyclique[1], sur la nécessité de ne pas opposer *Eros* et *Agapè*, comme cela a été trop longtemps le cas dans la tradition chrétienne passée.

S. D. Quand je pense à Benoît XVI, me reviennent immédiatement en mémoire sa condamnation de l'IVG, les propos sur le préservatif et le sida, l'éviction des communautés homosexuelles. Que vaut cet amour si répressif et si conditionnel ? Ma génération est née en pleine postmodernité avec ce que cette époque implique de désaffection des institutions religieuses et politiques. Mais pourquoi regretterait-elle cette morale hypocrite en total décalage avec la réalité de son existence, de ses désirs et de ses amours ? Pourquoi ressusciterait-elle ces symboles vides et

1. Benoît XVI, « *Deus caritas est* », 25 décembre 2005. Benoît XVI a démissionné de sa charge papale en février 2013, et le pape François l'a remplacé. Le pontife argentin, élu le 13 mars 2013, fait actuellement bouger considérablement les lignes de l'Eglise catholique.

ces vieilles névroses, ces autorités déplacées ? Que lui apporteraient-ils ? Pourquoi se soumettre à ce « Père » au discours oppressif plus qu'à un autre produit marketing ? L'éthique capitaliste, consumériste et libérale contemporaine, est-elle moins avouable que la morale religieuse ? Combien de morts, au nom de Dieu, l'institution religieuse a-t-elle déjà causées ? Les sorcières mortes sur les bûchers, les « sauvages » morts évangélisés aux quatre coins du monde, la position controversée d'une certaine partie de l'Eglise catholique durant la Seconde Guerre mondiale... Cette histoire me semble trop lourde à porter, insurmontable. Je n'ai pas besoin du pape pour aimer, pour me dire ce que je dois faire ou éprouver, pour me sentir bien, me sentir libre, me sentir un. C'est même tout le contraire ! J'ai essayé de trouver une éthique dans la religion chrétienne, un modèle structurant, mais sans succès, je n'y entendais rien à l'autoflagellation, à la confession et au péché. Je lui préfère l'acceptation, la compréhension, l'empathie et l'analyse, le respect de l'autre dans toute sa singularité. Je trouve inévitablement le pécheur lucide plus humain que le chrétien pénitent en quête d'absolution. Plutôt que d'accorder à l'autre la grâce de le « tolérer », Benoît XVI aurait sans doute mieux fait de cheminer vers lui, de chercher ce qu'ils avaient tous deux en commun plutôt que ce qui leur était étranger. Je me suis pour ma part tourné très tôt vers la psychanalyse, pour son propos sur la loi symbolique et sur le langage, sur l'introspection, les garants du respect de l'intersubjectivité. La spiritualité de la génération Y est une spiritualité *choisie*, personnelle plus que dogmatique, flexible et mouvante. Dans sa tentative de se réapproprier le corps, les propos du pape se révèlent des entraves douloureuses, des inhibitions sinistres, des heurts narcissiques. Combien de jeunes homosexuels ont fait les frais, dans leur quête d'acceptation d'eux-mêmes, de cette « morale » qui avait bercé leurs parents ? Lors des manifestations contre le « mariage pour tous », sont-ce ces propos de haine et de rejet qui exprimaient l'amour divin, qui invitaient à l'amour de soi, au respect de son corps et du corps de l'autre ? Voilà des blessures bien inutiles que la génération actuelle relègue presque machinalement dans le passé. Reste qu'avec tous ces interdits, sociaux ou familiaux, je me demande comment vous pouviez découvrir votre propre corps.

M.-F. C. Les changements corporels à l'adolescence à notre époque étaient accompagnés de lectures. La grande question des jeunes filles concernait leurs règles. Il leur fallait trouver des adultes avec qui parler, converser, dédramatiser les choses. Quant aux garçons, il fallait savoir quel jour ils avaient laissé, dans leurs draps, des *cartes de géographie,* traces de leurs premières éjaculations ! Etaient-elles masturbatoires ? Ou liées au commerce avec un autre ? On s'intéressait à cette vie intime des adolescents. Il y avait toujours les interdits des adultes auxquels nous pouvions nous opposer ! Nous étions subversifs, à notre manière. Ces signes nous intéressaient car nous savions qu'ils étaient le prélude à la grande vie amoureuse. Pour ma part et pour ma génération, me semble-t-il, on allait plutôt lentement. La masturbation jouait un rôle certain, le plus souvent clandestin, pour le garçon comme pour la fille.

L'acte sexuel était le dernier échelon de cette escalade, le plus grisant, celui qui donnait le plaisir le plus excitant, mais on faisait attention, car ma jeunesse n'a pas connu la découverte de la contraception. Winnicott en fait une des plus importantes conquêtes pour la vie sexuelle de l'adolescent. Il écrit : « C'est une liberté toute nouvelle que celle d'explorer la sexualité et la sensualité, alors que non seulement l'adolescent n'a pas le désir d'être parent mais qu'il y a même – c'est presque toujours le cas – le souhait d'éviter de donner naissance à un enfant non désiré et démuni de parents. [...] L'adolescent peut ainsi explorer tout le domaine de la vie sensuelle sans souffrir cette effroyable inquiétude qu'implique la conception accidentelle[1]. »

1. Winnicott, D. W., *De la pédiatrie à la psychanalyse, op. cit.*, p. 261.

Le plus bel objet de consommation

S. D. Afin de parler du corps pour ma génération, il me faut d'abord le décrire. Un corps tatoué, percé, maquillé ou scarifié, refait ou préservé, un corps dont on prend soin ou un corps que l'on abîme avec la même détermination, mais dont le destin, dont la réalité physique, malgré tout, importe peu. Il me semble que nous sommes confrontés à un étrange paradoxe traduisant, de fait, une certaine ambivalence à l'égard de cet être matériel. D'une part, le corps paraît être l'*objet* de toutes les attentions, bienfaitrices ou destructrices, et, d'autre part, il est tenu à distance, maintenu dans un au-delà du Moi, et donc considéré comme un objet au sens littéral, un objet que l'on entretient mécaniquement comme s'il était extérieur à soi. Pour être plus précis, c'est comme si nous assistions à un clivage entre le corps, traité avec une désinvolture extrême, et l'apparence, objet de toutes les préoccupations. Je relèverai, par exemple, le contraste impressionnant entre le soin de l'*apparence* lors d'une sortie nocturne et festive, avec la sélection très élaborée de vêtements, de cosmétiques (masculins ou féminins, tout le monde est concerné), de parfums comme pour se composer une identité corporelle et olfactive, et le rudoiement du *corps* lui-même, avec la consommation effrénée d'alcool ou de drogue, la recherche de sensations extrêmes plus que d'un plaisir... On envoie alors valdinguer loin de soi, loin de sa conscience, cet organisme qui quelques heures plus tôt subissait une méticuleuse préparation. Dans le tatouage ou le piercing j'observe l'inverse, mais ce procédé de destruction-création reste identique. Le corps, pour ma génération, est cet objet parmi les Objets.

M.-F. C. Un corps qui viendrait à être consommé comme n'importe quel produit. Un corps devenu marchandise.

S. D. Songeons à la définition que donne Karl Marx de cette dernière : « La marchandise est la "forme" à la fois visible et insaisissable, c'est un rapport social déterminé des hommes entre eux qui revêt ici pour eux la forme fantastique d'un rapport des choses entre elles[1]. » Dans cette conception, les relations sociales, les relations à l'autre sont supplantées par les rapports de production. Elles sont réifiées, chosifiées, tandis que les choses elles-mêmes sont personnifiées. C'est ce procédé aliénant que Marx désignait sous le terme de « fétichisme de marchandise », et c'est dans cette optique que l'on s'adresse au corps comme à un autre. On fait de lui un objet, puis un interlocuteur privilégié qu'il faut contrôler et chérir, préserver, aménager… sacraliser. La représentation corporelle doit donc être toujours plus travaillée dans le reflet du miroir. On se veut plus musclé ou plus mince que jamais ; on s'attelle à se négliger s'il le faut ; on imite ou on caricature, avec du maquillage comme de la peinture, sur cette toile vierge que devient la glace ; le corps naturel, le corps bio et sans artifices a l'air tout autant artificiel et sophistiqué. Mais à quel moment cette apparence finit-elle par ne plus être soi ? Quand le corps cesse-t-il d'être nous ?

Je crois fermement que dans notre société de consommation, qui troque les relations à l'autre contre la fétichisation de chaque objet, un processus similaire au fétichisme de marchandise opère la disjonction entre l'individu et son image corporelle. Le corps est réifié, le voilà possession et non plus contenant, une création du sujet investie de magie qui l'emprisonne dans une dynamique maniaque[2] à son égard. En cela, cet objet-corps ressemblerait fortement à l'objet

1. Marx, K. (1867), *Le Capital*, Paris, PUF, 1993, p. 85.

2. En psychanalyse, on parle de défense maniaque pour évoquer une relation à l'objet marquée par la recherche de contrôle, l'ambivalence, l'angoisse dépressive et la culpabilité. Le rapport à l'objet s'établit tour à tour sur un mode de triomphe, de contrôle et de mépris. Le « maniaque » est celui qui recherche frénétiquement le contrôle de l'objet, y investissant une part importante de son énergie psychique.

transitionnel[1] cher à Winnicott. Une peluche à câliner, un doudou avec lequel apprendre à se séparer, une première étape avant l'indépendance véritable, l'adjuvant essentiel permettant de rompre pour de bon avec la douce chaleur maternelle. Mais qu'on ne s'y trompe pas, l'autonomie ne survient jamais vraiment et la toute-puissance investie dans l'apparence, nul ne saurait l'accorder à quelque chose d'autre, à quelqu'un d'autre. En somme, on ne se lasse jamais de cette relation établie avec ce simulacre, avec cet autre qui n'est jamais véritablement soi. Le destin premier du corps n'est plus d'appréhender l'altérité mais bien l'apparence pour elle-même, l'élaboration d'un modèle visuel à animer sur la scène de son propre désir. L'objet-corps est en fait un artefact témoignant de l'incapacité à symboliser le manque, un appareil comblant un vide, une béance. Une réponse à l'absence. Effectivement, s'attacher à cette image, c'est éviter le risque de s'attacher à un autre, un être véritablement distinct de soi qui, lui, pourrait être perdu. Il permet un aménagement de mouvements dépressifs, c'est-à-dire d'angoisses de perte dont il camoufle, pour un temps, la souffrance. Disons-le dès maintenant : ma génération ne peut pas renoncer au corps et par conséquent ne le démystifie jamais. Le corps demeure perpétuellement cet objet artificiel : un fétiche.

M.-F. C. Je suis ahurie quand j'entends parler de ces métamorphoses du corps qui pour moi n'ont plus rien à voir avec la beauté, avec la valeur d'un corps naturel.

S. D. Le travail mené par Jean Baudrillard, en 1972, permet une meilleure compréhension de ces phénomènes, portés à leur paroxysme par ma génération. Il décrivait alors la société de consommation, ce monde nouveau dans

---

1. L'objet transitionnel est un objet privilégié, choisi par l'enfant dans un processus de développement naturel pour l'accès à l'indépendance psychique. Il permet le cheminement de l'enfant du subjectif vers l'objectif ; il sera plus tard désinvesti et l'espace transitionnel donnera accès au jeu et aux activités culturelles de l'adulte.

lequel l'être humain n'est plus entouré par des hommes mais par une nouvelle flore, une nouvelle faune, les objets. Selon lui, « nous vivons le temps des objets : [...] nous vivons à leur rythme et selon leur succession incessante. C'est nous qui les regardons aujourd'hui naître, s'accomplir et mourir alors que dans toutes les civilisations antérieures, c'étaient les objets, instruments ou monuments pérennes, qui survivaient aux générations d'hommes[1] ». Par l'expression *société d'abondance*, il désigne une société fondée sur l'accumulation de marchandises consommables, engendrant une prolifération de signes, eux-mêmes consommés au détriment de leur message, de leurs signifiés. Les signes portent selon Baudrillard sur l'inessentiel de l'objet, ses propriétés, le prestige qui lui est ou non attribué. Ils priment très largement sur sa fonction. Difficile de ne pas faire le lien avec l'engouement de la génération Y, par exemple pour les marques ! Abercrombie ou Comptoir des Cotonniers pour les vêtements, Apple ou Samsung pour l'électronique, Nike ou Under Armour pour le sport. La satisfaction des besoins primaires elle-même importe moins, dans cette contrition du capitalisme, que le développement d'une certaine image de soi, valorisée socialement par une combinaison de ces marques dont l'acheteur est le maître, par l'acquisition des propriétés signifiantes de l'objet plus que par l'objet lui-même. Baudrillard écrit que « c'est une pensée magique qui régit la consommation, c'est une mentalité miraculeuse qui régit la vie quotidienne, c'est une mentalité de primitifs, au sens où on l'a définie comme fondée sur la croyance en la toute-puissance des pensées, ici, c'est la croyance en la toute-puissance des signes[2] ». Nous retrouvons là les mêmes procès que j'évoquais précédemment, ceux-là mêmes par lesquels on ne s'adresse plus à un Autre

1. Baudrillard, J. (1972), *La Société de consommation*, Paris, Gallimard, 2012, p. 18.

2. *Ibid.*, p. 27.

mais à un objet omniprésent. Le signe devient, tout simplement, la marque, qu'elle soit auréolée de bonheur, de réussite, d'équilibre personnel et d'épanouissement professionnel, voire d'une gloire éclatante. Elle n'est jamais qu'une « puissance captée » avec laquelle le sujet se compose une image, une forme plus belle, plus intense ou plus forte, plus valable socialement : « Les produits de consommation [...] n'ont pas de sens : c'est leur constellation, leur configuration, le rapport à ces objets et leur "perspective" sociale d'ensemble qui seuls ont un sens[1]. » Finalement on ne fétichise, on ne consomme pas les objets mais les qualités qu'ils peuvent nous prêter, que l'image que la marque prétend conférer. Dans son rêve de consommation, ma génération ne digère jamais qu'un costume éphémère. Avoir plus et mieux, c'est être plus, c'est être mieux.

Pour Baudrillard, il n'est pas de doute possible, le plus bel objet de consommation est bien le corps : « Dans la panoplie de la consommation, il est un objet plus beau, plus précieux, plus éclatant que tous [...] : c'est le corps[2]. » Ce sociologue en fait le nouvel espoir du Salut, dans sa fonction morale et idéologique, comme l'était l'âme autrefois. Il possède ainsi une fonction de régulation sociale essentielle. Il soutiendra plus tard, dans *Simulacres et Simulation*, que « tout le corps devient signe pour s'offrir à l'échange des signes du corps[3] ». Plus de quarante ans après l'édition de *La Société de consommation*, ma génération offre une actualisation magistrale de ce savoir. Pensons à la frénésie de la salle de sport, l'intransigeance envers le physique et l'intolérance envers le *défaut* qu'il faut nécessairement masquer sinon opérer, l'habillement moins avec des vêtements qu'avec des marques ou des styles porteurs de significations, d'identités socialement définies

1. Baudrillard, J., *La Société de consommation*, *op. cit.*, p. 76.
2. *Ibid.*, p. 199.
3. Baudrillard, J. (1981), *Simulacres et Simulation*, Paris, Galilée, p. 163.

toujours plus précises (comme le *hipster*[1], le *geek*[2], etc.), la mise en avant de *personnes-types* plus que d'individualités dans les émissions de télé-réalité, etc. Le corps fait l'objet d'un culte que l'on ne profane pas impunément puisque si le sujet qui ne dispose pas de la culture du signe existe, il existe nécessairement moins socialement qu'un autre qui la maîtrise, et sera relégué à une caste inférieure. L'apparence triomphe de tout, même du plus élémentaire respect de l'autre.

Il n'est pas question, dans cette boulimie de signes, de permettre une meilleure compréhension de son corps mais bien de « le constituer, vers l'extérieur, comme objet, plus lisse, plus parfait, plus fonctionnel[3] ». Dans la vision de Baudrillard, le corps n'est plus chair mais patrimoine, une effigie que le sujet sculpte, taille, améliore pour en faire le signifiant d'un statut social égal ou supérieur au sien. Ses conclusions sont difficilement discutables : il existe un rapport étroit entre le mode d'organisation de la relation au corps et celui des relations sociales. Toutefois, pour Baudrillard : « On peut dire, c'est vrai, que ce sont nos

1. Au *hipster* correspond un certain style de vie et un look bien précis. Le *hipster* cultive un anticonformisme de surface. Il prétend aller à contre-courant mais demeure toujours « branché » et très intégré socialement, il critique la société de consommation mais dispose toujours des derniers gadgets technologiques. Il présente un intellectualisme et un élitisme culturel affecté (cinéma d'auteur ou « d'art et d'essai », groupes musicaux inconnus ou rétros, art contemporain très pointu…) malgré la revendication d'un mode de vie « décontracté » (végétarisme, goût pour les objets ethniques et surtout vintage, *slow life*…). Il connaît toutes les tendances de la mode et apprécie de jouer avec celles-ci dans des associations vestimentaires parfois douteuses.

2. Personne passionnée par le high-tech mais aussi par les « cultures de l'imaginaire » (la science-fiction, l'heroic fantasy…) s'exprimant au travers des films, mangas, des bandes dessinées, et des jeux vidéo. *Fan* par excellence, le *geek* affiche souvent ses goûts dans ses choix vestimentaires. Par exemple en portant certains tee-shirts évoquant la culture *geek* ou en utilisant le même accessoire qu'un de ses héros favoris…

3. Baudrillard, J., *Simulacres et Simulation*, *op. cit.*, p. 203.

phantasmes alors qui viennent se signifier dans l'image et s'y consommer. Mais cet aspect psychologique nous intéresse moins que ce qui vient à l'image pour y être consommé et refoulé à la fois : le monde réel, l'événement, l'histoire[1]. » S'il fournit des clés cruciales pour jauger les dynamiques sociales mises en exergue par l'utilitarisme consommateur, il relègue par cette assertion la dimension psychologique, les constructions mentales et intimes des personnes à un second plan qu'il n'explore jamais, malgré l'emploi d'un vocabulaire parfois très clinique (obsession, refoulement, fixation, etc.). Si ces *phantasmes* se signifient dans l'image, peuvent-ils n'avoir aucune influence dans leur élaboration ? De plus, s'agit-il vraiment du monde réel, de l'événement et de l'histoire qui viennent être refoulés si nous parvenons à les nommer et à les identifier ? En aucun cas la domination du signe ne peut impliquer une univocité du rapport au corps. Le pouvoir accordé à la représentation ne peut pas oblitérer toutes les façons qu'a un individu d'être dans sa chair, de vivre dans sa peau, de se regarder, de se *sentir* exister corporellement. D'ailleurs, Baudrillard minimise finalement la spécificité de l'objectalisation du corps en le caractérisant comme *le plus beau des objets* mais en lui déniant une valeur propre, une signification spécifique. Pour lui, dans la logique fétichiste, n'importe quel objet pourrait prendre la place du corps. Or, comme vous l'avez montré, Marie-France, un corps… ce n'est jamais qu'un corps, même quand il vient à être objectalisé !

Enfin, Baudrillard explique dans son livre le processus par lequel l'affectivité reflue des personnes réelles aux objets, que j'avais moi-même esquissé en préambule : « Ce discours […] réintroduit bien, entre le sujet et le corps objectivé comme double menaçant, les mêmes relations qui sont celles de la vie sociale, les mêmes déterminations qui sont celles des rapports sociaux : chantage, répression, syndrome de persécution,

1. Baudrillard, J., *Simulacres et Simulation*, *op. cit.*, p. 31.

névrose conjugale[1]... » Ce mouvement affectif ne porte-t-il pas également une signification particulière ? Baudrillard l'affirme, il est question de narcissisme, mais sa lecture s'arrête à cette dénomination. Psychologues, nous ne pouvons faire cette économie théorique.

M.-F. C. Votre analyse est intéressante et il est vrai que les théories de Baudrillard possèdent un aspect quelque peu *prophétique* tant la société de consommation s'est radicalisée depuis la parution de son livre. Aujourd'hui, par exemple, dès que vous ouvrez un magazine, même un journal plutôt sérieux qui ne se targue pas de verser exclusivement dans le genre *people*, en face de tous les articles abordant des problèmes d'actualité, vous découvrez des images du corps, du visage, la liste des gadgets pour les soigner, les entretenir... On n'échappe pas à cette profusion d'objets, on n'échappe pas aux signes de la *jeunesse*, de l'*esthétisme*, du *bien-être*. Au final, il apparaît que l'on est contraint socialement de magnifier l'apparence, le corps, au détriment de l'intériorité. Cependant, la critique que vous faites de la méthode de Baudrillard est pertinente.

L'amour de soi-même

S. D. J'en reviens à la notion de narcissisme, qui a beaucoup évolué, jusqu'à englober des définitions parfois très dissemblables d'un auteur à l'autre. Il n'en reste pas moins qu'une connotation plutôt négative l'accompagne aujourd'hui. On pense alors à la perversion narcissique et aux fragilités du même nom, aux dépressions, mais aussi aux *troubles borderline*. A propos de ces derniers, André Green écrivait : « C'est là qu'on voit apparaître les conduites addictives, alimentaires, toxicomaniaques ou médicamenteuses, les fuites prolongées et répétitives dans le sommeil, les comportements

1. Baudrillard, J., *Simulacres et Simulation*, *op. cit.*, p. 202-203.

suicidaires plus ou moins déguisés, les régressions somatiques, les passages à l'acte exprimant la colère, la rage, l'impuissance, etc. On devine aisément que toutes ces dernières manifestations se sont en effet chargées d'une destructivité qui tantôt vise l'objet, tantôt se retourne sur le Moi[1]. » Autant de symptômes faisant parler le corps plus que l'esprit.

M.-F. C. Oui, Green a remarquablement théorisé ces affections, montrant leur fréquence, en rapport avec notre temps, tout en les rattachant à des problématiques narcissiques et non œdipiennes, à la différence des névroses.

S. D. Il les a vraiment mis en lumière ! Mais bien avant cette psychopathologie contemporaine, Freud offrait une définition particulièrement utile du narcissisme et plus étendue qu'à ses seules applications psychopathologiques, que nous la considérions comme un véritable paradigme clinique ou un modèle intellectuel. Le narcissisme, dans la pensée freudienne, s'attache avant tout aux modalités des investissements libidinaux. Par cette référence au mythe de Narcisse, triste personnage succombant dans l'amour de son reflet, Freud a précisément dévoilé le mouvement que la libido, l'énergie sexuelle, peut effectuer du Moi vers lui-même en désinvestissant l'objet. Pour montrer la dimension constitutive, structurale du narcissisme, il écrivait : « Le Moi doit être considéré comme un grand réservoir de libido, d'où la libido est envoyée vers les objets et qui est toujours prêt à absorber de la libido qui reflue à partir des objets[2]. » Encore aujourd'hui, quand nous parlons de narcissisme, nous faisons référence à cet amour porté à l'image de soi-même.

M.-F. C. Freud a également différencié un narcissisme primaire d'un narcissisme secondaire. Dans le premier, il est fait référence à un âge précoce et à un état archaïque de

1. Green, A. (2002), *La Pensée clinique*, Paris, Odile Jacob, p. 93.
2. Freud, S. (1923), « Psychanalyse et théorie de la libido », in *Résultats, idées, problèmes*, vol. II, Paris, PUF, 1998, p. 53.

l'organisation pulsionnelle dans lequel la totalité de la libido de l'enfant est investie sur lui-même[1]. L'enfant se prend bien lui-même pour objet d'amour avant de se tourner vers les objets extérieurs. Freud lui oppose le deuxième où la libido se retire des objets avec retour sur le Moi, ce que l'on retrouve, par exemple, dans la passion amoureuse.

S. D. Nous devons surtout nous rappeler que c'est sur le narcissisme que reposent la confiance et l'estime de soi, la possibilité de s'autonomiser et d'investir le monde extérieur et de nouveaux objets. En somme, c'est de ce *bon* narcissisme que dépend la constitution d'une image de soi unifiée, intégrée, cohérente et complète, qui dépasse toutefois l'autoérotisme primitif.

M.-F. C. C'est pour cela que Green[2] oppose le narcissisme de vie au narcissisme de mort qui est un narcissisme négatif tendant vers l'effacement de soi, l'anesthésie et l'inexistence.

S. D. Oui. Si nous cherchons le point commun entre toutes les approches psychanalytiques, nous trouverons le rapport puissant qui existe entre la contenance, la chaleur et, disons-le simplement, l'amour apporté par les premières relations d'objets et la constitution de ce narcissisme fondamental promulguant l'intégrité du Moi. Comme le résume admirablement le célèbre *Psychiatrie* (1987) dirigé par le professeur Julien-Daniel Guelfi : « La qualité et la solidité du narcissisme sont étroitement dépendants de la qualité des relations objectales précoces : une carence de ces dernières, leur discontinuité ou, à l'inverse, leur caractère excitant plus que rassurant et contenant seront à l'origine des failles plus ou moins importantes dans l'édification du narcissisme[3]. » L'être humain s'aime à la manière dont il a été aimé durant

1. Il est alors question d'un stade où la distinction entre le Soi et le non-Soi et où le concept « d'objet séparé » seraient encore à peine ébauchés.

2. Green, A., *Narcissisme de vie, narcissisme de mort, op. cit.*

3. Guelfi, J.-D. et coll. (1987), *Psychiatrie*, Paris, PUF, 2007.

la prime enfance. Il traverse l'existence lesté de toute l'affectivité que ses parents auront su ou non lui transmettre. Les mains de ceux qui l'ont touché, les regards de ceux qui l'ont aimé, même leurs pensées ; nous habitons notre corps, nous construisons sa représentation avec les premiers contacts de notre vie. Nous les transportons, au cœur de l'affect, dans la vision de notre organisme, jusqu'à la mort.

M.-F. C. Je me sens, bien sûr, totalement en accord avec cette approche.

S. D. Le savoir psychanalytique nous enseigne surtout qu'à une survalorisation apparente de l'amour de soi correspond bien souvent une atteinte psychique profonde des fondements du Moi. Pensons maintenant au rapport au corps pour ma génération. Ce qui ne peut pas nous échapper, c'est l'aménagement permanent de l'architecture physique, le souci qu'elle représente. Les vêtements, l'accessoire, le trait, le muscle, la peau, la forme, la ligne, le dessin ou le bijou, rien ne doit être négligé dans la composition de l'organisme parfait. On se *construit* un corps et à plus forte raison une *image du corps* avec cette extrême méticulosité. L'apparence n'est pas la seule concernée puisque l'*éprouvé corporel* bénéficie de la même vigilance. J'ai, en effet, le sentiment d'appartenir à une génération très exigeante quant à la qualité de son bien-être mais aussi de sa santé. On scrute la sensation, le frémissement de l'épiderme, la crampe la plus légère. La plus petite bizarrerie ne passera pas inaperçue et sera peut-être même rapidement transformée en l'avertissement que quelque chose cloche *pour de vrai* et qu'il faut faire *attention*. On désire avant tout un corps confortable, ce qui signifie que ses sensations doivent être immuables, connues ou, mieux encore, discrètes. Au moindre doute, on se rue vers Doctissimo[1]. C'est à ce prix que ma génération peut

1. Site réputé surtout pour son forum permettant aux internautes d'échanger sur leurs problèmes psychologiques, sexuels... et principalement médicaux !

être bien dans sa peau, enfin, qu'elle peut y respirer. Une conformité est donc non seulement attendue entre la représentation psychique du corps et son image réelle mais aussi entre le vécu corporel et le sentiment de ce qu'il devrait être. Cette hypersensibilité somatique est peut-être une des clés du succès des forums médicaux sur Internet. Ma génération est décidément à l'écoute de son corps, mais quelle parole en attend-elle ? Nous sommes tous, à des degrés divers, hypocondriaques. Nous écoutons le langage de l'épiderme ; nous prophétisons sur les vicissitudes de la chair ; tous, nous nous alarmons de nos petits maux, de nos minuscules fragilités. Quand nous n'écoutons pas cet Organe fait Autre, c'est pour refuser de l'entendre, en dénier l'affectivité.

On fétichise aussi bien le corps dans son ensemble que sa représentation visuelle qui en devient une extension à part entière : on se *sent* beau ou laid, en forme ou pas ; on s'en satisfait ou, au contraire, on s'en attriste. Du corps sain devrait naître l'esprit sain. Si le corps est beau, c'est probablement qu'il va bien. Alors que les cosmétiques ou même les médicaments s'amoncellent dans la salle de bains, comme des offrandes déposées pour le dieu de l'immortalité de la beauté, on peut se demander de qui cet homme qui observe ses muscles se contracter, de qui cette femme qui peaufine son maquillage pour la cinquantième fois prennent-ils véritablement soin ? Est-ce vraiment d'eux-mêmes ? J'ai le sentiment que c'est à travers l'attention apportée au corps que transpirent une carence narcissique fondamentale, une béance dans la représentation du Soi qui conduit à cette composition purement corporelle et à sa contemplation effrénée. Narcisse, plus que jamais, est *accro* à lui-même. Accro à cette image abyssale, sans altérité, sans émoi.

Ainsi, l'illusion de la toute-puissance et de la complétude narcissique est sauve.

Toute-puissance car Narcisse contrôle. Narcisse maintient une emprise rigide sur son idéal physique et son corollaire visuel. Il veille sur son poids, sur la texture de sa peau, la couleur de ses cheveux et la blancheur de ses dents, même sur ses odeurs corporelles. Rien ne doit changer. Rien ne doit être perdu. Certainement pas la vie de cet Autre virtuel. Narcisse jouit. Narcisse conjure la mort en gardant le tombeau.

Complétude narcissique car Narcisse s'attache à ce Soi purement imaginaire. Il se voue à cette image plutôt qu'à un Autre, il se sent plus complet que jamais, plus fort. Il défie les rides, il élimine les imperfections une à une, mais s'il faut apprivoiser le reflet du miroir, n'est-ce pas qu'il menace ? Qu'il paraît étranger ? En s'attachant à lui-même, Narcisse se cherche pour toujours… mais ne se perd jamais.

S'il y a besoin de recourir à cet objet, c'est peut-être parce qu'un autre fait défaut, qu'un autre n'a pas pu être introjecté. Le corps-objet n'appartient pas à la réalité interne, la personne doit le dessiner, le figurer en dehors d'elle-même, ce qui implique qu'il ne lui appartient jamais totalement. La recherche de l'objet-corps pouvant parer à cette angoisse, à ce défaut narcissique, est donc infinie. Le sujet est prisonnier du miroir, aimant, dépendant d'un reflet sans fond qu'il a lui-même engendré. Comme l'exprime le psychiatre Maurice Berger : « On ne peut se séparer que de ce qu'on a un jour possédé[1]. »

M.-F. C. Derrière les angoisses mortifères, le deuil d'un objet perdu à tout jamais, la mère. Je comprends en vous écoutant la nécessité de dépasser le point de vue sociologique pour une analyse psychologique et psychanalytique plus fine.

1. Berger, M. (2002), *Les Séparations à but thérapeutique*, Paris, Dunod, p. 56.

Le geek, *le* hipster, *le gothique, une panoplie d'apparences*

S. D. Prenons l'exemple du tatouage. La *mode* du tatouage ne suffit pas à comprendre sa très large diffusion et le sens particulier que revêt aujourd'hui cette pratique pour la jeune génération. Le tatouage ne correspond pas qu'à une recherche esthétique. Ce n'est pas non plus un ornement à exhiber pour obtenir un statut social prédéfini, pas même un moyen d'appartenir à un groupe particulier. En effet, bien souvent le tatouage est effectué sur une partie du corps qui échappe au regard, au *jugement* d'autrui. De plus, le porteur du tatouage préfère éviter de s'inspirer du catalogue que le tatoueur met à sa disposition et tâche de personnaliser le plus possible le dessin qu'il sera amené à porter toute sa vie. Une personne de ma génération découvrant qu'une autre dispose d'un tatouage trop ressemblant au sien vivra cette découverte sur un mode extrêmement anxiogène et éprouvera un sentiment de spoliation d'une part de sa personnalité. Cela, parce que le tatoué cherche à se réapproprier une image de lui-même à travers cet objet fétiche qui vient combler son *manque à être.* Cette expression désigne la vulnérabilité affective et identitaire dont je parlais précédemment, cette faille survenant très tôt dans le développement psychique de l'enfant : il s'agit d'une atteinte de ses assises narcissiques[1]. Le manque de contenance personnelle et un sentiment permanent d'insécurité émotionnelle vont conduire le sujet en quête d'un objet dit *partiel*[2]. Mais

1. Je reviendrai par la suite sur cette définition en montrant la dimension constitutive, inaliénable du manque à être.

2. Sans entrer dans les considérations complexes des différents mouvements psychanalytiques, *l'objet partiel* est un objet investi psychiquement, libidinalement, comme *l'objet total* (la mère acceptée dans son ensemble, dans sa différence), mais qui n'en concerne qu'une partie (par exemple le sein), le sujet lui prêtant des qualités similaires (gratifiant, frustrant,

cette recherche ne s'arrêtera jamais car l'appareil psychique, capable justement d'assumer le manque, fera initialement défaut. Cette dernière idée se retrouve chez le philosophe et psychologue Marc-Alain Descamps pour qui le tatouage est une « compensation de l'absence de l'autre, une façon de se le glisser dans la peau en transformant son propre corps en fétiche. L'image incarnée se fait substitut et mémoire[1] ». Sur la peau, c'est toujours un autre que l'on porte, c'est une absence que l'on dessine, que l'on grave dans la chair. Le choix d'un fétiche ne révèle que ce qui fait défaut. Dans la course à l'être, aucun objet ne peut durablement combler le manque.

Le tatouage représente cet attribut supplémentaire, ce petit plus sur la peau qui vient améliorer l'image que le tatoué a de lui-même. Il lui offre une forme strictement personnelle : une image corporelle ajustée artificiellement à son image psychique. « C'est mon choix. C'est moi que je porte », me confiait une amie au sujet de son tatouage. Le processus de réification du corps et la modification de son image associée ont une portée hautement identitaire. Le tatouage est donc bien plus qu'un artefact culturel : une tentative d'intégration du Soi.

M.-F. C. Le tatouage n'existait pas à mon époque ou seulement dans des cas très rares, inconnus de moi et du grand public. La beauté du corps n'était liée ni au tatouage, ni à la scarification, ni au piercing. Les grands acteurs et les grandes actrices de cinéma, modèles pour tout un chacun de l'idéal masculin et féminin, ne s'adonnaient à aucune de ces bizarreries ! Imaginez-vous Alain Delon ou Romy Schneider se livrant à de tels stratagèmes[2] ? Il fallait, autant que faire se

---

persécuteur, etc.). A travers cet objet, c'est un vécu de complétude qui est recherché, mais aussi du plaisir.

1. Descamps, M.-A. (1986), *L'Invention du corps*, Paris, PUF, p. 167.

2. Le film *La Piscine*, de Jacques Deray, sorti en 1969, mettait à l'honneur Romy Schneider et Alain Delon dans de très belles scènes autour de la piscine d'une superbe villa de Saint-Tropez.

peut, veiller aux signes extérieurs de la beauté, dans une stratégie normale de séduction. C'est la rencontre amoureuse et sensuelle qui était palpitante et non ces artifices ! Aujourd'hui, les soins du corps et du visage atteignent des paroxysmes publicitaires qui personnellement me déconcertent, m'étonnent et m'irritent. Ces nouvelles métamorphoses du corps me semblent étranges et j'écoute avec intérêt l'interprétation que vous en faites sur le plan clinique.

S. D. Finalement, Marie-France, de quels modèles identificatoires disposiez-vous ?

M.-F. C. Nos modèles étaient nos parents. Nous avons nourri nos rêves à partir de la scène primitive, sur l'amour qu'ils avaient *fait* pour nous mettre au monde. J'ai parlé plus haut de cette curiosité portant sur la vie sexuelle des parents, pulsion de savoir et de résoudre l'énigme de la scène originaire. Elle est présente chez tous les êtres humains, à des degrés divers. Elle se nourrissait, à mon époque, du silence des adultes sur ces questions. Les enfants étaient voués à imaginer, à fantasmer, à regarder, symboliquement ou pas, par ce fameux « trou de la serrure ». Cette méconnaissance était comblée pour partie par la lecture, pour partie par l'imagination. Nous étions, me semble-t-il avec le recul, les enfants de cette scène-là et de cet amour-là. Je ne vous dis pas qu'il n'y avait pas toutes sortes d'obstacles à cet idéal et que toutes les histoires singulières correspondaient à cette image d'Epinal. Il y avait des orphelins, des enfants abandonnés, des enfants dont les parents se disputaient plus qu'ils ne s'aimaient, etc. Comme aujourd'hui, voire pire quand on songe à l'histoire de certaines institutions telles que celle de l'Aide sociale à l'enfance. Mais le mariage, lorsqu'il était d'amour, était centré sur cet accomplissement : avoir des enfants. Dès lors, il s'agissait, pour chacun d'entre nous, de se constituer une identification à un modèle, modèle féminin pour les filles, modèle masculin pour les garçons. Pour les filles, il y avait les brunes et les blondes. Je me souviens de *Vacances romaines* (1953) avec Audrey Hepburn[1], la brune, qui montait sur une Vespa avec son amoureux Gregory Peck. Elle pouvait devenir un modèle de charme, de gaieté et de prestance. Il y avait Brigitte Bardot, je la cite encore, la blonde, femme libre et belle qui nous épatait. On pouvait aussi, d'une manière plus romantique, accéder à une image de femme trouvant dans l'autre son accomplissement. Nous n'avions pas recours nécessairement à une incarnation visuelle mais nous nous enflammions pour la profondeur des sentiments et l'attrait vertigineux des corps. Je me rappelle le roman de Brasillach, *Comme le temps passe* (1937), où il est question de l'étreinte amoureuse racontée tout au long de pages sublimes. Albert Cohen nous a offert un livre qui m'a fait rêver, *Belle du Seigneur* (1968). C'est là que nous puisions nos fantasmes et nos fantasmagories amoureuses. La culture, les grands livres jouaient un rôle considérable.

Il n'y avait pas d'idéal corporel à proprement parler dans ma génération : certains acteurs et actrices nous fascinaient par leur beauté. Mais, comme il ne nous appartenait pas de leur ressembler *pour de vrai*[2], nous misions davantage sur l'exaltation des sentiments, à la portée de notre imaginaire : on pouvait rêver tout à loisir sur la rencontre avec un autre, magnifique dans son attente tant espérée. Les jeunes filles de mon époque chantaient comme Blanche-Neige : « Un jour mon prince viendra, / Un jour, on s'aimera ! » Le prince charmant nous attendait, à l'instar du poète Valéry : « Car j'ai vécu de vous attendre / Et mon cœur n'était que vos pas. »

S. D. Vos propos nous invitent à parler plus précisément de l'*image du corps* pour ma génération. Le psychiatre Paul Schilder

1. *Paris Match*, dans un numéro récent (3321, janvier 2013), a fait sa couverture sur Audrey Hepburn – à l'occasion du 20e anniversaire de sa mort – , perçue en son temps comme un modèle d'élégance.

2. Aucune technique de chirurgie esthétique n'existait en ce temps-là.

a offert une définition centrale de ce concept : « L'image du corps humain, c'est l'image de notre propre corps que nous formons dans notre esprit, autrement dit la façon dont notre corps nous apparaît à nous-mêmes[1]. » Il ajoute qu'il s'agit de la « représentation à la fois consciente et inconsciente du corps, désignant non seulement une connaissance physiologique mais renvoyant également à la notion de libido et à la signification sociale du corps[2] ». En lisant ses écrits, nous réalisons que, même s'il y a recours aux sens, il n'est pas question d'une « pure perception », de même que s'il y a formulation d'une image mentale elle n'est pas une « pure représentation ». Cette idée tient à la fusion théorique que Schilder a opérée entre le concept de schéma corporel[3] et celui d'image du corps, pour mettre en avant la dimension affective et cognitive de cette dernière. Son approche nous permet de dépasser les cadres strictement biologiques de la représentation corporelle et de comprendre l'importance de l'investissement libidinal dans l'élaboration de l'image du corps. Françoise Dolto a d'ailleurs postulé, quant à elle, l'existence d'une image du corps qui serait éminemment inconsciente. Pour cette psychanalyste, l'image du corps serait la synthèse vivante de nos expériences émotionnelles. Elle porterait la mémoire inconsciente de tout le vécu relationnel et servirait de support au narcissisme : « C'est grâce à notre image du corps portée par – et croisée à – notre schéma corporel que nous pouvons entrer en communication avec autrui[4]. » Le corps exprime la pensée et les affects plus encore ;

1. Schilder, P. (1935), *L'Image du corps. Etude des forces constructives de la psyché*, Paris, Gallimard, 1968, p. 35.

2. *Ibid.*, p. 42.

3. Si les définitions de ce concept varient parfois d'un auteur à l'autre, je retiens pour ma part celle-ci : « Représentation plus ou moins consciente que l'individu a de son propre corps en tant qu'entité statique et dynamique : position dans l'espace, posture respective des divers segments, mouvements qu'il exécute, contact avec le monde environnant », Marchais, P. (1970), *Glossaire de psychiatrie*, Paris, Masson, p. 202.

4. Dolto, F. (1984), *L'Image inconsciente du corps*, Paris, Le Seuil, p. 23.

il fait s'incarner notre vie intérieure, témoigne de notre vécu, de nos rencontres, de nos expériences. Il se fait l'espace dans lequel se déploie un langage archaïque et primordial, non verbal comme celui d'une parole reçue et élaborée, d'une voix. Pour Dolto, c'est d'ailleurs la parole maternelle et les interdits qu'elle pose qui permettent le croisement entre le schéma corporel et l'image du corps[1].

Ni Dolto ni Schilder n'excluent l'influence des imageries charriées par la société sur la maturation de l'image du corps puisqu'elle représente la somme de nos émois, de nos rencontres avec les autres, avec le monde.

Aujourd'hui, alors que nous sommes envahis par les *experts* en tout genre, ces derniers brandissent principalement l'argument social pour expliquer l'image du corps des personnes de ma génération. Par exemple, l'exhibition de mannequins filiformes conduirait à des identifications anorexigènes[2], le culte de la performance physique au règne de l'homme body-buildé, la promotion perpétuelle des grandes marques au fétichisme du vêtement. On n'échapperait très difficilement à la fameuse « dictature de la beauté », à l'omniprésence du jeune, du beau, du lisse, du droit, du symétrique, du parfait, à ces mythologies esthétiques qui envahissent les cinémas, les séries et les émissions télévisées comme le Web. Il est d'ailleurs remarquable que, lorsqu'une personne qui ne répond pas à ces critères de la beauté est médiatisée, elle l'est justement pour cette

1. Cf. *infra* « La famille à inventer ». La parole et les interdits conduisent à la symbolisation des objets de jouissance. Les différents remaniements narcissiques de l'enfant vont contribuer à modeler son image inconsciente du corps.

2. Une charte d'engagement volontaire a été signée le mercredi 4 avril 2008 entre les professionnels de la mode, de la publicité, des médias et Roselyne Bachelot, alors ministre de la Santé. Cette charte sur « l'image du corps » engageait les différents signataires à ne pas faire la promotion de la maigreur, afin de lutter contre l'anorexie des mannequins mais aussi des adolescentes.

raison[1] ! Derrière cet amas de Jude Law et de Scarlett Johansson, de sourires figés et de publicités pour du parfum, nous pouvons deviner le fantasme d'une société ayant triomphé du corps, capable de le maîtriser enfin et, à travers lui, de maîtriser la nature, tout ce qui rappelle son animalité, la sueur, les poils, le gras... De tout ce qui remémore à l'homme sa mortalité, sa dimension matérielle.

C'est un fait, ma génération grandit dans ce langage en creux, particulièrement angoissant, où l'apparence se voudrait la conjugaison, la symbiose d'un signifiant et d'un signifié : nous serions vraiment ce que nous paraissons. La culture de la consommation atteindrait même son paroxysme tandis que nous devenons ce que nous consommons. L'image du corps de ma génération serait donc nourrie par ces prototypes. Elle viserait à cette perfection de papier et de pixels, incessible à l'individu isolé et à son imagination. Et puis, il y aurait là un véritable projet générationnel : nous préparerions notre transfiguration en des entités photoshopées mais bien vivantes. Nous proclamerions l'ère du clone. Comme le postule Sophie Vinette : « Les critères de perfection socialement imposés fournissent ainsi les cadres sur lesquels viennent se modeler les cognitions et les émotions que nous éprouvons, face à notre corps[2]. » J'ai moi-même, lorsque j'évoquais le narcissisme, pris pour exemple l'attention portée au corps, son soin physique et l'importance de son *esthétisme* face au miroir. Cependant, il existe des milliers de façons de soigner ou plutôt d'investir son corps. En réalité, je ne crois pas du tout que l'idéal social influençant l'image du

1. Je pense à une émission dans laquelle des personnes obèses font partager leur *relooking*, ou encore cette autre dans laquelle une prétendue *princesse* doit choisir son *prince* en effectuant un tri entre deux groupes d'hommes : les *beaux* et les *moches*.

2. Vinette, S. (2001), « Image corporelle et minceur : à la poursuite d'un idéal élusif », in *Reflets : revue d'intervention sociale et communautaire*, vol. VII, n° 1, p. 131.

corps de ma génération soit celui de cette beauté formatée et stéréotypée.

M.-F. C. C'est très simple, nous, nous étions comme nous étions, finalement. Nous nous acceptions tels que la nature nous avait faits.

S. D. Marie-France, vous avez tout de même évoqué les modèles qui ont marqué votre jeunesse et votre époque. Audrey Hepburn, Brigitte Bardot, parfois même vos parents. Vous disposiez d'icônes, bien délimitées et identifiées, qui promulguaient certains idéaux physiques auxquels vous souhaitiez ressembler. Cette iconographie faisait office de référence et, finalement, vous vous en éloigniez très peu, présentant tous des apparences et des rapports au corps plutôt homogènes. Mais aujourd'hui ? L'apparence et le corps lui-même peuvent prendre des formes incroyablement variées, les usages et les pratiques liés au corps ayant littéralement explosé.

Je pense d'abord à toutes ces panoplies strictement vestimentaires dont nous disposons, le *gothique*[1], le *bobo*, le *geek*, le *hipster*, le *nerd*[2], le *métrosexuel*[3] voire le *steampunk*[4]... La liste

1. Le gothique s'inscrit dans une contre-culture apparue à la fin des années 1970. Musique metal ou trip hop, fascination pour la mort, influence de l'expressionisme, look sombre et parfois théâtral sont quelques-uns des éléments que l'on y retrouve.

2. On emploie le terme *nerd* pour désigner des personnes, plus en marge socialement que les *geeks*, accaparées par leur goût pour l'informatique, pour les technologies de pointe. Le look est négligé voire totalement désinvesti, bien loin des goûts de *fan* du *geek*. Il en devient une apparence à part entière.

3. Le métrosexuel est une personne hétérosexuelle qui emprunte les goûts d'ordinaire prêtés aux homosexuels (soin du corps et de la sélection vestimentaire, attirance pour certaines marques, etc.).

4. A l'origine genre littéraire, le *steampunk* est devenu un domaine de création et d'expression beaucoup plus vaste, mêlant la science-fiction, la révolution industrielle, la Belle Epoque, les prouesses technologiques aux machines à vapeur, les univers d'auteurs comme Jules Verne ou H.G. Wells, dimensions parallèles et utopie... Les looks sont

de ces *styles* n'en finit jamais de s'allonger et offre une combinatoire sans limites à qui désire travailler son image, parfois bien loin des looks *smart* que j'évoquais auparavant. Ce qui domine, c'est en vérité leur hybridation constante qui permet une perpétuelle redéfinition des standards... si bien qu'il n'en existe plus vraiment. Pour choisir un exemple personnel, j'ai quelques amis cultivant une apparence plutôt *punk*. Leurs corps recouverts de tatouages et de piercings me semblent en totale rupture avec l'*idéal* communément admis. Mais ils ne sont pas non plus dans la mouvance contestataire des années 1970. Car comme je l'ai dit, l'apparence n'indiffère jamais, elle est constamment élaborée et travaillée. Même quand elle singe l'anticonformisme, l'image du corps doit obéir au contrôle entier de l'individu, se plier à son désir exact. Mais il n'est pas question que de style vestimentaire. Maquillage temporaire ou permanent, piercing et *stretching*[1], tatouages, scarifications ou même *branding*[2], cosmétiques, chirurgie esthétique, musculation, restrictions alimentaires et *thigh gap*[3], bronzage artificiel, implants divers... Ma génération possède une palette impressionnante d'outils pour composer un corps conforme à son fantasme. Vous l'aurez compris, l'idéal aujourd'hui ne correspond à aucune définition particulière de la beauté mais à une hyperpersonnalisation.

---

souvent très élaborés et témoignent de l'investissement de la personne dans la composition d'une véritable histoire à ce style vestimentaire...

1. L'agrandissement des trous d'un piercing.

2. Ce mot désigne le tatouage au fer rouge.

3. On utilise ce terme pour dénoncer la tendance, dangereuse, consistant à rechercher un écart significatif entre les cuisses alors que les pieds sont joints.

Le corps parfait : un corps sur mesure

S. D. Je trouve un appui théorique certain avec les travaux de Gilles Lipovetsky. Ce philosophe a nommé « procès de personnalisation » ce processus conduisant l'individu à désinvestir les grandes institutions sociales, politiques et religieuses, et à chercher, en réaction, à se particulariser à tout prix, à se « pacifier » dans une autoabsorption individualiste. Il lie, à l'instar des psychanalystes, ce procès au narcissisme : « Liquéfaction de l'identité rigide du Moi et suspension du climat du regard de l'autre, dans tous les cas, c'est bien comme agent du procès de personnalisation que fonctionne le narcissisme[1]. » Le corps lui-même n'y échappe pas. Lipovetsky écrit que « le corps n'a plus qu'à s'exprimer et devenir, à l'instar de l'inconscient, langage singulier[2] ». Voilà une approche précieuse pour saisir l'influence de la sphère sociale sur le rapport au corps de ma génération. Elle impose à l'individu non plus de choisir des signes d'appartenance à des groupes prédéterminés, non plus d'imiter d'inaccessibles icônes, mais au contraire de développer ses propres règles physiques, de se singulariser, de se différencier le plus possible. C'est ici que l'on entrevoit la véritable aliénation de cet hyperindividualisme auquel ma génération doit faire face : être soi à n'importe quel prix et, pour ce faire, s'inventer de toutes pièces, se *trouver* en se composant une image alors factice, mais la plus originale qui soit. Se distinguer, se discriminer jusqu'à ce qu'il ne reste rien de son Soi véritable. C'est un terrible mécanisme que le procès de personnalisation puisque tenter d'y échapper, c'est aussi le réaliser.

Cet « idéal » n'est donc jamais celui d'une « perfection » esthétique mais conforme aux fantasmagories personnelles. Certes, ces dernières mobilisent tout de même le florilège des

---

1. Lipovetsky, G. (1983), *L'Ere du vide. Essais sur l'individualisme contemporain*, Paris, Gallimard, p. 84.

2. *Ibid.*, p. 44.

représentations extérieures dans leurs créations. Le corps peut donc être embelli, opéré, musclé, scarifié, percé, tatoué, amaigri, se parer de vêtements toujours plus divers et variés. Ce n'est qu'une question de choix personnel, qu'une question d'accessoires puisque le corps lui-même en est un. Lipovetsky l'explique avec justesse : « Pour éprouver son corps, il convient de s'informer de toutes les innovations, d'acquérir et de maîtriser les prothèses les plus sophistiquées, de changer régulièrement de matériel. Narcisse est harnaché[1]. » Nous en revenons à l'objectalisation du corps. L'organisme devient glaise, pâte à modeler, support devant s'adapter aux projections du sujet. Quelle plus parlante illustration à ce titre que celle de *l'extension cutanée*[2] ? Cette pratique consiste à se faire injecter de la silicone sous la peau pour augmenter la surface de son épiderme mais surtout pour lui donner la forme souhaitée, de la plus spectaculaire à la plus terrifiante. Nous voilà confrontés à une allégorie parfaite, quoique bien réelle, de ce qu'est devenue la chair aujourd'hui. Une potentialité.

Il y a donc réification du corps, de cette représentation taillée à même le réel du corps, de ce fantasme pétri dans le muscle, sur la peau. Ce besoin de gadgétisation de l'organisme, sa chosification permet d'inférer de la mauvaise intégrité de l'image du corps de ma génération. Le corps y est transformé en fétiche ultime, ne permettant plus seulement de contrer une quelconque *angoisse de castration* mais de combler un manque total d'intégrité somato-psychique. La recherche infinie d'une apparence adéquate, d'un corps *satisfaisant*, correspond à la recherche perpétuelle d'une confirmation de soi et d'une

1. Lipovetsky, G., *L'Ere du vide. Essais sur l'individualisme contemporain*, *op. cit.*, p. 243.

2. Je me réfère principalement au *bagel head*, bien qu'il s'agisse d'une pratique nippone. L'injection de silicone dans le front permet à la personne de modeler la forme qu'elle souhaite. Le *bagel head*, en référence au petit pain, reste visible vingt-quatre heures avant d'être absorbé par le corps.

affirmation du sentiment d'existence, une « répétition commémorative[1] », destinée à contrer l'angoisse du vide, à colmater la faille narcissique. Derrière l'instrumentalisation physique, les tentatives éperdues de faire correspondre l'idéal psychique et son incarnation. L'image du corps de la génération Y se révèle donc paradoxalement incomplète, inachevée... étrangère.

Je précise qu'il n'est plus exclusivement question ici de la composante sociale de l'image du corps mais bien de sa constitution globale. L'approche sociologique de Lipovetsky croise toutefois celle des psychanalystes déjà évoqués en désignant le rapport entre le retranchement sur le Moi et l'expurgation des grandes entités narratives extérieures. Sans intersubjectivité, on n'accède pas à l'Idéal du Moi[2], on ne dépasse pas l'autocontemplation narcissique. Si je reprends la terminologie lacanienne, c'est cette captation scopique (imaginaire, visuelle) qui témoigne d'un échec du langage, du registre symbolique. Ma génération persiste à chercher *en elle-même* une identification qui ne pourrait en réalité lui être apportée que par une structure signifiante, par un Autre. J'aimerais préciser et développer cette idée complexe tout au long de notre dialogue des générations. Pour l'instant, considérons cette désubstantialisation. Le néant émotif d'un être qui n'a plus rien à montrer. Une chair sans chair psychique. L'objet a englouti le sens. Le corps a dévoré le sujet. Le mythe générationnel reste sauf : il serait possible de maîtriser l'image du corps au moyen d'un autre objet fétiche, des haltères ou un bistouri, un jean neuf. Cela fonctionne pour un temps. Jusqu'à ce qu'il faille un nouveau tatouage, un nouveau vêtement, perdre de nouveaux kilos. Oui, c'est ce rêve qui est fait par ma génération : celui d'un corps sur mesure.

---

1. Janin, C. (1996), *Figures et Destins du traumatisme*, Paris, PUF, p. 72.

2. L'Idéal du Moi désigne un modèle auquel le sujet cherche à se conformer. Cette instance intrapsychique permet d'orienter le sujet vers un but mais aussi de porter un jugement critique, une auto-observation sur ses actions effectives.

M.-F. C. Ce qui m'interpelle dans vos propos, c'est l'accointance entre la norme, c'est-à-dire la survalorisation de l'apparence et le surinvestissement du corps, avec des mouvements plus pathologiques comme l'anorexie ou les conduites automutilatrices. Le lien est évident, les seconds ayant l'air d'une caractérisation, d'une prolongation des premiers. Cela doit nous interroger sur les conséquences de l'individualisme contemporain concernant le développement psychique. Giacomo Rizzolatti, neurologue à l'université de Parme, écrit : « L'homme va se comporter véritablement en fonction de l'autre, des autres. Ainsi se construisent les sociétés humaines… Mais ce qui va primer dans cette construction, c'est toujours l'émotif, l'affect. » Il poursuit en ajoutant que « la définition de la psyché, de l'âme, c'est la représentation que peut se faire un cerveau pour se relier à l'autre, à un autre cerveau. Quand on veut transmettre sa pensée à quelqu'un d'autre, on est bien obligé d'avoir recours au langage qui est aussi de l'ordre de la psyché. Le cerveau lui-même pense et agit, mais ce cerveau n'est animé que par rapport à l'autre [1] ». Je m'interroge sur les risques de cette dissolution de l'autre au profit du corps ou au profit des objets de manière plus *générale*. Quelles sont les implications d'une telle recherche corporelle ?

S. D. Un *testing* du corps. Répété. Absolu tant dans sa fréquence que dans son intensité. Car ce qui est testé, c'est la limite corporelle. Sans limites, il n'existe aucun contour, aucune forme bien définie. Pour comprendre de quoi il s'agit, il faut s'attarder sur l'importance de la *peau* pour ma génération, qui prend une signification très différente que celle que vous décriviez pour la vôtre, Marie-France.

Après Wilfred Bion évoquant la « peau mentale » ou « première peau [2] » et Esther Bick parlant d'une « peau musculaire

1. Rizzolatti, G. et Sinigaglia, C. (2008), *Les Neurones miroirs*, Paris, Odile Jacob, p. 180.

2. Bion, W. (1979), *Eléments de la psychanalyse*, Paris, PUF.

secondaire » ou de la « peau psychique[1] », Didier Anzieu a élaboré le concept de Moi-peau que vous avez mentionné. Il a formulé une analogie entre les contenants psychiques et notre principale enveloppe, la peau, pour aboutir au concept de Moi-peau[2]. Celui-ci désigne une réalité fantasmatique, une figuration dont l'enfant se servirait au cours des phases précoces de son développement pour se représenter lui-même comme Moi à partir de son expérience de la surface du corps. La peau n'est donc pas seulement une enveloppe physiologique, elle a une fonction psychologique : elle permet de contenir, de délimiter, de mettre en contact, d'inscrire, et garde un rôle déterminant dans la relation à l'autre. Vous en parliez quand vous en faisiez le support principal du désir. Mais là encore, je me demande si dans la relation, le Moi-peau conserve la même fonction pour ma génération, si son investissement massif ne vise pas à établir une frontière plus nette avec l'altérité. Il s'étaierait, principalement, sur trois fonctions de la peau. Ce sont ces trois fonctions qui vont faire l'objet du *testing*.

Les addictions

S. D. La première est la fonction de sac, de contenant rempli des expériences satisfaisantes que l'allaitement, les soins, les bains de parole y ont accumulées. Ma génération teste la résistance de ce contenant, elle mesure sa solidité dans des *actings*[3] corporels ou comportementaux. Dès lors, il est impossible d'éluder les problématiques addictives. Je

1. Bick, E. (1986), « Considérations ultérieures sur la fonction de la peau dans les relations d'objets précoces », in *Les Ecrits de Martha Harris et Esther Bick* (dir. Williams, M.H.), Larmor-Plage, Editions du Hublot, 1998.

2. « Une figuration dont le Moi de l'enfant se sert au cours des phases précoces de son développement pour se représenter lui-même comme Moi contenant les contenus psychiques, à partir de son expérience de la surface du corps », Anzieu, D., *Le Moi-peau, op. cit.*, p. 39.

3. Le passage à l'acte en psychologie clinique se réfère généralement à

pense par exemple aux soirées *binge drinking*, où certains tentent d'atteindre l'état d'ivresse le plus vite possible. Outre l'état d'abandon psychique, ne s'agit-il pas de se confronter le plus rapidement à ses propres limites physiques ? De déterminer de la sorte ce que l'enveloppe corporelle peut contenir, ce qu'elle peut protéger ? On parle souvent de la fréquence des addictions de la génération Y. Je ne crois pas qu'elle soit plus ou moins droguée que celles qui l'ont précédée. En revanche, une plus grande lucidité s'exerce quant aux effets désirés des toxiques : l'ivresse, la jouissance, le calme, l'hallucination, la désinhibition, l'extase orgastique, chacun sait très bien quels éprouvés physiques et psychologiques il peut obtenir grâce à chaque produit. La visée n'est plus créatrice ou spirituelle comme cela devait être le cas pour les générations précédentes, et, si elle possède toujours un aspect communautaire, chacun se drogue en parallèle des autres, se concentre sur ses propres sensations tout en baignant dans l'euphorie commune. La drogue intervient pour ma génération comme une béquille narcissique supplémentaire, une « prothèse du Moi[1] ».

M.-F. C. On ne parlait pas de drogue parmi les adolescents de ma génération, tout au plus d'alcool et de cigarette. Je vivais et côtoyais des jeunes de milieux plutôt protégés. A ce titre, je suis sans doute mal placée pour donner un avis sur l'ensemble de ma génération. Nous avons entendu parler de drogue au moment des événements de Mai 68 puisque le hachisch et la marijuana circulaient parmi nous, sur fond d'utopie soixante-huitarde ! Ce qui nous fascinait de plus loin, c'étaient les drogues dont on parlait à propos des poètes et des artistes en général : nous savions que ces substances pouvaient favoriser l'inspiration même si elles avaient des

---

un acte non élaboré, compulsif ou impulsif, la fuite d'une relation ou son issue agressive, etc.

1. Le Breton, D. (2002), *Signes d'identité. Tatouages, piercings et autres marques corporelles*, Paris, Métailié, p. 24.

conséquences néfastes sur l'équilibre personnel de l'artiste et, parfois, sur sa place dans la société : les hospitalisations d'Antonin Artaud, de Gérard de Nerval ou de Vincent van Gogh sont des histoires complexes où la psychiatrie a joué un rôle fondamental. On pourrait citer une longue liste de poètes et d'artistes, comme Charles Baudelaire, Henri Michaux, Arthur Rimbaud, Paul Verlaine, Jean-Michel Basquiat se shootant avec des drogues diverses, tels la mescaline, le laudanum, l'opium, les amphétamines, le hachisch, la cocaïne, etc. Michel de M'Uzan, psychanalyste, s'est beaucoup intéressé notamment à Antonin Artaud, décrivant le *vacillement identitaire* de certains créateurs[1].

L'alter ego plutôt que l'ego

S. D. J'en reviens au Moi-peau. La deuxième fonction est celle de surface entre le dedans et le dehors, protégeant l'individu des agressions externes provenant des autres ou des choses. On retrouve la notion d'aménagement de l'extériorité, de l'environnement. Pour ma génération, cette surface est-elle hermétique ou poreuse ? Je me demande si la construction d'une véritable armure autour du corps, vestimentaire, musculaire, etc., ne permet pas de renforcer cette enveloppe psychique artificiellement.

La troisième fonction est celle de zone d'échange et de communication avec autrui, de création de relations signifiantes et de surface d'inscription de traces laissées par ces dernières. La limite épidermique du corps, sa territorialité, c'est aussi la place qu'il occupe dans l'espace, la place qu'il prend à un autre[2]. Là encore, je remarque une différence intergénérationnelle. Pensons à Internet, *a priori*

1. M'Uzan, M. de (2008), *La Chimère des inconscients*, Paris, PUF.

2. La construction de cet espace intersubjectif, l'emprise sur ce support de médiatisation entre soi et l'autre semblent vouloir répondre à une

lieu d'échange préférentiel pour la génération Y. Elle peut s'y composer un avatar comme un idéal corporel virtuel, paré de tous les attributs narcissiques nécessaires puisque, pour le construire, il faut nourrir cet autre Soi d'informations et de caractéristiques physiques, lui accorder une attention particulière, l'inventer comme on s'invente, l'imaginer comme on s'imagine... On « vit » socialement dans le cyberespace à travers cette entité et, comme l'a démontré le sociologue David Le Breton, cet alter ego vient remplacer l'ego[1]. Le corps n'est même plus le siège du Moi puisqu'il se projette dans ce double amélioré. L'objet-corps est alors dématérialisé et se soustrait à tout contact authentique, somatique et psychique avec l'autre. L'enveloppe psychique ne sert plus à recevoir, à porter le désir de l'autre mais à l'esquiver au profit d'une relation plus autoérotique. L'avatar intervient comme un médiateur dans la relation à l'autre, un premier filtre, au même titre que l'écran qui permet de tenir à distance, symboliquement, l'interlocuteur. La nouvelle génération, solitaire, seule parmi les écrans et les avatars, s'adresse à elle-même, échange avec ce corps immatériel qui importe plus que celui des autres, de tous ces autres accaparés eux-mêmes par leur sphère personnelle.

Du cosmétique au vêtement, la peau sacralisée

S. D. Dans notre société, la peau a une importance capitale et fait l'objet, dans une optique purement manifeste[2], d'un véritable matraquage médiatique, essentiellement

---

seule question : jusqu'où puis-je aller avant que l'on m'arrête, où se situe la Loi de l'Autre ?

1. Le Breton, D. (2002), *La Sociologie du corps*, Paris, PUF.

2. En psychologie, on distingue le *manifeste*, ce qui est conscient, les ambitions connues et appréhendées psychiquement, du *latent*, ce qui est inconscient, que l'on ne peut connaître que par l'analyse et l'interprétation.

publicitaire. Baudrillard lui-même écrivait à ce sujet que, « si jadis c'était l'âme qui enveloppait le corps, aujourd'hui c'est la peau qui l'enveloppe, mais non pas la peau comme irruption de la nudité (et donc du désir) : la peau comme vêtement de prestige et de résidence secondaire, comme signe et comme référence de mode[1] ». Il faut être « bien dans sa peau » et pour cela l'entretenir à l'aide d'un véritable arsenal cosmétique[2] dont l'épiderme, dans une optique de nouveau fétichiste, absorbera des qualités chargées symboliquement[3] dans le produit en même temps que les « éléments actifs » qu'il contient. On oscille sans cesse, portés du métaphorique (la peau, c'est l'identité, la personnalité, le tonus, etc.) au métonymique (la peau, c'est l'ensemble du corps), enivrés par les promesses d'une peau de bébé, d'une jeunesse et d'une beauté préservées à jamais dans le formol des innovations pharmaceutiques. « Prends soin de toi », clamait ainsi une marque célèbre dans un spot publicitaire. La peau était devenue, purement et simplement, le Soi.

Ma génération, me semble-t-il, prend à cœur ce message, plus que jamais à *fleur de peau*, plus que jamais désireuse d'inscrire dans l'argile de l'épiderme la fosse ou le sommet de sa personnalité. J'ai parlé du tatouage, du maquillage, du bijou mais nous pourrions mentionner la posture corporelle elle-même. On observe au quotidien le marquage épidermique, l'exhibition de l'empreinte corporelle, l'appel à la confirmation de l'existence de cette enveloppe par d'autres regards. Ainsi en va-t-il du culte du vêtement[4], seconde peau par excellence,

1. Baudrillard, J., *La Société de consommation, op. cit.*, p. 201.

2. Ce n'est plus réservé exclusivement aux femmes. Les hommes ont également droit aujourd'hui à leur crème de jour, crème de nuit, crème réparatrice, crème antirides, crème antipoches sous les yeux, crème dépilatoire, crème exfoliante, etc.

3. Par exemple régénérantes, dynamisantes, purifiantes, etc.

4. Freud lui-même avait décrit un fétichisme du vêtement dans une lettre à Abraham. Dans une logique un peu sexiste, il l'attribuait uniquement aux femmes.

élocution tissulaire et synthétique d'un statut, d'un rôle ou d'un simple « état d'esprit ». Un vêtement-peau pour dire le corps. Un vêtement-peau pour cacher le corps. Une peau matérielle. Une peau à part. Une peau à porter. Une peau pour témoigner du particularisme de la personne, de son extrême singularité sans laquelle il n'est de limite entre elle et l'autre, sans laquelle elle finit par se confondre avec la masse. Oui, une peau comme une frontière, un filtre, entre l'extérieur et l'intérieur. Une peau toutefois pour s'affilier au groupe, pour être comme tout le monde, pour faire *peau neuve,* muer comme les autres. Le Moi-peau générationnel se veut séducteur, aguicheur, à défaut d'être un langage, il n'est qu'une parole promise mais jamais accordée. Une chose en soi.

Une nouvelle pratique s'est considérablement développée depuis quelques années, celle des scarifications « artistiques » : *le cutting*. Il ne s'agit plus de celles du patient limite, qui s'entaille impulsivement et dissimule les marques à l'entourage, mais de celles d'un individu *lambda* qui, chez son tatoueur, peut se faire dessiner le motif de son choix avec un scalpel, dans des conditions souvent douteuses[1], avec pour but d'exhiber le résultat. Les cicatrices font office d'une attestation identitaire, ces lésions sont parfaitement envisageables tant qu'elles sont dessinées et évidemment « choisies » par le sujet. Tant qu'elles « illustrent » quelque chose. Mais la problématique reste la même ; le conte sur la peau ne raconte aucune histoire ; tout au plus, dans le meilleur des cas, figure-t-il la faiblesse qu'il prétend compenser, à tout jamais. Le scalpel incise la peau, plonge dans la chair, explore l'intérieur du corps, ce qu'il y a sous l'épiderme, à même le réel du corps, loin des mondes vivants et multiples des symboles et du langage. L'atteinte sensationnelle corrobore le triomphe générationnel. Ma génération éprouve, intensément, cette

1. On demande ainsi à la personne de mettre du vinaigre sur la plaie pour que la cicatrisation ne s'opère pas trop vite, ceci afin que la cicatrice soit bien visible.

peau, puis elle la « constate » dans les réactions qu'elle lit dans le regard d'un autre, lui-même réifié, lui-même utilisé pour confirmer l'existence narcissique, dans les manifestations de sa joie, de sa surprise, ou encore de son dégoût. Là où il y a réaction, il y a quelque chose et pas « rien », pas de blessure narcissique, le manque tant redouté n'existe pas. Cette oscillation, ou plutôt cette inclusion réciproque de la sensation et de l'image, est prototypique : nous touchons là à un syndrome générationnel. Il se rencontre dans les exemples les plus « normaux » jusqu'aux plus pathologiques. La (ou le) shopping *addict* dilapide son argent en vêtements et frémit en passant de magasin en magasin avant de rentrer chez elle (lui) et de scruter dans la glace l'incarnation de sa frénésie. L'anorexique ne cesse d'observer dans le regard parental son corps infime et infirme, meurtri de ne pouvoir manger. Le sportif ressent la contraction et la décontraction de ses muscles tout en les présentant à un public, cultivant son physique et ses performances, parfois jusqu'à se blesser, à oublier la santé qu'au départ il désirait préserver. Il faut donc éprouver son corps et son effet sur les autres, le sentir de l'intérieur, exalter le vécu corporel ; l'émotion doit être une pulsation ; ma génération exulte dans l'extrême. Quand il se passe quelque chose. Quand l'espace d'un instant elle se sent plus vivante d'avoir pu toucher à la limite du corps, à ses propres fondations. Quand, ainsi, elle est enfin Une. Oui, la sensation pure échoue toujours dans le regard de l'autre.

M.-F. C. Le terme fétichisme est décidément bien choisi. On prête au corps des qualités particulières de sorte qu'il échappe au manque. La peau est un support idéal.

S. D. En revanche, les rides, les marques naturelles du temps et d'une histoire personnelle sont honnies et camouflées. L'expression d'une chronologie intime, de l'expérience particulière, cette alliance subtile du biologique et du psychologique, la conjonction d'une histoire avec une Histoire est refusée, rejetée hors de soi. S'appuyant sur les instruments les plus perfectionnés, jusqu'à la chirurgie esthétique[1], on tait la peau telle qu'elle est. Dans l'extrémisme de ce rejet, d'une ride rappelant les années écoulées, d'une rougeur un peu trop psychosomatique, d'un nez rappelant celui d'un père ou d'une mère, il y a éviction de la dimension narrative de la peau, des rencontres affectives qui l'ont façonnée et lui ont donné une forme, du langage qui l'a chargée d'émotion, des mains qui l'ont investie d'érogénéité. La réappropriation générationnelle de l'enveloppe corporelle est totalitaire et ne supporte pas la négociation avec l'Autre, celui qui fait défaut mais aussi celui qui pourrait être retrouvé et perdu. Pour dire tout ce qui manque. Pour taire tout ce qui a déjà été dit. Une histoire désarticulée.

Au sein du corps est espéré un refuge, un asile protégé et surtout unique, libéré du poids des mots, d'un regard altier, d'une filiation. La peau de ma génération peut se couvrir d'encre ou de cicatrices, n'être que marques et labels commerciaux. Mais oui, elle refuse ce qui pourrait lui rappeler son manque à être. En aucun cas elle ne souhaite manquer de quoi que ce soit ; de même qu'en aucun cas elle ne désire rencontrer l'interdit qui fera de cette peau un espace symbolique et transcendant : toutes les fantaisies doivent être possibles. Le Moi-peau est alors purement figuratif. Le langage est devenu un fait du corps, un geste, un signe, un pictogramme insensé et autoengendré. Ce corps qui peut se couvrir d'un tatouage ou d'un tissu reste brut, à vif dans sa fable improvisée, loin des mains, loin du temps des parents, loin de l'universel ; la peau bredouille une rengaine inhumaine. L'histoire, que l'individu de la nouvelle génération écrit dans sa chair, n'est jamais que la sienne. Sa propre voix.

1. Les opérations les plus complexes sont pratiquées sur des personnes de plus en plus jeunes.

Tous borderline ?

M.-F. C. Je n'imaginais pas une vision aussi insolite, une génération aussi marquée par le narcissisme contemporain. Le mot qui me vient en vous écoutant est « Narcisse ou le mal-être ». Je ne m'y attendais pas car j'aurais pu moi-même être décrite comme une personne ayant eu une jeunesse évaporée. Je croyais que vous alliez me le reprocher. Alors qu'en vous écoutant je m'interroge sur la signification profonde de ces changements intergénérationnels.

S. D. Je comprends. Nombre de chercheurs constatent l'augmentation des troubles « limites » et des pathologies narcissiques. Je crois qu'il n'est pas possible de rencontrer aussi distinctement leurs symptômes associés dans un autre domaine que celui du corps. Le corps est le théâtre d'un jeu parfois dangereux. S'il est ardu d'appréhender globalement ces phénomènes, et d'autant plus risqué de tenter de les systématiser, ce qui correspondrait à porter un vain diagnostic générationnel, je trouve tout de même intéressant de noter la comparaison entre les états-limites et une façon d'être plus normée. Augmentation quantitative des troubles limites certes, mais métaphore significative surtout. Jean Bergeret a réalisé une étude très enrichissante des *états-limites*[1]. Le risque dépressif, le rapport anaclitique[2], les failles de l'intégrité narcissique, *l'Idéal du Moi* dilaté, la crainte d'abandon, la galvanisation du passage à l'acte : pour Bergeret, les *états-limites* ne sont pas véritablement structurés mais ressemblent plutôt à une adolescence prolongée n'ayant pas dépassé le stade critique permettant d'accéder à une véritable structure suffisamment stable et

1. Bergeret, J. et coll. (1986), *Narcissisme et Etats-limites*, Paris, Dunod.

2. Cf. *infra* « Le couple en question ».

fixe. En somme, il ne s'agit ni d'une structure psychotique ni d'une structure névrotique. Pensons maintenant à l'*adulescent*. Ce terme, contraction d'adulte et d'adolescent, désigne la difficulté pour certains adolescents d'accéder à l'âge adulte (ou, pris à l'envers, la difficulté de certains adultes de s'autonomiser et de quitter l'adolescence). Cette suspension entre dix-huit et trente ans constitue un phénomène social à la tonalité nettement régressive et pourrait être représentatif de cette attitude générationnelle, de ce funambulisme sur ce fil, sur cette limite entre deux temps. Un exemple pour le moins éloquent de cette « borderlinisation » que je questionne. « L'inconsistance » structurelle des états-limites n'est d'ailleurs pas sans rappeler la désubstantialisation dont a parlé Gilles Lipovetsky.

Je suis psychologue clinicien, d'obédience psychanalytique. Je me sens proche de la méthodologie et de l'appareillage théorique freudiens, je souhaite conserver cette identité professionnelle. Je regrette toutefois que les membres de notre profession ne soient pas plus à l'écoute des mouvances de la société car celles-ci nous offrent de précieux indices pour comprendre des comportements psychologiques tout à fait nouveaux. Une attention plus grande aux phénomènes sociaux permettrait non seulement de mieux les définir et les analyser, mais aussi de faire évoluer notre discipline. Je ne crois pas qu'il existe un individu sans société, de même que je ne considère pas qu'une société puisse demeurer sans effet sur le psychisme parce que le Ça ou une autre instance primaire ne connaîtrait pas le « principe de réalité ». Nous devrions dialoguer avec les autres disciplines scientifiques et les sciences sociales comme nous le faisons aujourd'hui, avec le respect de l'intégrité analytique de l'autre, avec une écoute attentive de son expérience mais aussi de ses résistances personnelles. L'écoute de la personne devrait rester notre priorité. L'étude de son environnement également. L'investigation de son temps encore plus.

Bergeret a élaboré une conception dans laquelle il différencie ce qui est « essentiel » et ce qui est « fondamental[1] » et a effectué une césure entre le Soi et le Moi[2]. Pour lui, « l'évolution affective et relationnelle doit passer logiquement, tout d'abord, du Ça au Soi (étape narcissique) puis du Soi au Moi (étape objectale et œdipienne). L'étape narcissique de toute psychogenèse ne peut se voir négligée[3] ». Les problématiques relevant de ce narcissisme fondamental ne peuvent pas être éludées lorsque l'on souhaite parler de ma génération. Je ne nie pas un certain pessimisme mais préfère demeurer prudent et attentif face à cette clinique particulière qui vient sans cesse être questionnée par des comportements plus communs de ma génération.

Le corps, l'hystérie et la psychanalyse

S. D. Au vu de tout ce qui a été dit, je sais que ma question paraîtra un peu précipitée, mais quel serait le *diagnostic* de la relation au corps pour votre génération ? D'ores et déjà ne peut-on pas pointer le renversement des problématiques névrotiques de votre temps au profit des troubles limites plus contemporains ?

---

1. L'essentiel porte sur les principes étudiés par la théorie freudienne, la dynamique œdipienne, la castration, tout ce qui serait du ressort des névroses. Le fondamental évoque, en revanche, une époque antérieure, antéœdipienne, et concerne un narcissisme structurant, au fondement de la personnalité.

2. Pour Bergeret, la faute que représente la collusion des deux concepts est imputable à Marie Bonaparte qui a traduit le « *Ich* » freudien un peu trop rapidement par *Moi*. Le *Moi* est essentiel : il fait écho à la tripartition *Ça-Moi-Surmoi* et concerne le rapport au sexuel. Le *Soi* est fondamental : il concerne un narcissisme à la base des assises identitaires du sujet ; il est contemporain de l'époque prégénitale mais aussi du prénatal et des traumatismes qu'il peut subir.

3. Bergeret, J. (2004), « Entretien avec Jean Bergeret », in *Le Carnet/PSY*, n° 93, p. 33.

M.-F. C. Mon époque a été marquée par l'hystérie. Revenons à cette grande découverte de Freud. Après avoir assisté aux présentations des malades hystériques du professeur Jean-Martin Charcot à la Salpêtrière, il a proposé une tout autre thérapeutique que *l'hypnose* pratiquée par ce grand neurologue. Selon lui, les femmes n'étaient pas accaparées par des démons mais occupées par des fantasmes. Il s'agissait non pas de les tenir sous hypnose en les délivrant très provisoirement de leurs symptômes mais de les aider à parler. La grande découverte de la psychanalyse et de son inventeur, Freud, c'est l'art de la parole et de l'écoute : association libre d'un côté, écoute flottante de l'autre. Cette névrose hystérique, Freud l'a rattachée plus tard à son célèbre complexe d'Œdipe que l'on peut comprendre et dénouer grâce à la *talking cure*. André Green a évoqué à propos de la cure analytique une « parole couchée adressée à un destinataire dérobé[1] ». C'est la découverte du *divan*. Il est vrai qu'il se passe et se dit des choses qui ne se passent pas et ne se disent pas dans la vie ordinaire, ni même dans d'autres formes de thérapie, ce qui permet à l'inconscient de livrer quelques-uns de ses secrets. Ainsi le patient peut-il se raconter, évoquer le passé, notamment des traumatismes qu'il n'avait jamais pu élaborer auparavant de cette manière.

Aujourd'hui, on parle beaucoup plus de *cas limites*, de *borderline*, que de cas d'hystérie. Vous avez raison de souligner, dans notre société, la diminution des névroses par rapport à de nouvelles entités nosographiques. Ce qui est intéressant, c'est de comprendre à quoi correspond cette évolution et comment elle est une image d'une société qui change. De ce point de vue-là, ce ne serait pas une amélioration de l'équilibre psychique collectif !

S. D. Mais peut-être faut-il savoir se détacher des nomenclatures psychopathologiques pour les remettre dans leur contexte ! Les normes dépendent avant tout des sociétés et des époques…

---

1. Green, A. (2010), *Illusions et Désillusions du travail psychanalytique*, Paris, Odile Jacob, p. 74.

M.-F. C. Pour l'hystérie, le conflit entre la sexualité et l'amour génital montre une persistance du complexe d'Œdipe inachevé, insuffisamment élaboré. Chez l'hystérique, l'angoisse de castration domine, s'associant pour la femme à l'angoisse de pénétration ; ces difficultés peuvent être surmontées, notamment grâce à la cure analytique. Les traumas impliqués dans l'hystérie sont de l'ordre de la séduction sexuelle, symboliquement ou réellement incestueuse. Si l'on parle plus généralement de la structure névrotique, on peut la définir « comme une affection psychogène où les symptômes sont l'expression symbolique d'un conflit psychique trouvant ses racines dans l'histoire infantile du sujet et constituant des compromis entre le désir et la défense[1] ». En dehors de *l'hystérie*, on peut rattacher au concept de névrose la *névrose obsessionnelle* et *la névrose phobique*. Ces différentes formes de névrose sont des modes de résolution pathologiques du conflit œdipien : aussi Freud les appelle-t-il *psychonévroses de défense*, en distinguant les mécanismes utilisés. Comme vous l'avez compris, la vie sexuelle se conformait à la résolution du conflit œdipien.

S. D. Et à l'acceptation de la répression sociale et phallocrate qui transitait par ces théories.

M.-F. C. D'une manière générale, la nosographie freudienne s'attache à la différence entre *névroses*, *psychoses*, *perversions* et *affections psychosomatiques*. Pour ma génération, nous avions le sentiment d'évoluer dans un monde où la pathologie prédominante était névrotique, c'est-à-dire liée au complexe d'Œdipe. Dès qu'il s'agissait de psychose, c'était l'hospitalisation en milieu psychiatrique qui était requise[2]. Le concept d'*état-limite*, plus récent, désigne les

1. Laplanche, J. et Pontalis, J.-B. (1967), *Vocabulaire de la psychanalyse*, Paris, PUF, 2002, p. 267.

2. Je me souviens, à l'occasion de ma formation universitaire, d'avoir assisté à la présentation, par le professeur Jean Delay, de malades hospitalisés à Sainte-Anne souffrant de troubles psychotiques.

affections psychopathologiques situées entre névrose et psychose. Le *syndrome borderline* est souvent évoqué pour désigner ce type de troubles. Bergeret en voit la cause à partir d'un traumatisme précoce. De même, Green pense que les angoisses de séparation, d'intrusion ou d'aliénation dominent chez l'*état-limite*. Ces angoisses sont à mettre en rapport avec la crainte de l'effondrement telle qu'elle est décrite par Winnicott[1] ou avec la crainte d'un objet malveillant ou envahissant. Green écrit : « Pour les états-limites, il s'agit de la localisation sur le Moi des effets traumatiques liés à l'influence maternelle[2]. »

Le premier choc

M.-F. C. Je pensais que vous repéreriez les failles de ma génération, un éventuel excès d'idéalisation, etc. Enfin bref, j'imaginais des reproches substantiels concernant mon époque et que vous alliez m'entrouvrir les portes d'une génération nouvelle ayant plus de pertinence, plus de liberté… Mais l'image reste plutôt incertaine et floue. Je suis en quête de ciels bleus et de trouées d'espoirs, messagers de l'avenir. Je pensais que votre génération portait un idéal !

S. D. C'est là l'origine même du fossé des générations. Comme l'explique Margaret Mead, les bouleversements technologiques et sociaux ont conduit à une « cassure » trop conséquente pour que l'ancienne génération puisse comprendre la nouvelle en ayant recours à son propre système de valeurs, à son propre mode de pensée. Margaret Mead l'a exprimé ainsi : « Une fois que jeunes et vieux se seront bien pénétrés du fossé profond, sans précédent, universel

---

1. Winnicott, D.W. (1989), *La Crainte de l'effondrement et autres situations cliniques*, Paris, Gallimard, 2000.

2. Green, A., *La Pensée clinique*, *op. cit.*, p. 90.

qui les sépare, il deviendra possible de rétablir la communication. Mais aussi longtemps que les adultes penseront que, comme les parents et les maîtres d'antan, ils peuvent procéder par introspection, invoquer leur propre jeunesse pour comprendre la jeunesse actuelle, ils seront perdus. Ils n'entendront pas – ou, s'ils prêtent l'oreille, ne comprendront pas – ce que la jeune génération tente d'exprimer[1]. » Il faut pouvoir accepter que ma génération évolue dans un monde réellement différent de celui que vous avez connu, que la perception de cet univers elle-même obéit à d'autres codes, qu'elle détermine une autre façon de penser l'Humanité. Je rejoins le point de vue de Margaret Mead : le passé de votre génération figure une entité incommunicable qui vous prive d'une partie de la compréhension de la nouvelle génération, de ses révoltes et de ses engagements, de ses désirs comme de ses craintes. L'idéal que vous appelez de vos vœux est soumis à une représentation mentale incompatible avec le réel avec lequel ma génération doit composer, le réel d'un monde en mutation, le réel d'un psychisme façonné par une autre société, par une Histoire qui elle-même semble s'être emportée. Et comme l'affirmait Lacan, le réel, c'est le corps.

Allons plus loin encore. Le concept « d'idéal » est un fer de lance économique et social, culturel aussi. N'est-ce pas l'idéal qui a conduit les générations précédentes à développer le fétichisme de marchandise ? A faire croire que la production éteindrait le manque pour de bon ? N'est-ce pas l'idéal qui a permis au capitalisme de faire croire que les objets suffiraient à tout arranger ? L'idéal n'est jamais idéal, insaisissable projet quand il se veut du Moi, utopique quand il se revendique d'une société, inaccessible en tous les cas, insaisissable. On marche vers lui, on en vit, c'est ce qui suffit. Et puis, il ne communique rien : l'idéal n'est qu'une parole, certainement pas un langage. L'idéal, dans son sens le plus usuel, se veut

1. Mead, M., *Le Fossé des générations*, *op. cit.*, p. 127.

toujours déni du manque à être, refus de la castration et de la condition d'être mortel, tentative de remplacer l'absence, de déjouer le carencé, l'imparfait. Le diktat publicitaire, formation réactionnelle à l'idéal fantasmatique d'un autre âge, s'est emparé de cette aubaine. Tout doit être « idéal », conforme, complet, parfaitement personnalisé, même plus glorieux ou riche, même plus beau, juste infiniment « soi », jusqu'à ce qu'on ne sache plus de « qui » il s'agit, jusqu'au rien, jusqu'au vide. Oui, l'idéal est bien présent, il est même omniprésent, le moteur turbulent d'un âge à l'image vindicative, une fin et une faim. Oui, votre idéal déçu hante ma génération, vos ciels bleus et vos trouées d'espoirs, la jeunesse les cherche inlassablement dans le reflet du miroir. Elle ne les y voit pas. Alors elle les tatoue, elle les peint, elle compose et recompose l'image manquante ou défaillante, simplement humaine, fondamentalement humaine. Voyez-vous, cette image du corps, personne ne chercherait à se la réapproprier si elle demeurait libre à l'origine, si elle était un mot pour définir, un mot pour dire ce qui est, plutôt qu'une illustration pour dessiner ce qui n'est pas. Dolto disait : « Ce qui est tu à la première génération, la seconde le porte dans son corps[1]. » Ma génération porte le refus du manque, l'inaccessibilité de l'idéal, la frustration potentielle de ne pas voir son corps lui appartenir, des regrets peut-être. Elle recherche inlassablement une prothèse narcissique pour exister, pour faire sien ce reflet, pour créer la ressemblance, faire de cet autre un Soi, pour l'apprivoiser, en supprimer toute l'inquiétante étrangeté. Dites-nous donc pourquoi l'idéal ? Dites-nous ce qui autrefois n'allait pas ? Ce qui blessait et ce qui faisait défaut pour que nous y renoncions, pour que nous ne le cherchions pas. Dites-nous que les objets peuvent tricher. Dites-nous ce qu'il nous reste à réparer. L'attente d'idéal. L'attente insoutenable. Et je pense soudain à ces *adulescents*, à ces êtres étranges, ces trentenaires

1. Dolto, F. (1987), *Dialogues québécois* (coll. Sauverzac, J.-F. de), Paris, Le Seuil, p. 113.

avides de dessins animés et de peluches, je pense à leur appel à eux, à leur prière d'un monde d'avant, un monde sans mort exhibée à la télévision, un monde de jeux vidéo et de douceur, un monde coloré, un idéal qui ne l'est déjà plus, le deuil impossible d'une époque qui n'a jamais existé.

M.-F. C. Notre dialogue est passionnant en ce sens qu'il est porteur de surprises. Vous me semblez étonné que ma génération ait vécu sur d'autres principes que les vôtres. Pour moi, l'essentiel est d'avoir été fidèle, autant que faire se peut, à mon vrai Self, pour reprendre l'expression de Winnicott. Mon milieu parental, après quelques vicissitudes, mon ancrage familial personnel, mon environnement universitaire et culturel m'ont permis de trouver ma place dans ce monde qui était le mien. Sans regrets, sans nostalgie. J'ai toujours souhaité pour mes proches et mes amis qu'ils trouvent pour eux-mêmes l'équilibre de leur vie : mon itinéraire analytique m'a rendue tolérante et attentive à la destinée de chacun. Ce que j'aime par-dessus tout, c'est éprouver la sincérité du dialogue, ce que j'ai ressenti et apprécié entre nous deux.

Ma surprise, c'est la transformation profonde que vous me décrivez pour votre génération. Là aussi, je voudrais m'abstenir de jugements rapides et dogmatiques. Seulement un vœu : dans ce monde qui vous entoure, au milieu duquel vous êtes un acteur engagé, faites triompher les forces de vie et d'amour plutôt que celles de destruction et de mort ! Freud m'a appris à tempérer l'idéalisme religieux qui caractérisait parfois mon environnement. J'ai cherché à tendre vers sa devise de vie : *Aimer et travailler*. J'ai, par ailleurs, trouvé un bonheur dans certaines voies sublimatoires qu'il souhaitait à chacun : la musique, écoutée et créée, constitue pour moi une grande source de joie. J'aimerais que vous formiez pour votre génération des vœux, au plus près des grands changements qui sont intervenus et qui vont se poursuivre.

S. D. Qu'attendez-vous de l'avenir sur la question corporelle ?

M.-F. C. Un corps résistant mieux aux maladies, certes… A Boston, Roger-Pol Droit a rencontré Douglas Melton qui a déclaré : « Aujourd'hui, nous considérons le vieillissement comme un processus naturel et inéluctable. Or, à mes yeux, le vieillissement n'est pas inévitable. Deux facteurs : le premier, ce sont les maladies. Je crois qu'on devrait pouvoir les éliminer, car les maladies sont sensibles aux interventions humaines[1]. » Et pourquoi pas les cellules souches, qui vont participer à la reconstruction d'un corps défaillant[2] ? En ce qui concerne les maladies, nous luttons aujourd'hui beaucoup mieux qu'autrefois contre les microbes et les virus, surtout dans nos pays développés. Quant aux cancers, nous connaissons mieux les chiffres : avec à peu près plus de 365 000 nouveaux cas par an[3], le cancer reste en France la première cause de mortalité. Cette augmentation est due en partie à l'accroissement de la population et à l'allongement de l'espérance de vie. Car le risque de développer un cancer augmente fortement avec l'âge. Mais les progrès dans les techniques diagnostiques et le dépistage permettent de les déceler plus précocement. On guérit aujourd'hui plus d'un cancer sur deux, contre un cancer sur trois il y a une trentaine d'années. Imaginez ce que cela peut représenter pour ma génération ! Une vie plus longue, une vieillesse en bonne santé qui permette de continuer des activités, en relation avec les générations nouvelles. Je crois beaucoup à la confrontation paisible et créative entre les générations, à condition que les *seniors* ne soient pas seulement ceux dont la santé fléchit et sur lesquels il faut veiller mais plutôt des

1. Atlan, M. et Droit, R.-P. (2012), *Humain. Une enquête philosophique sur ces révolutions qui changent nos vies*, Paris, Flammarion, p. 71.

2. Douglas Melton explique : « Chacune des cellules souches embryonnaires (totipotentes) pourra donner naissance à des cellules de foie, de rein, de peau, de cœur ou de cerveau. […] Je suis convaincu qu'on peut trouver les moyens d'allonger la durée de vie des vertébrés grâce à des modifications génétiques ». *Ibid.*, p. 69-71.

3. Chiffres recensés en janvier 2013.

partenaires, différents et complémentaires, s'intéressant au monde en devenir et lui apportant ce que d'aucuns ont appelé leur *sagesse* et leur expérience.

Dans le suivi des graves maladies, les psychologues cliniciens peuvent jouer un rôle important : parler avec les patients, les écouter, les rassurer, stimuler avec eux les forces de vie. En ce qui concerne les enfants atteints de cancers ou d'autres maladies graves, les pratiques culturelles peuvent être d'un grand secours : beaucoup d'hôpitaux accueillent des initiatives artistiques avec des professionnels venus tout exprès s'occuper des enfants. Enfance et musique, association fondée par Marc Caillard en 1981, s'occupe d'insérer les chansons et la musique dans les protocoles thérapeutiques. Je suis touchée par de telles initiatives et je souhaiterais y participer.

Quant à la vie psychique, notre vie intérieure, celle de notre âme, tentons de la rendre plus ouverte et plus lucide : toutes sortes de thérapies, notamment d'inspiration psychanalytique, peuvent y aider. Elles encouragent chacun à comprendre ses enracinements dans son enfance, ses choix personnels de vie : *la psyché* a une influence sur la santé, au sens large du terme. Le corps qui se porte bien est un corps qui vit en bonne intelligence avec un psychisme en paix avec lui-même. Cela ne signifie pas que tout est pour le mieux dans le meilleur des mondes, qu'il n'y a plus de conflits ni de problèmes. Cela veut dire que chacun est davantage maître dans sa propre maison… C'était l'idéal de Freud ! Il s'agit pour chacun d'entre nous d'être plus autonome par rapport à ses pulsions destructrices, aux traumatismes éventuels de son enfance, à un milieu délétère qu'il a peut-être connu et côtoyé. Ainsi cette personne avertie va-t-elle se sentir mieux et développer une harmonie plus profonde avec elle-même.

S. D. Oui, mais au-delà de l'intérêt sanitaire, médical et purement scientifique, je pense que ces innovations traduisent surtout un désir profond en lien avec la métamorphose du corps dont les prodromes étaient déjà extrêmement actifs dans la science-fiction. Dans la nouvelle de Hanif Kureishi, *Le Corps* (2003), le cerveau d'un vieillard est greffé dans le corps d'un jeune esthète. Dans cette enveloppe rajeunie et « parfaite », dans ce vaisseau qui n'est pas lui et qui ne lui appartient pas mais qu'il n'aura de cesse d'essayer de s'approprier, il décide alors de vivre « à fond ». Mais qu'est-ce que cela signifie ? Comment s'y prendre ? Clonage, utérus artificiel, corps en stase tandis que l'esprit s'ébat, loin, ailleurs, dans un espace hors de la matière et du temps... Oui, la science nous promet plus que des fictions. Corps double, corps machine, corps industrialisé, corps automatisé, corps interchangeable, corps synthétisé, corps virtualisé, les possibilités donnent le vertige. Tout progrès est-il une évolution ? Quelle pensée, quel sens accompagnent cette volonté de hisser plus haut le corps ? Quelle conscience pour habiter l'objet ? Les technologies contemporaines demandent de repenser le corps. L'IRM a fait par exemple du corps un lieu à visiter ; on voit absolument tout sous la peau, sans avoir besoin de la toucher ; l'architecture interne, nous pouvons enfin la parcourir. Quand l'humanité réussit à trouver la molécule pour briser la métastase, c'est pour soigner. Quand l'humanité parvient à greffer des mains à un amputé, c'est pour sauver. Les frontières entre corps étranger et corps propre s'amenuisent ; on fait sien le corps d'un autre ; on lie à soi des implants, des merveilles de technologie pour vivre encore. On devient l'objet. Le monde réifié est un monde déshumanisé. Mais quand l'humanité rêve en synthétique, de quoi prétend-elle secourir l'homme si ce n'est de sa mortalité ? Les objets ne meurent jamais. Au pire, ils se cassent, révélant ainsi leur mécanique, leurs rouages ou leur matière, et le vide. Le désir, on le devine alors, est de capturer la mort, de la mécaniser, de l'acheter pour pouvoir l'abandonner enfin comme un vieil artefact du passé. Carence de langage encore. Plutôt que de s'interroger sur ce qu'est vivre, on se demande comment ne pas mourir. On repousse les limites, en attendant de trouver une réponse. Comme ma génération qui distance celles de son corps, qui se demande jusqu'où elle pourra le pousser, où le conduire, au risque de l'abîmer.

Oui, dans son corps, ma génération porte plus qu'un idéal déçu, elle porte une civilisation.

La faim de l'image

> *Sous la pression de la technique, de l'image et de l'accélération de l'information, nous oublions que l'être parlant est véritablement vivant à condition d'avoir une vie psychique.*
>
> Julia KRISTEVA,
> *Pour une refondation de l'humanisme.*

Les images pour le dire

Samuel Dock. Une image pour ouvrir cet échange ?

Marie-France Castarède. Si j'essaie de remonter dans le passé de ma propre vie, les images sont liées aux personnages qui ont habité mon enfance. Parfois, elles ont manqué. Je pense à la mort de ma mère : je venais d'avoir cinq ans et il était habituel, sur le plan éducatif, de protéger l'enfant de tous les malheurs qui lui arrivaient, au risque de lui en dissimuler certains. Je me souviens aujourd'hui et je reconstitue l'événement grâce au travail psychanalytique effectué depuis : ma famille était effondrée de la mort de maman, partie à Paris afin de soigner la scarlatine d'une de mes sœurs rentrant d'un camp de Guides. Ma mère était d'une santé plutôt délicate mais néanmoins en forme à ce moment-là. De fait, elle rentre de Normandie où elle séjournait avec moi et toute la famille, appelée par mon père qui la réclame pour soigner à Paris ma sœur très contagieuse : elle attrape la scarlatine et meurt quatre jours après à l'Institut Pasteur, les médecins n'ayant pas réussi à la sauver.

Ce qui me frappe aujourd'hui, *après-coup*[1], c'est que j'ai pu enfin, après des années, parler de cet événement traumatique alors que mon entourage ne m'avait pas encouragée à le faire. Nous étions, à l'époque, très loin de Françoise Dolto préconisant qu'il fallait absolument parler aux enfants. Ma grand-mère maternelle, qui cherchait à me dissimuler son immense chagrin, m'avait dit en venant m'embrasser le soir dans ma chambre : « Ta maman est montée au ciel. » J'imagine aujourd'hui, revisitant psychiquement ce temps-là, que la petite fille que j'étais, âgée tout juste de cinq ans, a dû prendre cette image à la lettre et attendre pendant longtemps que sa maman redescende du ciel. Voilà, je commence par cette image avec la force de la douleur mais d'une douleur pas tout à fait comprise et intégrée puisque l'on m'avait évoqué une fausse image. Un grand cousin a même remarqué : « Comme elle est courageuse ; elle ne pleure pas ! » On m'a privée du chagrin que j'aurais dû ressentir et, du même coup, de la cérémonie de l'enterrement qui consiste à mettre le corps de la personne décédée dans un cercueil. On me disait qu'elle montait au ciel alors qu'on descendait son corps dans la terre. Ce faisant, on ne m'a pas rendu intelligible le chagrin que j'aurais dû partager avec toute une famille en pleurs et en détresse : je ne suis pas rentrée à Paris mais suis restée seule à la campagne avec une nounou. Tous les psychanalystes et psychologues cliniciens remarquent combien la représentation de la mort est difficile pour un jeune enfant.

S. D. Vous avez soixante-douze ans et pourtant je sens combien votre émotion, voire votre peine, est encore grande

1. La notion d'*après-coup* est importante pour la conception psychanalytique de la temporalité. Elle établit une relation complexe et réciproque entre un événement significatif à un certain âge et sa signification ultérieure qui lui confère un sens nouveau, notamment affectif, et, par là même, une nouvelle efficacité psychique.

tandis que vous me racontez le décès de votre mère. On ne perd pas ce qui compte pour nous sans pouvoir le nommer, le comprendre, se le représenter. On ne « tue pas le mort », pour reprendre l'expression de Freud, sans saisir, sans appréhender ce que nous lui avons confié de nous, ce qu'il s'agit de lui reprendre tandis qu'il nous quitte. Pour perdre, il faut s'emparer de ces affects, de ce cœur en vie que nous avions donné à l'autre, qui conférait à la relation toute sa force, son intensité. Seul le langage permet de dessiner le manque qui nous hante, puis finalement de le dépasser, non pas de le déjouer mais de l'accepter comme on accepte un vieil ennemi, comme on accepte qu'il fasse partie de notre vie, qu'elle serait moins humaine sans lui. Le manque et la perte sont consubstantiels de l'existence. « Elle est montée au ciel. » Combien de temps avant que vous cessiez d'attendre son retour ? Combien de temps avant que vous puissiez comprendre que votre maman ne reviendrait pas et que vous commenciez à concevoir une image mentale pour apaiser la souffrance de son absence ? Combien de temps avant que l'attente glisse de l'incompréhension à la douleur puis se fasse souvenir ? Combien de temps avant que l'information non transmise migre de la perception du corps à celle de l'esprit ? Ce drame a dû profondément influer sur votre devenir d'analyste.

J'ai moi-même perdu un ami, un jour, mort d'une overdose. Comme ses parents vivaient dans une autre région et que sa petite amie n'était pas prête à une telle épreuve, j'ai dû identifier son corps à la morgue. Je me rappelle encore sa posture étrange, comme *contrariée, stupéfaite* d'être là, de cette brûlure qu'il avait à la lèvre parce qu'il était décédé une cigarette dans la bouche, de la couleur terne, un peu mauve de sa peau, comme s'il avait reçu de nombreux coups, de ses yeux qui n'étaient plus les siens, maintenant que cet éclat que j'aimais tant les avait quittés. J'avais la mort bien en face de moi ; je savais qu'il ne reviendrait pas, qu'il n'était pas au ciel, pas dans l'au-delà mais bien là, dans toute la réalité abrupte de son corps, sur cette triste table en Inox, oui, que c'était bien mon ami qui gisait là devant moi mais qu'il ne se redresserait pas pour me saluer d'un « Salut p'tit Sam » comme il en avait l'habitude, qu'il ne le ferait plus jamais. Mais l'image n'est pas le langage, et pendant longtemps je n'ai pu penser à lui que dans cette posture terrible, ce dernier état de vulnérabilité avant le néant et pourtant, dans ce total dénuement, une détresse silencieuse et indicible. Ce n'était encore qu'un enfant, même s'il était adulte. J'ai pensé à Simone de Beauvoir et à son « enfant gonflé d'âge » et j'ai pleuré, j'ai pleuré tant de jours sans pouvoir m'arrêter ; je pleurais encore quand je n'éprouvais plus rien, quand tout sentiment m'avait quitté et que le vide faisait mal à son tour. J'ai entrepris ma psychanalyse après cet événement, pour que cet instantané mortifère quitte ma psyché et que je puisse penser à lui vivant, souriant ou triste, heureux ou pas mais beau et parlant, avec son air enfantin et perpétuellement interrogatif. Bien sûr, il me manque encore et je ne l'oublierai jamais. Mais je parviens aujourd'hui à ne garder que la chance de l'avoir connu, la vigueur du souvenir, je parviens à sourire en me remémorant certains épisodes de notre amitié. Oui, j'ai de la chance de l'avoir connu.

M.-F. C. Je suis touchée et émue par vos propos concernant le deuil d'un ami et vous avez magnifiquement exprimé cette mort, reconnue et palpée, investie dans toute sa réalité matérielle et poignante. Serait-ce pour ces raisons inconscientes que vous vous êtes tourné vers l'addictologie plus tard ?

S. D. Oui. Tout à fait. Et je pense beaucoup à lui tandis que nous réfléchissons à ce conflit intergénérationnel qui nous réunit aujourd'hui.

La lecture et la capacité de rêverie

M.-F. C. Après, petite fille, je suis partie à l'école. J'ai été très vite attachée aux images procurées par la lecture, par les images qui prenaient naissance dans mon imaginaire. Je le souligne car il me semble important, encore aujourd'hui, d'avoir la lecture pour rêver, imaginer, se représenter. C'est tout le talent de l'écrivain de vous y inviter et de vous faire participer à sa propre rêverie personnelle. Nous nous identifions aux divers personnages, supports de toutes nos projections. La lecture était très importante pour ma génération.

S. D. Ma mère a été très longtemps bibliothécaire. Je me rappelle le calme de la bibliothèque du village, le bonheur d'avoir accès à tant de personnages, à tant de vies... L'odeur des livres, le frémissement du papier entre les doigts. Je crois savoir d'où je tiens mon amour pour la littérature ! Mais vous-même, comment expliquez-vous le goût pour la lecture ?

M.-F. C. J'ai quelques explications. Les expériences infantiles, pour chacun d'entre nous, laissent des mouvements actifs dans notre vie psychique. Les représentations de nos souvenirs induites par les traces mnésiques sont sans cesse remaniées, l'histoire sans cesse réécrite, dans une élaboration rendant familiers le nouveau et le surprenant. La lecture offre un support incomparable à toutes les fantaisies qui recoupent nos expériences personnelles. De quel autre moyen disposait ma génération pour s'évader ? Pour lier son vécu à l'imaginaire d'autrui ?

Il nous faut parler de la *capacité de rêverie*, qui existe très tôt chez l'enfant, mais qui existe d'abord chez la mère. Au départ de la vie, la *capacité de rêverie de la mère*[1] module et donne une

1. Winnicott a décrit *l'activité maternelle de rêverie* au sujet de son enfant comme structurante pour celui-ci. Cette notion a été aussi développée par Bion.

ligne mélodique aux chaînes de son comportement et de son discours. La mère est capable d'attendre et de comprendre intuitivement que son enfant est entre la vie éveillée et le rêve[1]. C'est cette capacité de rêverie induite par la mère qui se prolonge chez l'enfant plus âgé par la lecture. Ma mère, pendant les années où je l'ai connue, m'a beaucoup raconté de comptines, beaucoup chanté de chansons. Après sa mort, je suis restée liée à elle grâce à ces *phénomènes transitionnels sonores*[2] que je n'ai jamais oubliés et qui m'ont influencée quant à mon goût pour les histoires.

S. D. Ma mère nous a également chanté beaucoup de comptines, à ma sœur et moi. Je me rappelle très distinctement certaines d'entre elles. Aujourd'hui, quand j'observe de jeunes mamans de ma génération, je suis un peu inquiet. La plupart se contentent de passer un CD à leur bébé ou alors de le laisser devant une tablette tactile avec des livres ou jeux audio. Des applications iPad pour bébé ! Tout progrès technique est-il nécessairement une évolution ? Où sont la pensée et l'affect dans cette emprise synthétique ? Qu'est-ce que ces mères transmettent à leurs enfants ? La tentation technologique n'est pas grande par ses prouesses mais parce

1. Winnicott écrit, s'adressant aux mères : « De diverses manières, le savoir précis que vous avez de ce qui est réel et de ce qui ne l'est pas aide l'enfant parce qu'il est en train de comprendre progressivement que le monde n'est pas celui de son imagination et que son imagination n'est pas exactement comme le monde. Chacun a besoin de l'autre. Vous savez que le premier objet que votre bébé aime – un bout de couverture, un objet doux – est pour lui presque une partie de lui-même et, si vous le lui prenez et que vous le lavez, le résultat sera désastreux. Lorsque le bébé est capable de commencer à le jeter, avec d'autres choses (s'attendant évidemment à ce que ces choses lui soient renvoyées), vous savez que le temps où votre bébé commence à vous permettre de partir et de revenir est arrivé » (1971), « Le monde à petites doses », in *L'Enfant et la Famille*, Paris, Payot, p. 70-71.

2. Terme utilisé par Winnicott pour montrer que le gazouillis et le *baby talk* (langage bébé) font partie des dialogues interactifs entre la mère et son enfant.

qu'elle est mue par un individualisme surpuissant, qui détermine un grand nombre des comportements des personnes de ma génération… et menace les prochaines.

M.-F. C. Je voudrais rappeler qu'à la fin du premier semestre apparaissent des mouvements psychiques nouveaux. La mère, qui doit sortir de son état de *préoccupation maternelle primaire,* disparaît hors de la vue du bébé, reprend progressivement sa vie avec le père. La notion de *censure de l'amante* fut introduite par le psychanalyste Michel Fain[1] pour marquer la façon dont la mère peut moduler sa présence à l'enfant lorsqu'elle lui procure des soins corporels. Quand, au cours de ces soins, sa rêverie intérieure la porte vers sa vie amoureuse avec le père de l'enfant, cet éprouvé induit une distance dans sa relation à l'enfant et encourage celui-ci à construire un premier état de triangulation. C'est ce premier état qui servira de base à la future organisation œdipienne. Les enfants de ma génération ont vécu ces changements dans une famille plus traditionnelle qu'aujourd'hui. La scène primitive entre les deux parents fantasmée par l'enfant entraînait pour lui la conviction que les liens de sa mère avec son père étaient très importants. J'imagine que cette organisation familiale plus structurée favorisait, mieux qu'aujourd'hui, la séparation nécessaire d'avec la mère. Elle avait joué un rôle vital : encore fallait-il qu'elle le module à bon escient loin de la *folie* maternelle des tout premiers temps ! Le père existait dans une stabilité relationnelle avec la mère qui existe moins dans les familles recomposées d'aujourd'hui.

S. D. Ce n'est pas parce qu'un père *réel* est *là* qu'il est nécessairement *présent* symboliquement, comme vous le savez. De plus, à votre époque, si l'homme ne souhaitait pas que la femme puisse divorcer, ils restaient ensemble malgré tout. Je n'ose pas imaginer quels affects de haine elle pouvait nourrir

1. Fain, M. (1971), « Prélude à la vie fantasmatique », in *RFP,* XXXV, 2-3, p. 291-364.

à l'égard de cet époux qui lui refusait de partir alors qu'il n'y avait plus d'amour. Je ne pense pas que la tension qui devait en découler, que cette soumission stérile et ce rejet travesti en lien pour le père soient nécessairement plus propices au processus de séparation-individuation de l'enfant, ni même pour son équilibre psychologique d'ailleurs. Un enfant sent et ressent ce qu'on lui dissimule et peut mettre sa psyché au diapason de celle de sa mère. Que ressentait-il alors si ce n'est le désamour de la mère pour le père, voire la colère et la tristesse ? Rappelons la célèbre idée de Lacan : tout symptôme est une parole qui refuse à se faire entendre. Pour ma génération, les situations familiales ne sont peut-être plus désespérantes qu'en apparence... Au moins sont-elles dites et médiatisées par la loi. La dangerosité, maintenant, repose dans cette facilité répandue qui abroge tout l'effort que réclame parfois l'acte d'aimer, tout le courage et la patience que nécessitent les épreuves de la vie à traverser. Ma génération y est confrontée de plein fouet.

M.-F. C. Je crois que la structure familiale permet au narcissisme de l'enfant d'évoluer vers un investissement des objets parentaux et vers les identifications qui s'ensuivront. Le modèle qui était, semble-t-il, largement celui de ma génération dans les différents milieux que j'ai pu côtoyer, se constituait sous le primat du complexe œdipien ! La triangulation était suscitée par la configuration familiale et les relations respectives des deux parents.

J'en reviens à la *capacité de rêverie* qui à l'état éveillé s'étend et s'organise, elle devient une nouvelle forme de retour hallucinatoire de l'expérience de satisfaction. Il s'ensuit des enchaînements de représentations qui sont des variations sur l'objet fantasmé, organisant les mouvements préconscients, sous la pression conjuguée de *la pulsion de vie* et de *la pulsion de mort*. C'est dans cette période-là que la lecture prend tout son intérêt pour l'enfant. Notre génération a vécu son histoire familiale déroulée dans toutes les combinaisons et les interprétations possibles à la faveur des livres, ce qui structurait ses investissements psychiques. Votre génération, née dans l'image, n'a peut-être pas connu les mêmes enjeux dans son développement.

De la bande dessinée aux séries télévisées

S. D. Pour ma part, j'ai beaucoup lu et j'ai commencé tôt, avec Roald Dahl et Daniel Pennac. J'ai poursuivi avec un grand nombre de récits de science-fiction, *Les Chroniques martiennes*, de Ray Bradbury, ou *1984* de George Orwell, ou encore les livres d'Aldous Huxley. Un très grand nombre de récits fantastiques ou d'épouvante également. J'adorais Stephen King et Dean Koontz. Ces auteurs sont d'ailleurs très appréciés par les personnes de ma génération. Les livres ont été des compagnons irremplaçables et mon amour pour eux a forgé mon destin. J'ai aussi beaucoup aimé la bande dessinée, *Aldébaran, Sillage, Lanfeust de Troy, La Nef des fous* ; ces dessins et ces histoires très soignés ont porté toute ma génération à travers des galaxies, des univers si variés et profonds que certains parlent de *multivers* pour les décrire ! J'avais l'esprit en ébullition ! Quand j'étais plus jeune, je lisais et relisais *Chlaganoir* de Gudule, l'histoire de deux enfants perdus dans un supermarché extraterrestre. Je suis sûr que c'est de là que provient ma prédilection pour l'inquiétante étrangeté. Adolescent, je faisais même partie d'un groupe de lecture « jeunesse » avec des bibliothécaires qui se réunissaient pour donner leurs avis sur les livres et déterminer lesquels il fallait mettre en avant dans les rayonnages. La littérature jeunesse connaît d'ailleurs un certain succès auprès des lecteurs les plus âgés aujourd'hui[1]. Est-ce parce que ces livres sont plus « faciles » à aborder et plus rapides à terminer ?

Pourtant, je remarque que beaucoup de personnes de ma génération ont vu diminuer leur goût, voire leur capacité pour

---

1. *Harry Potter* et *Hunger Games* sont des exemples probants.

une lecture approfondie, tandis qu'elles atteignaient l'adolescence.

La multitude des médias et des distractions a très largement submergé le monde du livre, et ce phénomène est aisément perceptible quand on étudie la crise que traverse l'édition. Les séries télévisées, par exemple, nombreuses, de plus en plus audacieuses et proches du quotidien des gens ou de leurs problématiques interpersonnelles, permettent une identification facile et continue au fur et à mesure des *saisons* ; elles créent un attachement aux personnages qui dispense de l'effort d'imagination et permet *une projection*, un investissement psychique des plus aisés. *Six Feet Under* m'a, à ce titre, beaucoup marqué, comme un très grand nombre de personnes de ma génération, avec des réflexions extrêmement fines sur la culpabilité, la mort, le secret familial, la transmission. Mais je veux croire que cette profusion de *Game of Thrones*, de *Desperate Housewives*, de *Sex and the City* ou de *Breaking Bad* n'inhibe pas la capacité de rêverie, que celle-ci sait s'emparer d'autres supports narratifs.

Les contes de fées

M.-F. C. Dans notre jeune âge, il n'y avait aucun support visuel pour rêver sauf les images des livres ! Notre univers infantile était lié aux objets particuliers, tels les poupées pour les filles, les soldats et les trains électriques pour les garçons, les dînettes : nous improvisions des repas ! Mais, en dehors de ces objets qui pouvaient se *jouer*[1] dans des relations interactives, il y avait le loisir plus personnel et intime de la lecture. Le texte du livre suscitait notre curiosité haletante mais notre

1. *Playing* : terme anglais qui signifie *jeu en train de se faire,* opposé au *game,* jeu de société avec des règles précises. Winnicott a bien mis en valeur cette distinction.

attention se portait tout particulièrement sur les images, rares mais décisives pour orienter la rêverie. L'imagination de chacun s'exaltait au détour des histoires passionnantes que nous aimions découvrir et relire tout à loisir. Une grande différence avec votre génération née dans et avec l'image. Il me semble que cette irruption constante de l'image se fait parfois au détriment du texte. Voilà un écart notoire entre nos deux générations : primauté du texte pour la mienne, primauté de l'image et de son instantanéité pour la vôtre. Alors, lorsque j'entends aujourd'hui que, pour beaucoup d'enfants et d'adolescents, la lecture non seulement n'est pas intéressante mais qu'elle peut devenir, lorsqu'elle est obligatoire dans le cadre des études, un *pensum,* je m'interroge !

S. D. C'est un fait constaté surtout chez les plus jeunes, moins pour ma génération. Plus que sur l'hypothétique affaiblissement d'un « goût » de la jeunesse pour la lecture, cette baisse d'intérêt doit cependant nous interpeller sur les processus de transmission au sein de notre société, sur la façon dont les adultes accompagnent leurs enfants vers le livre, vers le plaisir d'accéder à cette fantastique mémoire humaine : « Un enfant lit s'il se lie avec quelqu'un qui aime lire [1]. » Mais il doit être plus facile d'accuser la télévision ou les jeux vidéo. Pour ma part, je ne remercierai jamais assez ma mère de m'avoir transmis cet amour-là.

M.-F. C. J'aimerais parler tout particulièrement de la lecture des contes de fées qui a beaucoup marqué ma génération et intéressé les psychanalystes. Leur interprétation symbolique ainsi que leur relation avec l'inconscient ont fait l'objet d'écrits aussi bien des analystes freudiens que jungiens. Dans son *Interprétation des rêves* (1900), Freud se réfère aux contes de fées pour justifier l'analyse des rêves : « Nous savons déjà que les mythes et les contes de fées, les

1. Sibony, D. (1987), *Perversions. Dialogue sur les folies « actuelles »*, Paris, Le Seuil, 2000, p. 362.

proverbes et les chansons, le langage d'imagination utilisent le même symbolisme[1]. »

Le livre de Bettelheim, *Psychanalyse des contes de fées*[2], est une référence essentielle. Il offre un tableau élaboré de la relation entre l'enfant et les contes de fées, en mettant l'accent sur leur valeur thérapeutique. Bettelheim a longuement analysé des contes populaires, tentant de démontrer la manière dont chacun d'eux reflète des conflits ou des angoisses apparaissant à des stades spécifiques du développement. Les histoires ou les contes aident l'enfant à découvrir le sens profond de la vie, tout en le divertissant et en éveillant sa curiosité. Ils stimulent son imagination et l'aide à voir clair dans ses émotions, mais aussi à prendre conscience de ses difficultés, tout en lui proposant des solutions possibles aux problèmes qui le troublent. Tant de contes me reviennent en mémoire qui ont permis à nos fantaisies de se déployer dans notre imaginaire personnel, satisfaisant au mécanisme de la *projection*. Dans ce contexte, il s'agit, non pas du mécanisme pathologique de la projection paranoïaque, mais de sa fonction élaboratrice : le sujet revit en imagination, voire se libère de certaines situations affectives, en les projetant au-dehors, sur des personnages fictifs qui lui permettent des expressions fantasmatiques, proches de la rêverie éveillée. Ce faisant, il différencie mieux le dedans et le dehors et consolide ses processus d'individuation. Il rejette vers un support extérieur des représentations et les affects qui leur sont liés.

S. D. Je suis totalement en accord avec ces analyses.

M.-F. C. Par ailleurs, le conte est un moyen de penser, d'imaginer et d'expérimenter une *animalisation*. Le loup dans *Le Petit Chaperon rouge*, comme dans *La Chèvre de Monsieur*

1. Freud, S. (1916), « Complément métapsychologique à la doctrine des rêves », in *Métapsychologie*, Paris, Gallimard, 1976, p. 245-260.

2. Bettelheim, B. (1976), *Psychanalyse des contes de fées*, Paris, Robert Laffont.

Seguin, célèbre conte d'Alphonse Daudet, est un personnage tout à fois séduisant et craint, *imago œdipienne* qui incarne l'éloignement de la maison maternelle et la recherche d'une figure de père.

La sexualité naissante du *Petit Chaperon rouge* est adressée à un père-loup qui représente l'externalisation des dangers liés aux désirs œdipiens irrésistibles. Le père est aussi représenté par le chasseur dans son rôle protecteur et sauveteur. Il y a clivage de la figure paternelle en animal féroce, prêt à dévorer, et en chasseur serviable. Selon Bettelheim, la peur de la petite fille est d'être dévorée (renvoi au *stade oral*). Le problème qu'elle doit résoudre est constitué par les liens œdipiens qui peuvent l'amener à s'exposer aux tentatives d'un dangereux séducteur. Sa sexualité naissante la pousse à s'écarter du chemin en opposition avec sa mère. Son ambivalence entre *le principe de réalité* (imposé par la mère) et *le principe de plaisir* (son propre désir) évoque son conflit intérieur. Il s'agit d'un conflit entre le *Ça* et le *Moi-Surmoi*. Tous les enfants éprouvent des difficultés à obéir au *principe de réalité* et s'identifient à l'image du personnage, en l'occurrence le Petit Chaperon rouge. Finalement, à travers toutes mes digressions sur la petite enfance, j'ai voulu montrer que l'image, revisitée dans le conte et la lecture, était la source d'une structuration de la personnalité. La psychanalyse est née avec Freud dans une société qui ne connaissait le monde qu'à travers la lecture et les images internes qu'elle suscitait. Votre génération est née dans un tout autre univers.

S. D. Je suis très sensible au travail de Bettelheim mais je regrette qu'il y ait si peu d'autres ouvrages de référence, pour reprendre votre terme, sur le sujet. A la façon dont le conte interroge l'individu pour lui permettre d'accéder à toute une symbolique, j'aimerais que les psychanalystes puissent réinterroger ces contes pour en trouver de nouvelles significations. Ma génération a eu la chance, enfant, de découvrir des contes de fées du monde entier. De s'ouvrir à une culture immense qui dépassait amplement les contes d'Andersen, de Grimm ou de Perrault. Mais Bettelheim expliquait que l'important travail d'imagination de l'enfant qui lisait des contes de fées (ou qu'un parent lui lisait, ajoutant sa propre voix à celle du texte) lestait son inconscient d'un important contenu symbolique. A présent l'image est donnée ; elle ne nécessite aucun remaniement intellectuel ou émotionnel ; elle se livre à la totale passivité du sujet. Le problème n'est peut-être plus tant la surproduction visuelle contemporaine que l'effondrement heuristique de ses images. Le fourmillement scopique se passe du commentaire de son spectateur, de sa critique, de sa remise en question ; il se passe surtout de son imagination. Telle une publicité dont on attend qu'elle soit comprise sans être pensée, l'image a désintégré le sens, l'orientation, la direction. Des images désaffectées et un sujet désubstantialisé, c'est tout ce qu'il reste. Ce que je constate, c'est l'illustration sans le conte, le film sans une remarquable élocution signifiante, un divertissement sans incidence, Internet dans l'outrance mais sans la sédimentation des signaux ; la quintessence de l'image sans son essence. Le facile rompt la chaîne associative ; l'évident ne parle pas à l'inconscient.

Cinéma d'hier et d'aujourd'hui

M.-F. C. Après le temps de la lecture est venu celui du cinéma. Nous allions au cinéma assez rarement. C'était une sorte de fête, de récompense. Le cinéma a joué un rôle considérable pour ma génération dans la mesure où les images étaient fortement investies parce qu'elles étaient rares. Quant aux acteurs, ils prenaient une grande importance par leur talent et leur aptitude à susciter en nous émotions et sentiments. Une identification devait se créer.

Me reviennent en mémoire, là encore, les films de Bergman qui étaient d'une extraordinaire force psychologique ; les images étaient belles, parfois scandaleuses, mais l'histoire des sentiments occupait le devant de la scène. Je pense aussi à d'autres films que j'ai beaucoup aimés, en particulier les films d'amour parce qu'on y entrevoyait la vraie vie, celle que la petite adolescente imaginait, avait envie de découvrir pour s'approcher des adultes, des grandes personnes. Le monde dans son ensemble était moins accessible qu'aujourd'hui et l'image ouvrait une fenêtre sur des univers qui nous étaient inconnus. J'ai beaucoup vibré aux baisers d'amour. Ayant déjà évoqué *Vacances romaines*, *Autant en emporte le vent*, je pense au film *Fenêtre sur cour* (1955) d'Alfred Hitchcock, influencé pour construire ses décors par le peintre américain Edward Hopper : nous nous identifiions aux baisers voluptueux de Grace Kelly et de James Stewart. Bien sûr, il y avait aussi les films d'aventure comme *Fanfan la Tulipe* (1952) avec le merveilleux Gérard Philipe. Nous étions fascinées par ces grands acteurs qui avaient la capacité de nous donner beaucoup d'émotion et de rêve sans qu'il y ait une quelconque crudité dans les images proposées. A cette époque, le cinéma pratiquait l'allusion ! Dans un monde relativement privé d'images, les films nous subjuguaient, ce qui leur conférait une grande valeur, comme des leçons de vie. Les scénarios, plus consistants et plus centrés sur la psychologie des personnages, offraient aux spectateurs des modèles ou des contre-modèles pour leur histoire personnelle. Les films, aujourd'hui, se sont beaucoup diversifiés et racontent des histoires du monde entier : c'est une richesse considérable pour la culture cinématographique mais l'identification n'est pas de même nature. J'ajoute que la vitesse des images dans le cinéma contemporain conduit à une forme d'illisibilité qui nuit au travail d'élaboration psychique, au contraire de la lecture !

S. D. Peut-être, mais n'oubliez pas que, globalement, ma génération consomme ces films mais ne les crée pas encore ! D'ailleurs, elle ne se cantonne pas au spectacle navrant des superproductions hollywoodiennes ! *The Life Before Her Eyes*, *Donnie Darko* et tous les films de Richard Kelly, *May*, les œuvres de Terry Gilliam, de David Lynch ou de Wong Kar-wai, le cinéma coréen ; comme ma génération, je ne me limite à aucune frontière cinématographique, à aucune expérience. Darren Aronofsky, avec *Requiem for a Dream*, a d'ailleurs signé, je crois, le film de toute ma génération, et nous pouvons supposer qu'il marquera durablement l'histoire du cinéma. Et je ne dois pas oublier Hayao Miyazaki, qui avec ses films d'animation, *Le Voyage de Chihiro*, *Princesse Mononoké* ou plus récemment avec son ultime chef-d'œuvre *Le vent se lève*, a légué à ma génération et à toutes celles à venir une mythologie, une symbolique et une poésie sur lesquelles s'appuyer pour affronter la rage des temps présents, pour *se voyager* à travers de perpétuelles interprétations, des merveilles d'une narration qui a trouvé dans le dessin une sensibilité et une subtilité inouïes. Le pouvoir de la narration, pas une « réponse », pas une « lecture » mais un terrain sur lequel se perdre, celui de la poésie et de la grâce, de la liberté d'éprouver, d'interpréter, au risque de rencontrer, par hasard, une vérité au creux du rêve. De l'art, de véritables contes modernes ! Ma génération n'aime pas que le *fun* et le rapidement digéré, le sensationnalisme ou l'émoi trop vite délaissé. Elle apprécie aussi la beauté, la profondeur des relations humaines, le talent d'un réalisateur qui saura graver sur sa rétine toute l'affectivité d'une scène inoubliable. C'est certain, l'augmentation des possibilités techniques implique une multiplication des possibilités d'exploration intellectuelle et émotionnelle, une pluralité de sensations et d'idées à développer. Mais je comprends votre point de vue. Nous n'attendons pas seulement un enrichissement personnel du visionnage des films mais parfois simplement qu'il nous permette d'oublier la réalité, de ne plus penser, même pas de nous divertir : mettre à distance le monde et les autres. Hélas, dans certaines productions, le scénario est à peine un prétexte et la surenchère d'effets spéciaux, le nom des acteurs à défaut de leur talent, ou même l'emploi de la « trois dimensions » suffisent à faire vendre et *dévorer* un film. Le scénario d'*Avatar* de James

Cameron tient sur une ligne et pourtant son succès fut phénoménal auprès de ma génération. L'image suffisait. La technique concourt à l'abrasion du sens ; elle apparaît comme un pilier fondamental de cette éviction sidérante.

Actuellement, on expérimente un nouveau type de cinéma, interactif, dans lequel l'action se déroule en fonction des émotions du public. Si les spectateurs sont en colère, sera choisie une scène dans laquelle le personnage à l'écran l'est également. L'émotion de la masse l'emporte. L'effort d'identification et de projection devient quasiment nul ; il n'y a plus à investir psychiquement ce qui se joue devant soi mais à se laisser porter, passif. Je me demande à quels extrêmes nous conduiront de telles démarches, à quel avachissement mental, à quelle régression. Que Narcisse se réjouisse, le cinéma de demain ne sera plus fait pour lui mais par lui…

Indigence de l'image télévisuelle

M.-F. C. J'en viens à la télévision. Elle est arrivée en France dans les années 1950. Là aussi, pour ma génération, il y avait peu de choix dans les émissions proposées et la culture était à l'honneur. C'était souvent la pensée sur les livres ou sur la musique qui était délivrée à travers l'image du présentateur et de ses invités[1]. Pour ma part, quand je regarde la télévision aujourd'hui, je reste attachée à la transmission culturelle. La télévision, avec ses multiples chaînes, peut satisfaire les intérêts et les goûts variés des uns et des autres : émissions sur la politique, la musique, l'histoire, le cinéma, les livres, etc. Les chaînes de musique classique,

1. Je me dois d'évoquer les émissions de Jacques Chancel sur la musique, « Le Grand Echiquier », les émissions littéraires, avec Pierre Desgraupes et Pierre Dumayet, « Lectures pour tous », puis les séries d'« Apostrophes » (1975-1985) avec Bernard Pivot. De très bons souvenirs.

notamment Mezzo, sont très remarquables, pour l'amateur passionné que je suis, car elles permettent d'être en contact direct avec les virtuoses. *Les images* facilitent l'immersion dans la musique, avec les émotions qui vous envahissent grâce aux visages et aux mains des interprètes, dont on se sent encore plus proches qu'au concert ! Je suis en revanche agacée par l'indigence de certains scénarios, par la multiplicité des jeux et des feuilletons où les images priment sur l'intérêt de l'histoire, où la violence est montrée à l'état brut sans construction d'une véritable intrigue. Nous sommes incomparablement mieux informés des quatre coins du monde mais la pensée récapitulative qui mène à une réflexion structurée nous fait défaut. Bravo pour les débats contradictoires à la télévision ou à la radio, mais la difficulté de faire une synthèse apparaît insurmontable !

S. D. Les images répondent toutes à l'exigence de notre civilisation ; elles défilent vite et doivent être comprises encore plus vite ; elles sont faciles d'accès, toujours divertissantes sans être trop intenses ; elles doivent impliquer le sujet brièvement, le saisir quelques instants, sans trop le perturber pour autant. L'image, quand elle ne se fait pas clin d'œil atone, doit être un sursaut en douceur, un loisir à part entière, un ton complice même dans le film d'horreur, même dans le journal de 20 heures. Un enfant mort sous les coups de ses parents, le massacre des dauphins au Japon, l'infidélité d'un président, les propos racistes d'un élu, tout s'enchaîne, tout est pareil ; l'émotion est aussi éphémère que l'image qui vient la chercher. On passe de Dieudonné à Gayet, de Gayet à l'organisation des JO en Russie comme si de rien n'était, après pourtant s'être électrisés, après n'avoir parlé que de cela, après avoir reçu notre shoot d'images, nous être consternés, offusqués tout notre soûl, peut-être même après avoir pleuré. Le choc précède le buzz, l'indifférence succède au choc, les images poursuivent leur valse désincarnée, la pensée ne prend pas, le jeu demeure sans conséquence. Tout se perd. Rien ne se crée.

Par-dessus tout, l'image se prête peu à l'interprétation ; son univocité serait un gage de sa qualité. Son message a finalement bien peu d'importance ; il doit d'ailleurs s'intégrer à elle, s'intégrer en elle, adhérer à sa forme, être cette forme. L'image confronte ma génération à une *déliaison* entre le représentant et le représenté. Elle refuse le symbolisme, le textuel, le jeu de l'idée ; le signifiant est le signifié, une action, un produit, un mouvement, un visage, une petite histoire sans conséquence, pourvu que l'image fasse l'unanimité, qu'elle ne suggère aucune question… de fond. L'image colle à la peau, elle fait vite impression ; elle est un flash sans véritable information. Les images se hissent hors d'un monde « à côté du monde », un lieu indéfinissable de pots de yaourt, de top models, de mains serrées, d'attentats, de sourires et tellement de sourires… Toutes ces images, même lorsqu'elles se veulent informatives, menacent notre rapport au savoir, à des connaissances approfondies capables de perdurer dans le temps mais aussi dans le psychisme. Nous sommes bel et bien dans la société du spectacle et, comme l'écrivait Guy Debord : « Les images qui se sont détachées de chaque aspect de la vie fusionnent dans un cours commun, où l'unité de cette vie ne peut plus être rétablie. La réalité considérée partiellement se déploie dans sa propre unité générale en tant que pseudo-monde à part, objet de la seule contemplation. La spécialisation des images du monde se retrouve, accomplie, dans le monde de l'image autonomisé, où le mensonger s'est menti à lui-même[1]. » Mais je ne crois pas une seconde que votre génération soit plus lucide à ce sujet, Marie-France. Elle est juste plus inquiète. Pour elle, c'était mieux avant ; l'image est *mauvaise*. Alors que l'Image est tout.

---

1. Debord, G. (1967), *La Société du spectacle*, Paris, Gallimard, 1996, p. 18.

L'image et la pensée

S. D. Il est tout de même intéressant de remarquer que votre accompagnement de l'évolution de l'image vous a conduite à une utilisation plus raisonnée, plus mesurée de celle-ci. Vous vous y êtes habituée progressivement et avez conservé la distance vous permettant de la considérer comme un outil dont la qualité de l'utilisation ne dépend que de vous, de votre psychisme. Vous ne vous laissez pas envahir. La télévision, pour vous, s'apparente à une bibliothèque.

M.-F. C. Exactement. Ce qui me conduit à l'époque d'aujourd'hui où l'image est culturellement omniprésente. Si j'ai voulu en faire un thème de réflexion, en organisant un colloque universitaire autour de « L'image et la pensée[1] », c'est parce qu'il me semblait que l'image avait acquis une importance démesurée et que je voulais mieux comprendre, avec d'autres cliniciens, cette évolution. Je souhaite reprendre, à ce propos, les termes du premier chapitre écrit par le pédiatre Aldo Naouri, proche de la psychanalyse : « Ma génération a été en contact très jeune avec le cinéma et je remarquais déjà, pour ma part, combien les émotions étaient liées aux images[2]. » Une succession d'images, raconte-t-il à partir d'une expérience personnelle, peut déborder les mécanismes de régulation des émotions et projeter les individus dans la plus grande violence. C'est un sentiment que je partage. En revanche, autrefois, quand un enfant écoutait le conte que sa mère ou son père lui lisait, au lieu d'avoir comme aujourd'hui la télévision en guise de *baby-sitter,* il fabriquait ses propres images auxquelles il attachait aussi bien les mots que les émotions qui l'assaillaient. Ainsi, il intériorisait tout ce qui lui venait du monde environnant. Dans l'époque contemporaine, l'ingurgitation passive des images *tue le temps,* d'autant que l'enfant dispose de moins

1. Castarède, M.-F. (dir., 2011), *L'Image et la Pensée, op. cit.*
2. *Ibid.*, p. 44-45.

en moins d'un entourage disponible et uni pour commenter avec lui les histoires et l'accompagner dans ses découvertes de la vie.

Aujourd'hui les générations montantes sont conditionnées à engouffrer, sans avoir le temps de les métaboliser, une quantité d'images. Les images exogènes et endogènes ne sont plus distinguées. Fantasmes et réalité sont confondus. Les images se substituant aux mots, le langage n'est plus investi de la même manière. Quand les mots manquent, la violence prend leur place. Serge Lebovici, psychiatre et psychanalyste, avait cette formule : « Quand on ne peut pas parler, on se bat[1]. » La psychologie du développement (Wallon, Piaget[2]) a indiqué que la pensée avait des liens forts et étroits avec la verbalisation. On ne peut bien penser qu'avec des mots.

Le linguiste Alain Bentolila[3] montre que le langage se tient dans un équilibre fragile entre l'aspect conventionnel et la création intime. Les images, elles, réduisent considérablement le champ de l'imagination par rapport au texte. Elles suscitent sensations et émotions. Elles nous font pleurer ; elles suscitent notre indignation ou nous font éclater de rire, mais elles ne peuvent pas faire vibrer notre imagination qui puise son expression dans le plus intime de nous-même. Il explique : « Le langage doit être le complément naturel de l'image à laquelle il prête son cadre conceptuel. […] L'image,

1. J'ai bien connu Serge Lebovici, au point d'écrire avec lui un récit de sa vie : Castarède, M.-F. et Lebovici, S. (1992), *L'Enfance retrouvée. Une vie en psychanalyse*, Paris, Flammarion. Cette phrase qu'il m'a dite et expliquée lors de nos échanges m'a frappée par sa justesse.

2. Jean Piaget (1896-1980), philosophe et psychologue suisse, a inspiré la psychanalyse génétique en tentant de lier psychanalyse et psychologie de l'intelligence à travers les stades. C'est une observation (1931) d'Henri Wallon (1879-1962) qui a inspiré le concept de *stade du miroir* développé notamment par Jacques Lacan.

3. Alain Bentolila est professeur de linguistique à l'université Paris-Descartes.

grâce au langage, sollicite et mobilise nos intelligences singulières et les invitent à l'échange[1]. »

Je pense au cinéma d'aujourd'hui et au travail de Julien Milly[2]. Il montre fort justement que la vitesse des films va en s'accélérant mais qu'il y a une contrepartie : on suit de moins en moins bien le fil de l'histoire au point de se sentir empêché par la vitesse d'être en communication avec les émotions éprouvées. Cela va tellement vite qu'on se perd dans l'entrelacs des événements et que l'on ne peut plus vibrer aux sentiments des personnages. D'une manière plus discursive et réflexive, ce qui m'inquiète dans les images d'aujourd'hui, c'est leur prépondérance, au détriment de la pensée. Leur vitesse accélérée ne permet pas de se poser, pour les assimiler bien, les apprécier et les juger.

S. D. Ce que vous décrivez me semble être un véritable emballement de l'image qui déborde les capacités de mentalisation. C'est toute la puissance des images aujourd'hui. Un tour de passe-passe planétaire laissant croire qu'il est des *stimuli* qui n'impliquent pas de réponse. La profusion élude l'intrusion. La légèreté dénie l'intention. La désincarnation fait oublier leur matérialité, qu'un modèle existait à l'origine. Une image d'acte terroriste ne renvoie en aucune façon à la réalité de la catastrophe et à ses implications. Une image de pétrolier naufragé n'invite aucunement à penser à ce drame écologique. L'image est devenue si habituelle, si banale pour ma génération, que nous finirions presque par croire qu'elle est une composante naturelle de notre style de vie, qu'elle est un morceau d'humanité. Nous sommes persuadés d'en être désabusés, que leur message, quand il y en a un, glisse sur nous sans nous atteindre. Et c'est là qu'elle bascule en une idéologie puisque, comme l'a montré Roland Barthes[3], il est du propre de toute idéologie de transformer une situation

1. Bentolila, A., in *L'Image et la Pensée*, *op. cit.*, p. 112.
2. *Ibid.*, p. 87.
3. Barthes, R. (1954-1956), *Mythologies*, Paris, Points, 1970.

historique en situation naturelle. Une idéologie de la mystification : toutes les images que nous croisons aujourd'hui font l'objet de modifications répétées ; il ne s'agit que de les rendre un peu plus soignées, un peu plus agréables à l'œil, plus contrastées, plus brillantes, surtout plus « évidentes » car même l'horreur aime le « joli », le net, l'apparemment concret. Mais l'influence de cette altération, sa portée mentale, demeure insoupçonnable, noyée qu'est l'image dans un océan d'images. Ma génération évolue dans un univers totalement évanescent et superficiel mais nous voulons croire que nous nous y sommes bel et bien habitués, que l'image est notre extension. Que d'être nés dans le chaos visuel nous a immunisés, que nous n'éprouvons rien, que nous ne sommes pas touchés. Qu'après que les images ont croisé notre regard, il n'en demeure rien ; que nous restons de marbre et que nos comportements sont saufs, parfaitement indépendants du brouhaha ambiant. Ce mythe de la neutralité prend racine très tôt puisque, comme vous l'avez mentionné, certains parents placent leurs enfants devant la télévision, devant des programmes qui leurs sont destinés. « Ils ne sont pas bêtes. Ils savent faire la part des choses », diront-ils fréquemment, entretenant ainsi l'illusion d'une humanité ayant pour de bon triomphé de son reflet. Sans personne pour la penser, sans personne pour briser le cycle de l'acceptation tacite, l'image ne confine toutefois qu'à un produit autoengendré, une entité incontrôlée et incontrôlable évoluant dans un monde à part, un nouvel espace social. Nous sommes entourés par les écrans de nos téléphones portables, de nos ordinateurs, de nos tablettes tactiles, de nos téléviseurs haute définition, même de nos montres et réveils numériques où il est maintenant possible de suivre le flux d'actualité Facebook ! Vivre, aujourd'hui, revient à naviguer d'une image à l'autre, continuellement. J'aimerais dire à ma génération, mais à la vôtre également : ce n'est pas parce que c'est quotidien que c'est neutre. Que la normalité n'existe pas. Que le naturel n'est pas là. Que l'image n'est pas que jolie. Qu'elle est aussi captation, aliénation.

La civilisation de l'image et l'identification

M.-F. C. Après ces années d'initiation aux images grâce au cinéma et à la télévision, nous assistons aujourd'hui à leur développement fulgurant, de par le monde, au point que l'on peut parler d'une *civilisation de l'image*[1] qui va en s'accélérant.

Julia Kristeva se montre très inquiète en ce qui concerne la puissance toxique de l'image. Dans son dialogue avec Roger-Pol Droit, elle se livre à un vibrant plaidoyer pour la psychanalyse : « L'héritage freudien n'a jamais été aussi actuel. Il faut certainement le réactualiser et l'affiner, aussi bien au regard des progrès des neurosciences qu'au regard de ces nouveaux phénomènes que sont la libération des passions dans le cadre des familles recomposées ou décomposées, le nouveau rôle des femmes et de la maternité, la ruée des adolescents vers des idéaux impossibles, la persistance des religions ou ce qu'il en reste, la ruée vers des libertés politiques qu'on croyait impossibles[2]. » Pour elle, les nouveaux patients présentent un manque d'intériorité, de vie psychique, une représentation défectueuse d'eux-mêmes et des autres. Surexposés aux flux médiatiques, obnubilés par Internet, ils n'ont plus la faculté de se construire une vie intérieure, une psyché. Le rôle des images, dans ces nouvelles maladies de l'âme, est décisif. Elles uniformisent différences et émotions sans pouvoir les nommer et les expliciter. Les maladies

1. Gaston Bachelard écrit : « Nous sommes dans un siècle de l'image. Pour le bien comme pour le mal, nous subissons plus que jamais l'action de l'image », in (1948) *La Terre et les rêveries de la volonté*, Paris, José Corti.

2. Kristeva, J., in *Humain. Une enquête philosophique sur ces technologies qui changent nos vies*, *op. cit.*, p. 249-255.

psychosomatiques sont plus fréquentes, car les images se répercutent en direct sur le corps, sans les représentations et le symbolisme protecteur. J'ai donc tendance à partager votre analyse, Samuel, d'un retour sur le corps provoqué par la mise à mal du langage, des grandes unités de sens. L'addiction aux diverses drogues se répand car elles donnent des sensations diverses qui font l'économie de l'introspection et du « Connais-toi toi-même ! », cher à Socrate. On efface du même coup la possibilité de poser les interdits nécessaires et le Surmoi culturel perd ses assises. Cela ne veut pas dire qu'il faille éliminer les images, mais plutôt les comprendre et les exprimer en mots.

S. D. Je pense qu'il s'agit plutôt de l'inverse. D'une diminution des limites extérieures, de la perte d'éléments structurants qui conduisent à se rabattre sur le corps, à consommer n'importe quelle image, à une recherche immodérée de sensations, etc. Le sens que ma génération ne trouve pas dans son environnement social, elle le cherche avant tout en elle. Vous imaginez la psychanalyse capable de briser le cycle ?

M.-F. C. Beaucoup de jeunes en difficulté n'iront pas chez le psychanalyste car ils ont même du mal à comprendre cette démarche. J'ai reçu personnellement un jeune adulte, en grande difficulté sentimentale, n'arrivant pas à comprendre ni à supporter ses déboires amoureux. Ce qui m'a frappée, c'était son impossibilité, au fil des séances, à parler de lui, de ses liens psychiques avec ses parents, éloignés de lui géographiquement. La pauvreté des associations et des fantasmes rendait le travail que je lui proposais quasi impossible. Les grandes vacances sont arrivées et j'ai reçu un coup de téléphone affolé me demandant d'urgence les coordonnées d'un psychiatre car il ne parvenait plus à dormir. Je n'ai plus eu de ses nouvelles !

S. D. Beaucoup de mes amis m'expliquent surtout la totale inadéquation entre leur attente et l'accueil de l'analyste. Le décalage entre le monde dans lequel ils doivent évoluer et celui dans lequel semble patauger le clinicien qui les reçoit. J'en veux pour exemple les phénomènes identificatoires[1]. Mécanisme central, l'identification à une image, trouvée dans l'environnement extérieur à l'adolescent et à son cercle familial, serait la voie royale vers la subjectivisation[2]. Hélas, la nature des images, la façon dont elles gravitent autour du jeune et dont elles rencontrent sa perception, leur rôle initial dans la culture, leur fonction sociale, leur portée représentative, le domaine auquel elles appartiennent... tout cela est passé sous le silence de la simplification ; toutes ces images finissent fusionnées sous le terme d'« Idole ». Comme l'écrivent Houssier et Marty : « L'idole à l'adolescence est une figure de ce déplacement idéalisé, porteur d'un désir d'identification[3]. » L'idole peut se trouver parmi les pairs de l'adolescent, ou être un enseignant apprécié mais aussi une image héroïque, idéale, quasiment chevaleresque, le leader charismatique, le super-héros suscitant l'admiration. Le concept même d'identification exige bien l'existence d'un modèle, d'une image extérieure à soi à laquelle s'identifier[4]. Mais même s'ils constatent cette recherche, tendue vers le dehors, les

1. Citons Evelyne Kestemberg, *L'Identité et l'Identification chez les adolescents. Problèmes théoriques et techniques* ; Philippe Jeammet, « Modèles et Identifications à l'adolescence », in *Figures du père à l'adolescence* ; Alain Braconnier et Daniel Marcelli, *L'Adolescence aux mille visages*... Les exemples sont très nombreux.

2. Comme le rappellent par exemple Florian Houssier et François Marty, s'appuyant sur Freud : « L'accès à la culture et à la possibilité d'exprimer sa créativité constitue, à un niveau individuel comme collectif, deux voies fécondes, pour la formation de la personnalité du sujet. Les idéaux résultent d'identification et servent d'exemples à suivre ; identifications et formations d'idéaux sont donc deux mécanismes psychiques fondamentaux du processus éducatif », Houssier, F. et Marty, F. (2007), *Eduquer l'adolescent ?*, Nîmes, Champ social, p. 12.

3. *Ibid.*, p. 13.

4. Certes, sauf dans le cadre de l'identification primaire. Mais là encore, il y a polémique.

cliniciens la lient à une production moïque. Le modèle, l'idole serait en fait la reviviscence d'une imago paternelle ou maternelle et ne pourrait être comprise qu'au regard des processus psychiques du sujet, de ses investissements libidinaux, de ses attachements précoces. La sphère intime est sauve, et dans la nébuleuse de l'image, on ne lit que l'éclat du sujet. Comme l'écrit le sociologue Patrick Baudry : « L'identification n'est pas naïve et le procédé identificatoire n'est pas simpliste. Il ne s'agit pas de se confondre dans le personnage du gangster. Mais de comprendre, dans l'intensification des hantises d'un monde social qu'il représente en tant que Figure, l'expérience qu'il traduit d'une vie humaine à laquelle nul n'est étranger. Il ne s'agit pas de se projeter dans un empirisme compensatoire : de rêver d'être du monde secret des hors-la-loi, et moins encore de se prendre pour l'acteur qui interprète un rôle. Ce rôle n'est pas strictement individuel, il consiste en l'activation d'une utopie qui ne se sépare pas du monde connu. L'utopie en jeu est une actualisation de la présence au monde, tel que ce monde est absolument présent[1]. » C'est de cette présence au monde que se prive la psychanalyse.

La période de latence

M.-F. C. Par-delà votre génération, mon inquiétude porte aujourd'hui sur les enfants. Je pense que les enfants d'aujourd'hui baignent dans un surcroît d'images et que cela nuit à leur capacité de rêverie et d'imagination. Ils ont besoin de leurs fantasmes, de leurs projections personnelles construites à partir de leur histoire toujours singulière. On n'a pas le droit de leur imposer sans cesse du dehors des images qui n'ont pas été organisées par eux.

1. Baudry, P. (1997), *La Pornographie et ses images*, Paris, Armand Colin, p. 159.

S. D. Mais enfin personne n'impose quoi que ce soit aux enfants !

M.-F. C. Je reviens à la pornographie sur Internet. Je vous ai déjà raconté que j'ai été membre de la Commission de contrôle du cinéma, précisément au moment où les films pornographiques nous arrivaient, pour la plupart de Scandinavie. On nous présentait, lors des séances de visionnage, ces films puisque nous devions ensemble trouver un label pour leur commercialisation dans les salles. Le président de séance qui était un homme très fin et cultivé s'excusait chaque fois : « Nous allons visionner des films d'une brutalité choquante et d'une extrême indigence scénographique. Pas de trame ni d'histoire, mais nous devons néanmoins juger ensemble de leur future exploitation. » J'étais à l'époque une jeune mère de famille, affranchie, sans pudibonderie, mais je dois dire que je n'ai pas tenu longtemps. Ces films ne m'ont fait ni penser ni imaginer : ces images m'ont bousculée et blessée. Cet envahissement par des scènes anonymement et artificiellement tournées se faisait au détriment absolu du sentiment, de l'imaginaire et de la rencontre avec l'autre. Proposer ce genre d'images à de très jeunes enfants me paraît extrêmement grave, je n'ai pas honte de le dire. L'éveil à l'amour doit se faire dans des conditions de liberté imaginative et de souci de rencontrer un partenaire pour trouver avec lui des accords sur les sentiments, les sensations, le corps, mais chacun doit les trouver à son gré, à la lumière de son imagination et de ses rêves. Penser qu'on impose, j'insiste sur ce terme, à un jeune enfant des images d'une crudité extrême me choque profondément. Laissons les enfants rêver un peu ; laissons leur imaginaire se développer et que les parents soient soucieux de leur éviter ces images alors qu'ils sont encore si jeunes.

S. D. Il est vrai que l'enfant a accès de plus en plus tôt à des images qui ne lui sont pas destinées initialement. Pas nécessairement sous la forme pornographique d'ailleurs. Je pense surtout à des films d'exécutions militaires, qui m'avaient personnellement beaucoup heurté lorsque j'étais tombé dessus, en cherchant des informations sur Internet pour un exposé. Ou encore à cette vidéo d'une jeune Japonaise qui mettait un chaton en charpie à coups de talon aiguille. Difficile pour l'enfant de se réfugier dans la fiction face à de telles atrocités. Difficile pour ma génération également. Ces confrontations hasardeuses peuvent se révéler particulièrement douloureuses et destructrices. Nous ne sommes plus protégés et encore moins surprotégés comme vous l'étiez à votre époque. Nous sommes, au contraire, surexposés à ce flux continu, au pire comme au meilleur, à la beauté comme à toutes les nouvelles variations de la laideur sur le Web.

M.-F. C. Mais qu'en est-il alors de ce calme nécessaire au développement psychique ? Je repense là tout naturellement à la *période de latence* décrite par Freud en 1905[1]. La période de latence, ainsi dénommée, va du déclin de la sexualité infantile (cinquième ou sixième année) jusqu'au début de la puberté. De fait, il y a trois stades de la sexualité infantile[2]. C'est après le passage de ces trois stades qu'apparaît *la période de latence*. Elle coïncide, en ce qui concerne notre pays, avec l'entrée dans la grande école, dans la classe dite de cours préparatoire (CP). On y observe, selon Freud, la désexualisation des relations d'objet et des sentiments. La *tendresse* prévaut sur les désirs sexuels et la *pudeur* apparaît. Celles-ci témoignent du déclin du complexe d'Œdipe. Cette période correspond à une intensification du *refoulement*, à une transformation des investissements d'objets en identification aux parents et à un développement des *sublimations*, permettant ainsi l'acquisition des connaissances.

Aujourd'hui, le contexte est très différent. Selon Florence Guignard[3], psychanalyste d'enfant, à cause de l'envahissement

1. Freud, S. (1905), *Trois Essais sur la théorie de la sexualité, op. cit.*, p. 69-72.

2. Oral, anal et phallique.

3. Selon elle, « la société occidentale connaît des modifications

de l'image, les jeunes générations baignent dans un état constant d'excitation, relayé par les jeux vidéo et tous les moyens audiovisuels à leur disposition. Ils n'ont plus ce calme intérieur qui permet de s'intéresser au monde extérieur et d'assimiler, pour mieux le saisir, des connaissances multiples et variées. Cette excitation pulsionnelle nuit également à la qualité des apprentissages relationnels en favorisant les communications par les réseaux sur lesquels tout semble dicible. Ce compagnonnage est excitant et empêche les *forces sublimatoires* d'aider l'enfant à construire son Moi, comme l'école l'y invite dans sa logique instituée depuis sa création. Il semblerait par ailleurs que cette excitabilité généralisée soit une des causes principales de l'échec scolaire.

Pour Freud, cette *période de latence* initiée au cours préparatoire s'achevait à la puberté. Aujourd'hui, les études scientifiques indiquent que la puberté a tendance à se produire de plus en plus tôt : est-ce le corps, se faisant ainsi l'écho de cette nouvelle excitabilité des images, notamment sexuelles, qui retentit sur le développement hormonal ? *La période de latence* tend à s'amenuiser et les forces sublimatoires de l'enfant décroissent. Il arrive ainsi plus démuni à l'adolescence qui est un immense changement pour lui : transformation de son corps, aussi important pour la fille que pour le garçon, éloignement et indépendance vis-à-vis des parents, nouvelles perspectives relationnelles.

Freud pensait que les forces sublimatoires déployées durant la période de latence aidaient considérablement l'adolescent à traverser cette période troublée. Aujourd'hui où les forces sublimatoires des jeunes sont, à mes yeux, en régression,

---

structurelles dont le rythme va croissant. Le fantastique développement des techniques de communication et de leurs applications vient s'ajouter à la fragilisation et aux profonds changements des structures familiales, pour constituer autant de facteurs nouveaux auxquels doit se confronter le développement des enfants d'aujourd'hui », Guignard, F., in *L'Image et la Pensée*, *op. cit.*, p. 215.

les adolescents traversent beaucoup plus difficilement cette période d'agitation pulsionnelle[1]. Ainsi faut-il que les théories psychanalytiques évoluent avec ces changements. Par exemple, comme le soulignent nombre de psychothérapeutes et psychanalystes de l'adolescence, le développement de la sexualité génitale se ferait aujourd'hui en deux temps, séparés par un *deuxième temps de latence*[2]. Dans un premier temps, les adolescents vivent leur vie sexuelle comme une contrainte, une sorte d'addiction : ils recherchent un partenaire, quel qu'il soit. Mais, si on multiplie les rencontres, toutes les occasions étant bonnes à prendre, on n'est plus dans le choix électif de l'autre. On n'est plus dans la rencontre singulière avec celui ou celle à qui l'on va donner sa confiance. Ce n'est que dans un deuxième temps que cette exigence peut enfin apparaître.

Ce n'est donc pas un hasard si les addictions prennent naissance à cette période de la vie où il y a une quête de l'excitation : addiction au sexe, aux drogues, relayée par l'image. Il n'est pas anodin d'entendre tellement parler aujourd'hui du cannabis, de ses effets délétères, de drogues dures, de l'alcool avec ses comas éthyliques, etc. L'addiction,

---

1. Florence Guignard écrit ainsi : « J'ai découvert qu'un consensus inattendu rassemble tous les praticiens de la psychanalyse avec l'enfant et l'adolescent que j'ai interrogés au cours de ces dix dernières années dans plusieurs places européennes, nord-américaines et latino-américaines : tous s'accordent à reconnaître que la période de latence telle que Freud l'a définie en 1905 dans les *Trois Essais* est en voie de disparition dans le tissu social actuel », Guignard, F., in *L'Image et la Pensée*, *op. cit.*, p. 236.

2. « Les pratiques de plus en plus précoces de l'acte sexuel, déconnectées de toute implication affective, et même parfois fantasmatique, ont surtout une fonction narcissique de réassurance, de valorisation, d'affranchissement symbolique de l'enfance, voire de réalisation d'une performance jouant comme norme de groupe, comme attaque et provocation vis-à-vis des parents. Ce n'est qu'après la déception et une phase de désillusion que l'amour est découvert comme état amoureux et comme jouissance », écrit Bernard Brusset dans *Le Développement libidinal*, Paris, PUF, 1992, p. 102-103.

sous toutes ses formes, peut s'expliquer par ces nouvelles modalités de la crise adolescente, qui n'existaient pas comme telles à ma génération. Cette adolescence, aujourd'hui plus brutale, éprise de sensations corporelles fortes[1], vous en avez évoqué quelques-unes, n'est plus tempérée par la vie intérieure, la vie psychique et fantasmatique. Cette crise d'adolescence semble également plus longue et empiète sur l'âge adulte. La génération Y, génération *adulescente,* est concernée selon moi de plein fouet par ces phénomènes.

S. D. Je trouve vos associations entre les transformations de la vie sexuelle des jeunes et la hausse des addictions chez ces derniers un peu rapides, peut-être réactionnaires. De plus, il me semble discutable, d'un point de vue méthodique, d'appliquer sans distinction et sans distanciation à ma génération les théories concernant spécifiquement l'adolescent. Je me rappelle par ailleurs les propos d'Octave Mannoni : « Celui qui a condamné sa propre crise d'adolescence, ou qui en a honte, peut être gêné, s'il devient analyste, devant la crise d'adolescence de son patient[2]. » L'adolescent, tendu, écartelé entre l'âge adulte et l'enfance, est un témoin naturel de son temps. A travers sa sensibilité, mue par la prise de conscience de sa mortalité, s'expriment les transformations sociales les plus intenses. Sa dépendance identitaire à l'environnement extérieur en fait justement un observateur privilégié, sensible. Le refus d'adolescence, la « crise » qu'on lui attribue sans cesse est intrinsèquement un refus des changements de l'époque dans laquelle il se développe.

---

1. On peut retrouver toutes les *tendances perverses* décrites lors des périodes de la sexualité infantile, comme dans les images pornographiques. La période dite de latence est infiltrée par toutes ces pulsions de la sexualité infantile.

2. Mannoni, O. et coll. (1984), « L'adolescent est-il analysable ? », in *La Crise d'adolescence*, Paris, Denoël, p. 28.

Le goût du hard

S. D. Quant à la pornographie, Patrick Baudry s'est livré à un important travail d'investigation et a décrit « un monde en soi où pratiques et représentations ne se répartissent plus en deux registres distincts[1] ». *Là-bas*, il n'y a pas de langage, même plus celui des yeux ou des caresses, aucune référence « au discours ou aux silences amoureux ». De cette nullité des scénarios dépend cette excitation glaciale, « désérotisée ». Sur cette faiblesse narrative repose l'ambiance du film et son but véritable : le décrochage du spectateur hors de l'image elle-même. Baudry souligne « le débranchement d'une mémoire involontaire, l'annulation tendancielle d'une activité symbolique et la possibilité d'une passivité presque totale[2] ». Nous sommes là, à un niveau psychologique, proches du registre opératoire tel que l'ont décrit Pierre Marty et Michel de M'Uzan[3] : une création faite une fois pour toutes, rigide et peu modifiable quant à son contenu fantasmatique et à son expression. L'image se crispe en une représentation robotique côtoyant sans la remarquer une pensée pétrifiée. Les affects de part et d'autre de ce *no man's land* sont tout simplement néantisés. L'image pornographique se situe à l'opposé de l'élaboration, ce processus psychique visant à « intégrer les excitations dans le psychisme et établir entre elles des connexions associatives[4] ».

Le nouvel individualisme corporel oblige à la jouissance et fait des besoins physiques une priorité[5]. Cette importance

---

1. Baudry, P., *La Pornographie et ses images*, *op. cit.*, p. 61.

2. *Ibid.*, p. 161.

3. Marty, P. et M'Uzan, M. de (2010), *L'Investigation psychosomatique*, Paris, PUF.

4. Laplanche, J. et Pontalis, J.-B., *Vocabulaire de la psychanalyse*, *op. cit.*, p. 130.

5. C'est un point de vue que je partage. Voir *supra* « Du corps-mystère au corps-objet ».

accordée au corps se révèle une des raisons du succès du film pornographique qui devient alors « une configuration particulière de notre société où se combinent la déliaison, la destruction et l'abstraction[1] ». Ces productions livrent le corps à cru, le corps-organe, le corps-objet, le corps qui s'expose, outrepasse ses limites et finalement n'est plus que chair et sécrétion. Le corps imparfait, parfois laid, le corps fragile et incomplet, le corps béance, le corps brut[2]. Plus qu'à des visées orgastiques, le film permet d'accéder à une forme particulière d'individuation, de redécouverte corporelle inachevée. Tout l'intérêt de ces productions repose donc sur cette autre expérience de la corporéité. Sur ce corps qui joue au corps pour l'image et rien que pour l'image, ce corps déshumanisé, le corps-ustensile à même de forclore jusqu'à l'identité des acteurs, le corps-produit fini. Véritable objet du film *hard*, l'image absorbe tout : la chair, le geste, les visages, leur expression surtout. De l'autre côté, le spectateur fait donc retour sur son propre corps, se masturbe peut-être, se compare, à la fois dans l'image, à la fois hors de l'image. Les protagonistes ne disent rien. Le spectateur ne dit rien. Personne n'a besoin de penser. L'existence se distille dans l'absence d'histoire d'un côté, dans le vagabondage de la conscience de l'autre. Le film ne prétend rien illustrer ; la scène est l'histoire même de la scène. Cette rupture langagière s'est faite des deux côtés ; le contrat entre émetteur et récepteur se brise de part et d'autre de l'écran. Il n'y a pas d'au-delà à cette image-mouchoir dont il ne restera rien. Reste que le spectateur ne quitte pas l'écran des yeux : « A la façon de nombre d'imageries

1. Baudry, P., *La Pornographie et ses images*, *op. cit.*, p. 272.

2. Baudry a questionné l'impossibilité du spectateur à détourner le regard de ces images qui ne sont pas toujours jolies, qui mêlent plutôt le « beau » et « l'horrible ». A travers l'observation passive de détails parfois sordides, « le spectateur affronte en fait : la non-supportation d'un rapport au vide qui oblige le retour au soi-même ». *Ibid.*, p. 294.

contemporaines et plus sûrement par la manipulation qui s'y joue du rapport au sexe, la pornographie possède un incontestable pouvoir d'attraction, de séduction mêlée à une répulsion qui la renforce, ou plus simplement pourrait-on dire "d'accroche"[1]. »

Mais entre le *hard* et le médiatique ? Entre la vacuité du pornographique et celle du publicitaire ? Entre l'exploration de la chair dans un film *gore* et l'ouverture des sexes en pleine lumière ? Quelle différence dans le fond ? Intrusion irrépressible, absence de langage au profit d'une survalorisation de l'agir, primat du pulsionnel, négation de l'intégrité psychoaffective de l'autre, dépossession de la part créative de l'être, appel au corps et destruction de la pensée en tant que garante de l'identité propre, hémorragie symbolique, ne peut-on pas supposer certains liens entre les images pornographiques et celles d'autres registres ? Cet appel du vide, vers cet état mi-somnolent mi-concentré, ne se rencontre plus uniquement dans le film X. Je pense à ces *blockbusters,* tous basés sur le même modèle scénaristique[2], et que l'on ne regarde que pour le plaisir des images et des effets spéciaux, pour aucune autre finalité que celle de se perdre dans l'instantanéité, dans une sensation passagère. Comme le film porno. Je pense à ces émissions de télé-réalité qui s'enchaînent et se ressemblent, où il ne se passe rien, où on ne raconte rien, et comme Baudry je finis par croire que « le X se contente de remplacer les dialogues infinis des gens par des scènes de sexe[3] ». Oui, les ressorts du *hard,* le vertige, l'ivresse, l'addictivité, même la conduite à risque, nous les retrouvons aujourd'hui sur bien d'autres supports : YouTube en est une mine insondable. Pas de communication avec l'autre, pas de fond, juste

1. Baudry, P., *La Pornographie et ses images*, *op. cit.*, p. 31.

2. On sait que tous les *blockbusters* sont construits sur le schéma proposé par l'ouvrage *Les Règles élémentaires pour l'écriture d'un scénario* de Blake Snyder.

3. Baudry, P., *La Pornographie et ses images*, *op. cit.*, p. 165.

la répétition, mais même si l'ennui surgit parfois, on ne zappe pas. On se vautre devant les séries télévisées, les films sans intérêt, les publicités absconses, les clips sur le Web ; on y accorde du temps, on se passionne pour le vide… L'image pornographique ne représente selon moi que l'image postmoderne réduite à son plus simple appareil, une fois l'excitation démasquée : une violence, un espace a-symbolique, hors langage.

Alors non, ma génération n'est pas plus consommatrice de films pornographiques qu'une autre avant elle ; elle en émerge même blasée, indifférente, lasse de cette trop flagrante absence de sens, à cet écueil de l'originalité. Comment remarquer encore le pornographique se détacher du reste des images ? Nous sommes comblés. Nous ne manquons de rien. Tout peut être vu. Des clichés des sanatoriums les plus abjects et des photos de dauphins qui s'embrassent, des vidéos de tortures animales et des publicités qui ne camouflent même plus leur cynisme ; des dessins animés érotiques et des clips dans lesquels des filles lèchent des voitures, des films jetables. Je serai nécessairement réducteur en tentant d'illustrer les paradoxes les plus criards de la postmodernité. Car non, nous ne manquons pas d'images, de « représentations pratiquées » non plus ; le brouhaha visuel a submergé les lacunes de tous nos désirs. Et c'est là que survient l'angoisse.

Le spectateur du film pornographique, par étapes, remonterait jusqu'à l'origine, jusqu'à l'Autre par le biais d'une construction imaginaire. Ma génération, comme lui, ne détourne pas les yeux des détails ignobles, des films sanguinolents, des flashes d'informations les plus tragiques, des émissions les plus vaines, des starlettes les plus superficielles, du vide immanent. Peut-être que derrière les simulacres elle cherche aussi à trouver, dans ce capharnaüm visuel de tout et de n'importe quoi, une nouvelle table, une nouvelle nomenclature de symboles, un langage plus profond que la simple information, plus éloquent qu'un éphémère éclat, une chaîne associative. Un signe de l'Autre[1]. Elle soliloque ainsi devant l'écran, errant d'un jeu à un scoop, attendant des réponses qu'un signifiant décharné ne peut pas lui accorder. Elle compose de gigantesques bibliothèques d'images, des banques de données faramineuses, mais ces clichés, que disent-ils de nous ? Qu'auront-ils à transmettre à ceux qui nous succéderont ? Lesquels seront éternels et pas le simple luxe d'un modèle économique qui a troqué culture contre loisirs ? Ma génération perd progressivement le contact avec l'histoire de l'humanité au profit du représenté, du vite éprouvé et du non-vécu, du bref, du néant. Le sens que vous placiez en l'image, la richesse interprétative, l'intensité projective, votre insoumission à l'écran pourraient être une main tendue, un pont solide entre les générations. L'introduction d'une parole contre la violence.

M.-F. C. L'amour doit être imaginé, rêvé et pensé. Quand il est pensé, le corps est participant mais pas exclusivement. Les sentiments ont leur part. C'est la raison pour laquelle ma génération aimait lire des romans d'amour pour se projeter dans une certaine forme d'images et de passion. Comme je vous l'ai dit lorsque nous parlions du corps, il y avait le souci d'écrire une histoire avec l'autre, grand sujet de découverte. Ne laissons pas la jeunesse seule, habitée par la foule de ses pulsions. Internet impose les images d'une sexualité sans limites.

1. Pour Baudry, outre vers soi, l'émotion physique porte le spectateur du film pornographique vers autrui. Il écrit que « le corps – plus que "ce" corps – qu'est aussi l'autre me vient à partir d'un élément qui ne se situe pas en lieu et place du reste, mais qui signifie l'altérité d'un corps où autrui semble se concentrer ». *La Pornographie et ses images*, *op. cit.*, p. 330.

L'image omnisciente

M.-F. C. Alors, que représente l'image pour votre génération ?

S. D. La polysémie de l'image, je l'entends dans votre propos, elle devient presque polyphonie. L'image mentale du souvenir, l'image comme une figure de style littéraire, l'image produit de la culture, l'image comme illustration, l'image comme modèle, l'image comme support de projection... Les images de votre génération racontaient des histoires, des vies, des affects ; elles vivaient à travers vous, conformes à ce que vous en attendiez, définies, domestiquées. L'évolution que vous décrivez s'est implacablement poursuivie. Elle s'est faite colonisation. Une expansion affectant jusqu'à leur nature, jusqu'à leur première définition : celle de représentations sensibles. En effet, si les images étaient variées, les voilà disséminées. Elles pullulent, omniprésentes, omnipotentes. On ne peut pas y échapper, du téléviseur à l'écran du téléphone portable : elles occupent tout l'espace, jusqu'aux ruelles les plus anonymes. Elles s'affichent à l'infini, démesurées. Elles n'ont plus besoin de chercher l'œil pour le trouver.

Vos images étaient intimement liées à une activité imaginaire, à un processus de métabolisation psychique. Votre génération rêvait l'image, la liait à soi et surtout la pensait active psychiquement, même au cinéma : vous cherchiez dans ces scènes des échos de votre propre vie, un étayage mental. Et puis vous choisissiez vos images ; leur luxuriance avait l'air sans doute essentiellement qualitative, même si entre la rareté et l'excès il existe un univers de potentialités.

Ma génération n'est pas si distanciée, mais comment le pourrait-elle ? Les images défilent à un rythme effréné qui ne s'arrête jamais[1]. Mais comment prendre le temps de réfléchir

1. Je pense à l'application Snapchat qui permet d'envoyer des photographies, des captures d'écran ou de courtes vidéos à un ami. Une fois que

au sens de chacune d'entre elles ? Comment associer leur contenu à un affect, à une idée, quand il en surgit toujours ? Les images s'imposent, parfaitement inévitables, et on ne choisit plus de s'y confronter ou non : on les voit plus qu'on les regarde ; on les parcourt, on s'exécute, voyeuristes malgré nous. Une photographie de chaton, d'un président, d'un personnage de *South Park*, d'une star, d'un paysage, d'un plat traditionnel suédois, du vainqueur d'une télé-réalité, d'un tsunami, le *wilfing*[1] nous conduit indéfiniment d'une image à l'autre ; toutes présentent la même importance et la même vacuité, toutes se confondent tandis que les heures raccourcissent et que, face à l'écran, l'hébétude remplace la concentration. Si ma génération apparaît comme une génération connectée, on oublie trop souvent de rappeler qu'elle l'est avant tout aux images. Elle est née dans ce vacarme visuel, cette déferlante si puissante qu'elle nous amène à façonner un paysage à l'immuabilité sidérante : une image en chasse toujours une autre. L'individu Y, apparu au cœur de ce flux constant, ne réfléchit plus l'image, il l'absorbe et passe à une autre. L'imagination, l'élaboration, l'association impliquent un certain recul permettant la sédimentation de l'information, mais la perte de la distance est la condition *sine qua non* de la surproduction visuelle. L'image partout, l'image dans tout, l'image à la place de tout laisse peu de place au sujet et à sa pensée.

Au bout du compte, entre Internet et la télévision, entre la publicité et les affiches placardées partout, nous nous questionnons peu quant aux sources des images, quant à leur

---

le destinataire a réceptionné une photographie, par exemple, il n'a que trois minutes pour la consulter avant que celle-ci s'autodétruise, un peu comme dans *Mission impossible*. De nombreuses personnes de mon âge utilisent massivement cet outil et ne communiquent plus qu'avec ces images éphémères ! C'est dire la place qu'occupe l'image dans l'existence de la génération Y.

1. Par *wilfing*, on désigne l'action de surfer au hasard sur le Web, en se laissant emporter de lien en lien, sans recherche d'information précise.

provenance, encore moins sur leur pertinence ou sur leur validité. Non pas que nous soyons incapables d'analyser ces données et de les critiquer, bien au contraire, mais les images ont intégré notre continuum existentiel. On ne remet pas en cause sa respiration ou les battements de son cœur, le bruit de la circulation ou le chant des oiseaux. Sauf quand il arrive un accident. C'est alors davantage le contenu de l'image qui sera questionné plutôt que sa place, son utilité, sa fiabilité et sa vérité, son sens profond. Parce que les images constituent plus qu'un décor, un environnement compact, parce qu'elles s'immiscent sur tous les supports communicationnels et qu'il est rare que l'une d'entre elles se découpe sur l'ensemble. Ma génération les accepte et le processus s'arrête là ; rien ne sert d'essayer de les discriminer, il en viendra toujours d'autres. Toutes, elles composent les parties d'une *Gestalt*[1], tout à la fois culturelle, sociale, politique, toutes unies dans l'insensé ou le spectaculaire, le scandaleux ou le vulgaire, le comique ou le dramatique. On s'émeut quelquefois un peu plus fort qu'à l'accoutumée, puis on zappe ou on clique ; on tourne la page. Les images étaient représentations, métaphores, symboles, signes, pictogrammes ; elles ont perdu de leur spécificité. En même temps qu'elles se multipliaient, elles se sont englouties dans les icônes du Web, les fantômes passagers et multicolores des publicités, sortes de témoins spectraux d'une seule et même entité. Nous y sommes : les images sont devenues l'Image, plus qu'un panorama, une respiration. Le battement de cœur de l'humanité.

M.-F. C. Nous-mêmes étions assez passifs : nous sortions émus du film que nous avions décidé d'aller voir. Nous pleurions au cinéma. Nous pouvions aussi rire et je me souviens d'avoir fait rire presque toute une salle par un fou rire contagieux. Nous étions passifs dans le visionnage mais non dans la pensée. Des souvenirs très vifs pouvaient être

1. Une forme composée de plusieurs éléments. Le tout représente plus que la somme des parties.

racontés et retrouvés dans leur intégrité. Alors qu'aujourd'hui, il y a tellement d'images qui défilent à toute vitesse que, personnellement, je retiens difficilement la trame exacte de l'histoire. Et sur les réseaux sociaux ?

Facebook : le réseau asocial

S. D. J'utilise Facebook depuis huit ans. J'ai 1 300 « amis ». J'en connais moins de 100. J'échange régulièrement avec, en comptant large, une cinquantaine. Certains sont des lecteurs qui souhaitent suivre mes parutions ou se mettre au contact de mes idées au quotidien ; d'autres des écrivains ou des artistes dont j'apprécie le travail. Cependant, j'ignore pourquoi je suis en lien avec un très grand nombre d'entre eux ! J'ai parfois « ajouté » une personne à ma liste parce qu'elle avait fait une remarque intéressante sur le mur d'un ami commun, ou alors l'inverse. Il m'est également arrivé d'inviter un inconnu à partager ses informations avec moi juste parce que je trouvais amusant son avatar ou sa photo de couverture (la photographie surplombant le profil). Se lier, en apparence, semble plus facile que jamais, on le fait donc pour un rien. Un clic suffit pour que débute cette *amitié,* qui se développera à grand renfort de *coms* et de *likes,* ou s'essoufflera aussi vite qu'elle avait débuté. Certains font des « demandes d'ajout » uniquement à des fins promotionnelles ou pour le challenge, d'autres pour accroître, tout simplement, leur réseau. A chacun ses motivations manifestes, à chacun son utilisation de Facebook, des plus raisonnées aux plus délirantes, mais au bout du compte la pluralité de ces ambitions forme un marasme social où chacun tente de trouver sa place, et plus encore son auditoire.

Le mur dont je parle est cet espace où chacun peut s'exprimer, poster une photographie ou une vidéo, un lien Internet, écrire un *statut,* c'est-à-dire une petite phrase, comme un billet d'humeur, sérieux ou non, bientôt chassée par une autre. Ce sont sur ces remparts immatériels que s'inscrivent la plupart des interactions sociales même s'il est aussi possible de discuter en privé avec un ou plusieurs autres utilisateurs. De mon côté, je rebondis sur les actualités de parfaits étrangers que je ne rencontrerai jamais quand je peine parfois à suivre celles de mes amis les plus proches qui, pour des raisons techniques que je peine à comprendre, ont tendance à disparaître de mon *fil d'actualité*. Ce dernier est le flux où défilent les publications les plus récentes de chacun. Je donne à voir des parcelles de ma vie intime, même si je fais probablement partie des utilisateurs les plus discrets : ces mêmes informations que je conservais jalousement avant l'apparition du réseau social, par cette crainte un peu paranoïaque d'une quelconque récupération, et que je divulgue aujourd'hui pour faire vivre ce fameux mur. J'appartiens à des groupes virtuels dont j'ignore le but. Je reçois des invitations à des événements auxquels je ne vais presque jamais. Je rencontre très rarement les personnes avec lesquelles je suis entré en lien *via* Facebook, mais cela m'arrive. J'échange même depuis plus de dix ans avec des gens que je n'ai jamais rencontrés en *réel* et que j'ai connus à l'époque, révolue depuis l'apparition de Facebook, des *forums* ! Sur les forums, les internautes se retrouvaient principalement autour de leurs centres d'intérêt et il fallait parfois attendre un peu avant d'obtenir une réponse sur un sujet donné. Le goût commun et la temporisation des échanges, me semble-t-il, favorisaient l'intérêt mutuel et la force des relations à venir.

Sur Facebook, on *like*, on *partage*, on crée un *post* sur lequel il pourra y avoir des *coms ;* on *diffuse indifféremment* une information, une pensée, une maxime, une citation, un poème ou une recette de cuisine ; à l'occasion, on s'entraide, on milite, on rigole ou on s'émeut ; on s'ennuie, on joue les concierges, on découvre des artistes, on fomente le *buzz* du moment, on *poke,* on *signale* un *abus* afin qu'un *post* soit modéré ou supprimé ; notre petit empire personnel entre en collusion avec tous les autres et accouche de ce monde à côté du nôtre, de cet espace virtuel qui simule l'amitié, brandit les simulacres du partage et de l'échange. Facebook a modifié nos façons de communiquer et même de ressentir. Ce qui relevait du domaine privé doit être aujourd'hui exhibé ; les anecdotes sans intérêt ont acquis de nouvelles propriétés sociales et alimentent le ferment des fils d'actualité ; toutes les opinions peuvent être indifféremment exprimées ; nos émotions elles-mêmes s'enflamment, s'emportent pour de petites choses qui hier encore auraient été jugées parfaitement inintéressantes ou juste lointaines, cet emportement ne contrebalançant certainement pas la mollesse avec laquelle sont accueillis les innombrables *posts* mettant en exergue des faits d'actualité dramatiques ou des photographies sordides, si nombreux qu'on finit par s'en lasser. Facebook contraint à réagir sans prendre le temps de laisser sédimenter les affects et la pensée, au profit de comportements plus impulsifs, moins secondarisés.

Qu'est-ce alors qu'être ami sur cette terre friable où s'affilier ne demande plus aucun effort ? Que sont encore l'intimité, la rencontre, la construction d'une véritable relation de confiance maintenant qu'il n'y a plus besoin de se regarder ou de se parler pour communiquer, pour se confier ? Des images.

M.-F. C. L'image, nous vivons avec elle dans une forme de solitude. Le narcissisme secondaire s'enrichit de l'apport des autres qui communiquent avec vous de personne à personne. Si votre génération se piège dans un réseau d'images, avec des autres qu'elle ne côtoie que virtuellement, alors elle n'est plus dans un narcissisme électif où chacun est pris en compte personnellement. Il faut se défier de toutes ces conquêtes qui emportent dans un monde impersonnel, virtuel, où l'individu n'est plus relié à sa propre histoire.

S. D. Et peut-être redécouvrir la force, la beauté, l'importance de l'intimité et de la vie privée. Nous diffusons des photos de nos lieux de vie, de nos bureaux, de nos amours, de nos familles, de nos goûts et de nos dégoûts, de nos visages et de ceux de nos proches, de fleurs offertes comme des contraventions ou des factures reçues, ou encore des sorties, des expositions vues. Nous parlons de nos coups de gueule et de nos coups de cœur, de nos désirs et de nos envies, de nos haines et de nos rancunes, de nos amitiés avec la même fougue que pour nos rivalités, de nos rêves et parfois même de nos fantasmes ; nous projetons une part importante de notre identité sur le réseau social. Nous offrons par conséquent sur un plateau toutes les nuances de nos choix et nos opinions ; nous ouvrons la porte de nos jardins secrets à des inconnus, à des personnes auxquelles nous ne souhaiterions peut-être même pas parler dans le monde réel. Notre vie à portée de main. Nos émois à la merci de chacun. Notre désir mis à nu par notre propre volonté. Notre intimité est néanmoins la condition essentielle à la préservation de notre vie psychique, l'aleph de notre liberté de ressentir, de penser et d'aimer, cet espace d'infinies potentialités où les idées peuvent naître et mourir, dans le confort de l'imperceptible. Lorsque le vent tourne, que l'ami ne l'est plus ou que le psychopathe endormi parmi des légions de contacts anonymes se réveille, c'est le fracas de l'intimité qui fait le plus mal, c'est le viol du secret que l'on croyait préservé, la chair écorchée vive de notre personnalité, la honte, l'exclusion, l'hémorragie narcissique, et surtout le regret de la confession, la conscience nouvelle et douloureuse de son prix à payer. Diffamation, pertes de l'emploi, suicides, séparations, rumeurs, peut-être est-il temps de nous rappeler que les images savent détruire aussi bien que les mots, qu'elles conduisent plus fréquemment au drame qu'à la solidarité.

M.-F. C. Si j'ai parlé du deuil de ma mère, c'est pour raconter que, *personnellement*, je me suis construite à partir de ce traumatisme, comme chacun de nous se construit à partir des bonheurs, des chagrins, des influences qui traversent nos vies. Je suis persuadée que nous restons tous tributaires de ces premiers moments de vie et d'affirmation de soi, à l'instar des liens qui existaient dans notre famille, du côté de nos deux parents. C'est le travail de la psychanalyse de pouvoir remonter jusque-là pour prendre conscience de nos commencements. Aujourd'hui, la génération Y peut s'immerger dans une sorte de *narcissisme groupal,* lié aux réseaux sociaux, qui menace l'individualité profonde de chaque personne. Je cite Julia Kristeva : « On voit à présent des adolescents qui passent toute la journée sur Internet mais qui ont du mal à se positionner vis-à-vis du monde extérieur, à créer des relations de créativité avec du langage et du lien social. Ils croient être devenus très sociables et très socialisés, ils pensent communiquer plus que jamais, ils sont soûls de rencontres virtuelles, mais ce sont seulement des "autistes agglomérés", si l'on peut dire[1]. » Je crois que les nouvelles générations conservent des traits profondément adolescents.

S. D. Je rappellerais que le Moi préfère toujours ce qu'il reconnaît, ce qui lui ressemble. Il assimile plus facilement le familier, le ressemblant, ce qui ne nécessite pas un travail d'identification trop intense. Le Moi n'a pas à s'inquiéter : l'image a pris la place de l'autre. Ce dernier n'est donc plus exotique, plus étranger ; il n'est plus différent : il est contrefait. Oui, l'autre figure son propre simulacre, sa propre réplique plus-que-parfaite, imparfaite en vérité car totalement désincarnée dans ses améliorations, dans l'inhumaine sélection de ce qu'il donne à montrer. Qui est soi-même sur Facebook ? Qui *saurait* l'être quand il est demandé de créer un *profil* ? L'identité ne peut pas se réduire à ce que l'on donne à voir. Sur les fils d'actualité des réseaux sociaux, s'enchaînent malgré tout des photos de vacances ou de bébés, des clips vidéo, des titres de l'actualité politique ; le dérisoire croise le dramatique, l'absurde la splendeur... L'utilisateur fait défiler ces simulacres d'autrui ; il tire à

1. Kristeva, J., in *Humain. Une enquête philosophique sur ces révolutions qui changent nos vies, op. cit.*, p. 251.

l'infini sur ce fil et les images s'enchaînent. Mais où se cache l'autre dans tout cela ? Où subsiste l'altérité dans ce flux parfaitement contrôlé ? Où naît la véritable différenciation ? L'image a supplanté la relation sociale en tant que dualité car c'est vers elle que le sujet se penche. C'est elle qu'il regarde. C'est à elle qu'il s'adresse en premier. Ce n'est pas la rencontre de l'autre, ce n'est pas son contact qui séduit, mais de saisir son représenté, d'observer des parcelles de sa vie, des fragments de son être. L'exaltation narcissique ne fait aucun doute ; l'autre, réduit à l'image, n'est plus qu'une prolongation de soi-même. On le choisit et on se tourne vers lui dans le seul but de trouver une résonance à sa propre existence. Le réseau met des vies en parallèle et non pas en lien. Il ne tisse rien, il confronte, il compare, il propose à chacun d'attendre son tour, de montrer plutôt que de parler. Il ordonne de se manifester par le biais de photos, de vidéos, de phrases comme autant de clichés. Et on « aime » donc la photographie qui est exhibée, parce qu'elle nous ressemble, parce que la nôtre plaira à son tour. C'est un peu : « Tu viens de *liker* mon image ? Je vais peut-être *liker* la tienne, nous serons quittes ou nous pourrons continuer. » On se promène dans cette galerie virtuelle dont on s'imagine le roi ; on ne partage jamais que ses éprouvés, instantanés et volatils. On regarde vaguement les images des fantômes qui flottent aux alentours, on *like* encore et toujours. L'exemple du *selfie*[1] est frappant et cristallise l'engloutissement narcissique et le désinvestissement de l'autre, contraint de n'être plus qu'un voyeur pas forcément consentant, l'éphémère gardien de ce fragment d'intimité exhibée, de cette étreinte concentrée mais un peu bête avec sa propre image. Au pays des fantasmes bleus, tout se veut « Moi ». Le processus d'uniformisation des contenus n'est que l'analogie de la mise au diapason de

1. Cette pratique consiste à se prendre en photo soi-même en tenant l'appareil à bout de bras avant de la diffuser sur les réseaux sociaux.

toutes ces psychés qui, à force de se regarder dans le miroir, finissent par se ressembler.

M.-F. C. Je me suis sentie constituée par beaucoup de facteurs enchevêtrés et entremêlés qui m'ont permis d'exister. Chaque être est unique et irremplaçable dans sa subjectivité profonde et son histoire. Aujourd'hui il y a une espèce de dilution des « Moi » qui est impressionnante.

Le manque du manque

S. D. J'irai plus loin : l'image est suffisante, fétichique. Nul besoin de disposer de l'autre dans son entièreté quand on peut se contenter de ce qu'il souhaite bien montrer. Sur les cinq sens, ma génération pourrait ne se contenter plus que d'un seul. L'image vient ainsi neutraliser le contact avec l'autre puisqu'elle le dépossède de son étrangeté, qu'elle lui enlève même toute son hypothétique dangerosité. Il ne *coûte* plus rien de l'aborder et on peut se dispenser d'échanger avec lui tout en le conservant dans ses amis, dans son arche de Noé des affectivités virtuelles. Loin derrière l'écran, l'interlocuteur n'est plus qu'une « chose ». Il fait partie de l'environnement, il n'aurait même plus besoin de savoir parler. De toute façon, le mot même devient une image, un artifice avec lequel se composer. Combien de statuts pour ne rien dire mais pour décrire ou pour montrer ? Combien de « Ça fait du bien un bon bain chaud » ? Combien de temps des personnes sont-elles capables d'échanger avec une image sur Internet, avec un succédané de l'autre peut-être totalement factice, sans jamais le rencontrer ? Les exceptions existent. Mais les exceptions demeurent rares tant ce média invite à la distance et à l'asthénie, à l'indifférence par saturation. Sur le fil d'actualité, qu'est-ce qui demeure encore important ? Qu'est-ce qui parvient encore à capter notre attention ? Ma génération passe beaucoup de temps sur les réseaux sociaux, mais peut-être le ferait-elle moins si elle revenait à ces questions, si elle redonnait à l'image sa vocation première : celle de signifiant.

J'avais soulevé la question du manque à être lorsque nous évoquions le corps. Pour Lacan, il est constitutif de l'aliénation propre à l'être parlant. Lorsque la place du manque n'est pas préservée pour un sujet, son image spéculaire habituellement vissée au miroir s'en détache et devient l'image d'un double autonome et désarrimé, source de terreur et d'angoisse. Par conséquent, l'angoisse n'est pas le signal d'un manque, comme pour Freud, mais la manifestation d'un défaut de cet appui indispensable. C'est la possibilité de son absence qui préserve, pour le sujet, un au-delà à sa demande constituant de cette façon un champ du besoin radicalement séparé de celui du désir. Lacan écrit ainsi que « pour qu'un sujet puisse être désirant, il faut qu'un objet cause de son désir puisse lui manquer[1] ». C'est pourtant l'évacuation totale de ce manque fondamental que promet l'image, prenant la place de l'Autre véritable, du langage. Les autres peuvent disparaître. Pas les images. Les autres peuvent révéler leur manque. Pas les images. Les autres peuvent se montrer cruels ou imparfaits ; ils peuvent blesser. Pas les images. Les autres peuvent finir par ennuyer. Pas les images. Les autres mourront un jour. Pas les images.

Nous touchons là au cœur du malaise contemporain. En s'intéressant à la psychose, Lacan avait montré comment une mère pouvait devenir asphyxiante et anxiogène pour son enfant à force de combler chacun de ses besoins et, ce faisant, en le privant de sa capacité à manquer. Il en tira cette conséquence clinique essentielle : « L'angoisse surgit lorsque manque le manque[2]. » L'angoisse est donc bien le signal que le désir, principe vital animant la vie psychique, est réduit au désir d'un autre (la mère ou un de ses

1. Lacan, J. (1949), *Ecrits*, Paris, Le Seuil, 2004, p. 57.

2. Lacan, J. (1962-1963), *Le Séminaire*, livre X, Paris, Le Seuil, 2004, p. 98.

substituts) qui obture l'Autre, la place du symbolique. Lacan, en arrière-plan de cette théorie, développera l'idée que « tout désir est Désir de l'Autre » : un Autre pouvant insérer le sujet dans l'ordre symbolique, structurant son désir. Dans cette optique, le langage structure tout de la relation interhumaine ; avant de signifier quelque chose, il signifie pour quelqu'un ; il n'informe pas, il évoque avant tout. Mais avec l'image postmoderne, l'Autre n'est plus qu'un autre, un ersatz matériel, phallique pourrait-on dire, qui n'évoque rien mais qui impose, avec lequel il n'y a pas de lien, pas de relation possible, pas de création, pas de sens. Juste une jouissance. Et puis plus rien. Ma génération paie son fétichisme scopique, son « cannibalisme dans l'œil[1] », au prix d'une angoisse dont il lui est difficile de s'extraire. On veut fuir dans l'image, au plus vite, un manque au fondement même de notre identité humaine. La seule urgence serait pourtant d'apprendre à l'apprivoiser enfin. Nous sommes des êtres manquants, nous naissons et mourons inachevés. Aucune image ne saurait rompre la mécanique du désir et suppléer au langage.

Reste que l'on consommait des objets pour se distinguer, pour obtenir une certaine valeur sociale, un prestige : une image. On consomme maintenant des images pour rationaliser, pour objectaliser son histoire intime, pour concrétiser paradoxalement ce *statut* qui demeure purement virtuel. Le prestige social est gravé à même ce qui est présenté de soi : il est plus important que la vérité ; ce qui est montré est inscrit puis adopté, de nouveau l'image suffit. L'image réifie le sujet qui lui appartient, qui se plie en des légions de photographies sur Instagram[2] pour la façonner. Sur les réseaux sociaux, il n'est question que d'images, mais ce qui s'y passe est plus important que ce qu'il advient dans la réalité. L'image se fait plus concrète que le réel. Et c'est pourquoi l'image est

1. Thomas, L.-V. (1978), *Mort et Pouvoir*, Paris, Payot.
2. Site de partage de photographies.

espérée à n'importe quel prix. Ma génération devient une image parmi d'autres : elle se choisit une photographie, un avatar, un représentant avec lequel conjuguer son identité. Voilà la magie des images, leur triste sortilège qui a fait rimer réel et réalité et corrompu l'imaginaire avec de l'imagé. Le virtuel a triomphé. Oui, on est soi-même un vide au cœur du vide, un rond dans l'eau qui en rencontre d'autres. Mais que reste-t-il de Narcisse lorsqu'il cesse de jouer le jeu du réseau asocial et de regarder son semblable ? L'image n'est plus représentation mentale... elle est une mentalité.

Ma génération se laisse bercer par la transe de l'image[1], celle-là même qui a accueilli sa naissance, qui a particularisé son identité en lui donnant sa lettre de noblesse, ce Y qui la suivra jusqu'à sa mort. L'individu oscille ; il tangue d'une image à l'autre, du Web aux jeux vidéo, d'un film à une émission de télévision. Où qu'il aille, les images l'appellent, tant qu'il ouvre les yeux. Il déambule parmi elles tandis qu'elles évoluent, en toute autonomie. Il les contemple, tranquille, presque béat, cynique parfois devant une télé qui, sublime oxymore, se prétend réalité, devant la vacuité des publicités : « C'est vraiment n'importe quoi », soupire-t-il à l'occasion. Une vaine protestation. Même pas un embryon de révolte. Une indifférence vaguement amusée. Car il demeure devant l'écran, malgré tout, quand il suffirait de l'éteindre pour refuser ce *n'importe quoi*. Fermer les yeux.

La personne est complice quand elle n'est pas victime ; elle accorde à ces faux-semblants leur pouvoir ; elle en veut encore, de cette sensation, de cette torpeur, de ce divertissement périssable. Elle nourrit le paradoxe de l'image

1. « Le monde industriel est à lui seul un spectacle, de l'ordre du fantastique ou de la fantasmagorie qui fait perdre pied à l'individu, l'arrache à sa condition objective pour le divertir par la féerie de la technique et de la consommation », écrit Michel Faucheux. (Faucheux, M. [2008], *Norbert Wiener : le Golem et la cybernétique : éléments de fantastique technologique*, Paris, Editions du Sandre, p. 124.)

aujourd'hui : si l'image est considérée avec dérision, avec une vigilance très relative, presque flottante, elle n'en demeure pas moins fondamentale. Plus personne ne saurait non seulement l'éviter mais surtout s'en passer. Plus que jamais, le sujet est assujetti, prisonnier d'un véritable désir d'image. Et pour cause, l'image a aménagé l'espace ; elle a dessiné une architecture où les blancs, les trous sont systématiquement remplacés par une image, si possible animée. Le vide est ennuyeux ? Le vide fait peur ? Chassons-le ! L'image stimule la vision en permanence. Elle a comblé les failles de la pensée, ce qu'on n'expliquait pas sans effort. Elle y a imposé ses icones, ses réalités, ses facilités, ses simulacres surtout. Elle a oblitéré le manque qu'elle prétend combler car, d'images, on ne manque jamais. Le manque devient un « plein », une forme clinquante, agréable à l'œil ; sa logique est renversée ; voilà qu'il entoure, qu'il contient le sujet. Artificiel, certes. Mais présent. Terriblement présent. Tant pis si dans le fond il fait toujours défaut. Si on n'étreint pas un reflet.

M.-F. C. Ce fossé entre nos deux générations s'est beaucoup agrandi, comme si l'évolution continue de la civilisation de l'image l'élargissait toujours plus. Nous sommes tous soumis à une photo, à une pose, à une figure de l'instantanéité. Nous aurions besoin de quelque chose qui s'ancre dans une culture pour voir plus loin et savoir décider d'une ligne à suivre alors que là tout est en pointillé tout le temps.

Lara Croft, Lady Gaga, Kanye West, les héros 2.0

S. D. J'en reviens à l'identification. Il s'agit d'un processus qui n'est jamais complètement achevé puisque l'individu n'aura de cesse de développer sa personnalité tout au long de sa vie. Mais je crois que la nature structurante de ce mécanisme s'est un peu compromise aujourd'hui pour l'ensemble de ma génération. Les héros sont partout. Les icones télévisuelles, les artistes de toute trempe, les personnalités avec ou sans personnalité, les vedettes d'un jour et les increvables créateurs, les pitres autopropulsés sur MTV, les porte-étendards fantastiques de l'empire vidéo-ludique, les seigneurs du Web, qu'ils cèdent ou qu'ils s'accrochent, ordinaires ou imaginaires, navrants ou surprenants, artificiels ou virtuels ; les images portent en leur sein des armées de Lara Croft et de Mario Bros, de Madonna et de Frodon, de Lady Gaga et de Kanye West, de femmes au foyer délurées ou de survivants de l'Apocalypse, des figures du passé sans cesse réactualisées dans des adaptations, des nouveautés plus véloces que la mode, des monstres, des dieux et des hommes, tout ce que l'on souhaite voir s'incarner, l'inverse également. La culture populaire n'est pas la seule concernée. Même les cercles les plus reculés de l'*underground* voient se proposer des patrons, des goûts et des dégoûts sans cesse renouvelés, des modèles par centaines auxquels choisir ou non de se conformer car même l'anticonformisme le plus révolté, même le plus abscons des arts promulgue des myriades d'archétypes. L'image n'oublie personne : elle a fracturé jusqu'à sa propre dimension politico-sociale. Elle figure un biotope compact.

Comme l'écrit le philosophe et psychanalyste Daniel Sibony : « Cette société ne manque pas d'idéaux ; seulement, elle les a rendus fonctionnels ; ce sont des modes d'emploi ; des “modes”, ça change et c'est pareil[1]. » L'image est l'agent essentiel du procès de personnalisation déjà évoqué. Oui, notre civilisation est intarissable en idoles, en accessoires visuels ; elle en produit à la chaîne, suffisamment pour que chacun puisse y trouver son compte, bien plus encore car la société de consommation préfère le surnombre à l'hésitation, la saturation à la pénurie, l'écœurement à l'inanité. On mesure toute la faiblesse du sens commun, même lorsqu'il se camoufle

1. Sibony, D., *Perversions. Dialogue sur les folies « actuelles »*, *op. cit.*, p. 343.

en une « clinique », prétendant que les jeunes « manquent de repères ». Car du cinéma de Woody Allen à World of Warcraft, il n'y a plus que cela, des Hercule, des Roméo, des Lorenzaccio contemporains. Idoles et héros n'ont pas disparu. Ils se sont juste reproduits à l'infini, se dégageant des rancœurs d'une opinion publique paternaliste et des édens du positivisme surfait de la psychanalyse, s'emparant d'images, se jouant des tentatives de conceptualisation dans le carcan terminologique. L'avènement de l'image a abrasé l'idole, l'engouement passager à défaut de la passion exaltée, les tendances démultipliées plutôt que le creuset de l'irréductible champion, l'univoque figure homérique. Ma génération est plus *fan* qu'aucune autre avant elle de personnages de séries ou de films, de chanteurs, etc., et son admiration se nourrit d'une foule de produits dérivés en tout genre ! Autre exemple probant que celui de l'explosion marketing du *fan service*, celui du *cosplay*[1]. Le succès des manifestations de cosplayeurs va croissant et témoigne de la qualité des ressources psychiques de ma génération lorsqu'il s'agit de se composer une image, de *ressembler* à un autre.

La personne de ma génération naît entourée par des écrans. Elle grandit cernée par des personnages animés qu'elle n'a même plus besoin d'imaginer. Son apprentissage se fera principalement par des images qu'elle devra apprendre à manipuler, dont il lui faudra intégrer les codes et les impératifs, faire sien ce paysage en mouvement perpétuel qui se dispense de son assentiment. Il ne lui restera plus qu'à piocher pour se composer une personnalité, idéaliser l'idéal pour coller à la logique de l'identification. Mais comment choisir ? Comment porter son attention sur un repère dans un véritable champ de repères ? Comment cerner et investir une forme précise, un être particulier, dans la bousculade des images ?

1. Cette pratique originaire du Japon consiste à se vêtir comme ses héros de fiction favoris en se composant des tenues parfois impressionnantes avec les moyens du bord.

Avec le règne macroscopique et ultraaccéléré du visuel, ce qui était héroïque relève aujourd'hui du banal ; les exploits fondent en de brèves prouesses, des frissons à peine consommés avant que la chaîne ne soit changée, la page Internet refermée. L'image n'a conservé de l'idole que la pose de sa statue. La performance artistique, l'esbroufe comique, le choc politique, la photographie même la plus jolie, l'image ne dure qu'un temps, le succès même de l'anonyme auto-identifié faiblit invariablement. Ne pouvons-nous pas supposer que la saturation supplante les possibilités d'élection, que la multiplicité empêche la sélectivité[1] ? C'est bien la prolifération de l'idole qui a détourné sa fantoche existence, pas sa rareté. Dans l'image, ma génération se transfigure en sa propre idole, son propre super-héros, son propre David Lynch, sa propre Kate Winslet. Il n'y a plus rien à admirer puisque tous les héros et les images se valent et qu'aucun ne se démarque, que plus aucune représentation n'est susceptible de se détacher de la masse pour subsister dans la pensée, pour l'alimenter. Il ne reste plus qu'une image, qui ravit l'œil mais dépossède l'individu de sa personnalité.

Toutes les images suscitent la même inertie et l'évidence de l'identification a cédé à l'angoisse de s'en essouffler, de ne plus être en mesure de trouver sa mesure. La génération Y n'a guère d'autre possibilité que l'indifférence à tous ces simulacres qui pourraient pourtant bien être des vies, réelles ou imaginaires. La dilatation de l'univers glacé des choses

---

1. De nouveau, je me sens proche de Gilles Lipovetsky qui écrit : « C'est cela la société postmoderne : non l'au-delà de la consommation, mais son apothéose, son extension jusque dans la sphère privée, jusque dans les images et le devenir de l'ego appelé à connaître le destin de l'obsolescence accélérée, de la mobilité, de la déstabilisation. Consommation de sa propre existence à travers des médias démultipliés, des loisirs, des techniques relationnelles ; le procès de personnalisation génère le vide en Technicolor, le flottement existentiel dans et par l'abondance des modèles. » (Lipovetsky, G., *L'Ere du vide. Essais sur l'individualisme contemporain, op. cit.*, p. 16.)

étendue à l'image, alors intrusive et totalitaire, implique un défensif retrait sur un Soi qui lui-même, nécessairement, semble bien fade. Dépressivité de l'être qui ne sait plus où se trouve sa place parmi ces images, qui n'en discerne plus les contrastes ni les frontières, qui ne peut plus s'y comparer, qui ne peut plus les idéaliser, qui ne sait tout simplement plus qui il est, ni même si sa propre existence est plus ou moins tangible que l'agglutinement de ces signaux qui composent son habitat permanent. Quand tout est Narcisse, Narcisse n'a plus rien à voir. Juste le vide. Il cesse d'exister.

M.-F. C. Je ressens comment votre génération a été façonnée par l'image. Je parlais de cette dernière comme une composante de la vie mais une composante illustrative. Autrefois tout était en résonance avec notre personne alors que ce que j'entends aujourd'hui, c'est cette dilution dans l'image qui ne façonne plus la subjectivité de chacun.

YouTube pour exister

S. D. Les figures du passé ont été expurgées de leur sens. L'image consommable ne dit plus rien, ne raconte plus rien depuis longtemps. Elle se contente d'illustrer un savoir dont on dispose déjà et qui ne suggère aucune métabolisation interprétative. Une image vaut mille mots, suppute un autre adage. Et « le mot est le meurtre de la chose[1] », celui grâce auquel on advient. Mais la chose s'est faite image… et a tué le mot. Vous parliez de « prendre à la lettre l'image ». Pour ma part, j'ignore comment lire cette image polymorphique, et plus que la lire, la lier à un contenu mental, à un affect, à une part psychique. Comment lui rendre ses lettres de noblesse ?

Internet et ses fleurons numériques préexistent à la construction de ma génération : ils deviennent le langage mutique d'une mère peu nourricière, la voix beuglante d'une

1. Lacan, J., « Le séminaire sur la lettre volée », in *Ecrits, op. cit.*, p. 16.

parole creuse dont il paraît difficile de saisir le message. Si l'image était un adjuvant durant la quête de subjectivisation, elle participe aujourd'hui à la dépersonnalisation des êtres en déniant leur différence : elle s'adresse à chacun de la même façon, attend les mêmes réactions, mobilise les mêmes ressources et oblitère par là même l'extraordinaire richesse, la merveilleuse variété des vies intérieures. Saturée affectivement, sidérée cognitivement, la personne n'investit plus l'image mais l'image investit la personne ; elle se déverse dans ces yeux écarquillés devant l'écran de l'ordinateur ou de la télévision ; elle dépose son slogan et disparaît. Baudrillard écrivait ainsi : « Les modèles [...] ne constituent plus un imaginaire par rapport au réel, ils sont eux-mêmes anticipation du réel, et ne laissent donc place à aucune sorte d'anticipation fictionnelle – ils sont immanents, et ne laissent donc place à aucune sorte de transcendance imaginaire. [...] Rien ne distingue cette opération de la gestion et de l'opération même du réel : il n'y a plus de fiction[1]. » Là où on simule la réalisation de tous les possibles, c'est le réel lui-même qui se transforme en utopie. Sur YouTube, chacun peut trouver une tribune où s'exprimer, devenir le super-héros, le comédien, le chanteur, le chroniqueur qu'il souhaite ; il y a moins besoin de l'*imaginer* que de le *réaliser*. L'anonyme ne compte plus sur un hypothétique quart d'heure de gloire ; après tout son opinion ou son talent vaut bien celui d'un autre ; il préfère se rêver, s'imaginer star lui-même, faire de son image sa propre idole en dénichant un public sur mesure qui pourra l'acclamer à grands coups de commentaires aussi admiratifs qu'impersonnels. Et puis qui sait, un jour il sera peut-être repéré pour de bon et deviendra, à son tour, le héros. Pour de vrai. On ne veut pas s'identifier. On veut être.

Sauter du deuxième étage, reprendre une chanson, imiter une star, faire un sketch sur les poules, filmer son chien ou son chat, montrer une prouesse sur un jeu vidéo, publier un

1. Baudrillard, J., *Simulacres et Simulation*, *op. cit.*, p. 179.

tutoriel sur les nœuds papillons, s'allonger au milieu de la rue, commenter l'actualité politique, inventer une chorégraphie ou en reproduire une déjà vue mille fois dans un lieu un peu plus insolite que les autres, proposer la démonstration du dernier iPhone, sur YouTube, tous les moyens, même les plus idiots et dangereux, sont bons pour gagner le plus d'abonnés, pour *exister*. S'il m'arrive d'être surpris par l'extraordinaire qualité de courts-métrages ou de *fan films*[1] réalisés par tous ces amateurs anonymes, je suis le plus souvent ébahi par la médiocrité et la bêtise de ce que je découvre sur YouTube.

Avec le *neknomination*, ce jeu dans lequel il s'agit de se filmer en train de boire de l'alcool jusqu'à atteindre l'état d'ivresse, voire plus grave encore, le plus vite possible, et de diffuser la vidéo sur le Net avant de demander à ses contacts de faire de même, je crois que nous pouvons nous rendre compte du glissement dangereux du corps vers l'image, de son absorption dans cette existence scopique. Rien n'importe plus que ce qui est donné à voir, certainement pas ce qui est bâti dans l'intimité de la vie psychique, pas même les frontières de l'organisme qui elles-mêmes prennent alors l'apparence d'un challenge à surmonter à ses risques et périls. L'image excite et exalte des passages à l'acte massifs qui seraient probablement restés à l'état de fantasmes sans ce vecteur mais qui ne peuvent que se multiplier dans une société hyperindividualiste comme la nôtre, sans qu'un *sens* puisse en émerger. Il en va de même pour ces vidéos dans lesquelles des jeunes s'en prennent à des handicapés ou à des animaux, à plus faibles qu'eux, les frappent avec une extrême violence et exhibent ensuite le résultat sur le Web, avec une innommable fierté. La brutalité, muette mais pas aveugle, l'absurdité de ces comportements, la difficulté pour les « acteurs » d'expliquer leur geste autrement que par un besoin de répéter de ce qu'ils avaient vu, tout en allant plus loin pour

1. Fiction prenant place dans un univers apprécié par les communautés de *fans*.

se démarquer, donc pour *exister* en tant qu'êtres singuliers, attestent de la difficulté pour une partie de ma génération à trouver des limites structurantes mais également de la carence sémantique de l'image, la surproduction des modèles ne permettant pas de dépasser, de pallier leur vacuité. On crée et on va vers les images, innombrables et variées, pour *être*, pour tenter d'advenir en tant que sujet, pour fuir dans ces multitudes clinquantes le vide intérieur, une vie en berne, une identité banale. Mais c'est ainsi, en tâchant de se forger une personnalité ou une vie à notre mesure à l'aide de ces simulacres, en puisant dans cette carence du mot, en reproduisant à l'infini des standards aussi factuels qu'inutiles, que l'on cultive le néant véritable, que l'on se perd sans jamais se rencontrer. Et pourtant, s'extraire hors de l'image revient à refuser une part du jeu social. Ma génération est finalement en phase avec les paradoxes de l'hypermodernité [1].

Bachelard plaçait le langage « aux postes de commande de l'imagination [2] ». Quand l'image a cessé d'avoir recours à l'activité psychique, quand elle a cessé d'en appeler à l'imagination, elle a fait passer la personne de l'autre côté de l'écran, elle l'a réduite au silence mental. La violence n'est que le paroxysme d'un processus lui-même déshumanisant où l'on ne devient qui on est qu'en s'emparant de ressorts technologiques, où l'on est ce que l'on fait et même plus ce que l'on ressent. Narcisse cherche un regard pour lui donner corps, il joue des coudes entre deux vidéos, il montre et se montre pour se hisser parmi les légions d'images, pour faire de son reflet une identité, mais il n'a plus rien à dire, plus rien à penser, il ne sait même plus vraiment qui il est. La gloire du visuel signe le trépas du symbolique.

---

1. Je pense de nouveau à Baudrillard et à ce « monde tout entier recensé, analysé, puis ressuscité artificiellement sous les espèces du réel, dans un monde de la simulation, de l'hallucination de la vérité, du chantage au réel, du meurtre de toute forme symbolique et de sa rétrospection hystérique, historique ». (Baudrillard, J., *Simulacres et Simulation, op. cit.*, p. 20.)

2. Bachelard, G. (1948), *La Terre et les Rêveries de la volonté, op. cit.*, p. 79.

M.-F. C. J'aime cette formule et ne voudrais pas y ajouter une quelconque redondance. J'approuve pleinement votre remarque. Mon attachement au langage et à sa symbolisation m'a permis d'écrire ce livre avec vous, alors que nous avons ressenti, l'un comme l'autre, que ce travail en commun nécessitait précision, remaniement, correction consentie, etc. Nous ne sommes pas dans le *virtuel* : nous avons « frotté et limé notre cervelle contre celle d'autrui », pour reprendre une expression ancienne et bien connue[1], et nous avons cherché à communiquer par-delà nos différences d'âge et de sensibilité. Est-ce que ces images éparpillées, disséminées, sans lien les unes avec les autres, en tout cas envahissantes à tous les moments, ne nous fabriquent pas un faux *Self* et un *avatar* au sens profond du terme ? Toutes les images sont-elles équivalentes ?

L'image active : le cas particulier du jeu vidéo

S. D. J'ai beaucoup parlé de la dimension omnisciente de l'image narration-représentation, intrusive et en rupture avec sa fonction illustrative, une image sans substance, plus dépersonnalisante que structurante, une image surproduite, désincarcérée de la pensée, coupée du sujet et de sa personnalité. En dépit de ce panorama isomorphique, une image parvient à se démarquer : celle du jeu vidéo. Si le jeu vidéo se définit comme « l'union du jeu et de l'image de synthèse[2] », la spécificité de son image ne tient pas tant à sa conception technique, au fait qu'elle soit de *synthèse*, qu'à son intrication structurale avec son média[3]. Avec le jeu

1. Montaigne, de M., *Les Essais*, III, 1, *op. cit.*, p. 65.

2. Roustan, M. (dir.) (2003), *La Pratique du jeu vidéo : réalité ou virtualité ?*, Paris, L'Harmattan, p. 16.

3. D'une part, de plus en plus de films ont recours à l'image numérique, soit pour une scène particulière, soit pour un film complet dans le cadre par exemple du cinéma d'*animation* ; d'autre part, un nombre

vidéo, l'étape qui est franchie dépasse le registre technique, et si elle accentue le schisme générationnel, elle porte avec elle son lot d'espoirs et de déceptions mais surtout de mouvances psychiques à réfléchir. Une réalité à explorer, fût-elle virtuelle. L'image du jeu vidéo, pour vivre et surtout faire vivre le jeu, ne sollicite pas que la vue mais aussi l'ouïe, le toucher ; elle implique également une activité cognitive intense[1]. L'image est totale ; elle englobe l'ensemble du sujet et son issue dépend de sa pensée. Sans sa participation active, elle demeure figée et perd sa fonction : donner corps au récit vidéo-ludique et à ses personnages, soutenir la progression de l'ensemble. Cette image a donc ceci de particulier qu'elle n'existe pas sans une personne, non seulement pour la voir mais surtout pour l'animer. Il me semble donc nécessaire de rompre dès maintenant avec un mythe clinique : celui de la passivité de l'utilisateur. Pour certains psychologues, à l'instar de Michael Stora, le joueur baigne dans un état proche de celui du rêve ; son corps serait comme endormi, les circuits neuronaux de la motricité étant alors inhibés. Cette remarque néglige la totalité des processus psychoaffectifs, cognitifs et somatiques mobilisés par le jeu[2].

---

croissant de cinéastes manipulent les images jusqu'à opérer une césure très nette entre le référent et l'image finale. De l'artificiel au virtuel, il n'y a qu'un pas que notre société consumériste n'a d'autre choix que de franchir pour présenter des produits *idéaux*. A l'inverse, le rapprochement entre l'image vidéo-ludique et celle de la réalité grandit de manière exponentielle, au gré des avancées technologiques. Force est de constater que les avatars virtuels ressemblent de plus en plus aux comédiens de chair et de sang dont ils sont la modélisation.

1. En mobilisant l'attention, la spatialisation, la mémoire, le langage…

2. Il serait toutefois envisageable d'appliquer au cinéma sa remarque, puisque, pour rentrer dans un film, la personne doit rester statique, ne vouer son attention qu'au film, toute intervention extérieure risquant de rompre le fil, de « réveiller » le spectateur qui contemple l'écran en silence, sans bouger.

Michael Stora a circonscrit l'activité du joueur à la main. Il écrit que le but de ce dernier est de « se restaurer narcissiquement par la pulsion létale, celle de la maîtrise. La main deviendrait ainsi la métaphore du Moi dont le but est de tenir le monde dans son poing fermé[1] ». Ce raccourci conceptuel très discutable fait peu de cas du très grand nombre de jeux qui demandent aujourd'hui aux joueurs, grâce aux détecteurs de mouvements, de devenir la manette, de se déplacer *devant* l'écran pour animer le personnage *à* l'écran. Pensons également aux comportements de certains joueurs : ils se crispent, ils remuent, parfois se lèvent, ou au contraire ils demeurent statiques, complètement concentrés, le corps à l'unisson de ce qui se passe à l'écran, y résonant tant et si bien qu'il peut en oublier le reste du monde[2]. J'imagine mal votre génération aussi « active » et vivante devant un film de Bergman, Marie-France[3] ! La pensée n'est donc pas négligée par le jeu, Marie-France. En vérité, elle en est la dynamique, impliquée par ce mécanisme d'immersion qui se saisit du psychisme tout entier, de ses ressorts conscients et inconscients. Si le film peut débuter et s'achever sans la participation mentale du spectateur, ce n'est pas le cas du jeu. Le

1. Stora, M. (2004), « Addiction au virtuel : le jeu vidéo », in *Adolescence*, n° 47, p. 75.

2. Au Japon, on parle d'hikikomori pour désigner des jeunes ne manifestant aucun signe de schizophrénie ou de retard mental mais en situation d'exclusion sociale et scolaire complète (aucun contact avec l'extérieur si ce n'est celui avec les parents qui les nourrissent). Des cas ont été identifiés en France.

3. Comme l'écrit Stéphane Natkin, dans le jeu vidéo « le spectateur ne vit pas un film : il revit au travers du film une succession d'émotions qu'il a mémorisées et qui sont stimulées par le scénario. [...] Même si les caractéristiques graphiques et sonores d'un univers ont une puissance d'évocation importante, l'évolution des tensions psychologiques ne suit pas le rythme d'une histoire mais celle des décisions, succès et échec du joueur, comme dans la vraie vie ». (Natkin, S. [2004], *Jeu vidéo et médias du XXIe siècle : quels modèles pour les nouveaux loisirs numériques*, Paris, Vuibert, p. 41-42.)

système sensori-moteur lui-même est intensément accaparé ; le corps entier devient l'habitacle de l'image dans un rapport d'inclusion réciproque absolue, l'image ancrée dans le corps, le corps propulsé dans l'image. C'est ainsi que le jeu vidéo a transcendé la notion de représentation telle que je l'évoquais précédemment. Vide de sens et indifférente à la pensée, elle en est à présent tributaire, omniprésente et extérieure. Voilà qu'elle fait entrer en elle le sujet tout entier et qu'elle entre en lui, qu'elle brouille la distance entre ce qui relève du Soi et ce qui relève du représenté. L'image virtuelle se pratique et se vit. Elle a plus de consistance et accapare mieux le sujet que des légions de publicités ; elle triomphe définitivement en prétendant n'être que ce qu'il en fait. Les images sociales envahissent l'environnement mais l'image du jeu va beaucoup plus loin : elle *est* un environnement, un univers gigantesque capable d'éclore dans les demeures les plus réduites [1].

La spécificité majeure de l'image vidéo-ludique est son interactivité. Cette dernière repose sur l'emprise du corps sur l'image, sur la coïncidence du psychisme et de ce qui se joue à l'écran *via* le geste. Cette interconnexion sensible détermine une des plus hautes formes d'implication : l'immersion [2]. L'image vidéo-ludique n'est donc plus qu'une simple représentation : c'est un objet que l'on peut manipuler, un objet immatériel mais phagocytant, réclamant que le sujet s'y livre corps et âme, un objet de jouissance. Le fantasme qui anime notre société se réalise dans la vaporisation des limites entre l'objet, le sujet et le spectacle ; tout ne fait plus qu'un dans ce monde parallèle, dans

1. On retrouve la notion de *ludopaysage* telle qu'elle a été décrite par le psychologue Yann Leroux, « cette configuration complexe qui mêle un dispositif informatique, des éléments de la culture, et l'espace interne de chacun, sensible aux aléas de sa météo personnelle ». (Leroux, Y. [2008], « Le jeu vidéo, un ludopaysage », in *Enfances et Psy*, I, n° 38, p. 133.)

2. Ce terme désigne l'adhésion physique, comportementale, psychologique et affective du sujet à l'image, l'abolition du temporel, du spatial et du matériel selon le degré d'intérêt du joueur.

ces réalités multiples par lesquelles le sujet est dit absorbé. L'image édifie cet objet parfait, cet objet-territoire où le manque et le temps se dissipent : oui, le fantasme est comblé et on ne s'inquiétera plus de la trace laissée par ces images ; elles ont incorporé le sujet. L'être humain a trouvé sa place ; sa vie se terre de l'autre côté de l'écran ; il ne vit plus par procuration ; il vit là-bas.

M.-F. C. Nous touchons là une grande différence d'avec ma propre génération. L'objet n'était ni virtuel ni vidéo-ludique : il était *en chair et en os*. Il avait son épaisseur humaine, son histoire affective, ses relations intersubjectives ancrées dans son milieu familial. Ce n'était ni une chimère ni un avatar. Il s'agissait donc de le rencontrer, pour de bon !

De l'avatar au fossé des générations

S. D. Les jeux vidéo, à l'instar des films, appartiennent tous à des genres différents qui renvoient à des modalités d'immersions particulières[1]. Le point commun d'une grande majorité de jeux[2] tient cependant à la proposition faite au joueur d'incarner un personnage ; l'interactivité avec l'image est régie par le contrôle de celui-ci ; l'immersion dépend de la qualité de l'investissement psychologique de cet avatar, non seulement par empathie[3] mais aussi par transposition : il faut *être* ce que l'on *joue*. L'avatar représente donc la clé d'entrée dans le jeu, celui qu'on anime et qu'on fait évoluer, celui à travers lequel on suit la trame narrative. Le jeu vidéo

1. L'entrée dans le jeu variant beaucoup d'un jeu à un autre. Il faut différencier par exemple les jeux à la première et à la troisième personne, soit ceux où le joueur voit par les yeux de son personnage et ceux où il observe son personnage de l'extérieur.

2. On mettra de côté les jeux de réflexion, de stratégie, etc., bien que nombre de ces jeux proposent bien souvent d'incarner un personnage, un général des armées, un politicien devant construire une ville, etc.

3. Une identification émotionnelle.

institue une captation scopique qui lie le sujet à l'image, fait du virtuel une réalité. Pourtant, le héros du jeu vidéo a une existence détachée de celle du joueur, et si le joueur y lie sa propre dynamique, à aucun moment il ne se confond avec cette autre entité[1]. Le jeu vidéo, par sa dimension narrative et ludique, soutient dès l'origine la séparation entre *moi* et *lui*. Michael Stora décrit d'ailleurs la situation du joueur incarnant une figure héroïque, *via* l'identification au héros du scénario comme un « dispositif qui répare quelque chose des blessures narcissiques qui se réouvrent à l'occasion de moments de fragilité où les autres renvoient le sujet à ses sentiments d'incomplétude[2] ». Le joueur se console avec sa console, porté par un personnage à travers lequel il parvient à affronter des ennemis, surmonter des aventures, déjouer dans un espace hors espace ce qui dans sa vie l'abîme.

Pour en revenir à la dimension sociale, il convient de ne pas oublier qu'à l'origine le jeu se faisait dans une salle d'arcade, pièce animée où un joueur pouvait en rencontrer, voire en affronter d'autres, sorte d'agora où le plus isolé comme le plus populaire pouvaient se croiser et peut-être même tisser du lien. Aujourd'hui, le jeu se fait en ligne et un joueur peut batailler ou collaborer avec des joueurs du monde entier… sans jamais en rencontrer un seul. J'ai entendu certains parents, en entretien, me déclarer qu'ils préféraient que leur fils ou leur fille joue en ligne pour ne pas être désocialisé, pour échanger, pour communiquer. Mais ils ne prennent pas en compte qu'une véritable relation, c'est aussi la tessiture d'une voix, un regard croisé, la finesse du métacommunicatif ; c'est

1. Comme le rappelle le psychiatre Marc Valleur : « On ne voit pas de cas de "dédoublement", ou de confusion entre l'univers du jeu et celui de la réalité : les joueurs, même excessifs, savent très bien qu'il ne s'agit que d'un jeu. » (Bucher, C. et Valleur, M. [2006], *Le Jeu pathologique*, Paris, Armand Colin.)

2. Stora, M. (2006), « Jeu vidéo, un nouvel enjeu thérapeutique », in *L'Enfant au risque du virtuel* (dir. Tisseron, S.), Paris, Dunod, p. 127.

aussi un corps face à un autre, le partage d'un monde commun, l'espace d'un instant, la reconnaissance de cet espace, oui, un partage tout simplement. Le jeu vidéo ne propose pas de se regarder l'un l'autre mais de regarder prioritairement... vers le même objectif. A l'inverse, j'aurais tendance toutefois à réprouver les facilités conduisant à penser le jeu vidéo comme un objet purement libidinal plaçant le joueur dans une posture « autoérotique ». Sous le seul prétexte que le joueur se tient seul face à l'objet, que sa conduite se révèle difficilement appréhensible par les adultes d'une autre génération, on taxe de masturbatoire la pratique du joueur et de primaires les processus mis en exergue. La manette comme un phallus. L'immersion comme un ersatz de temps de la psychose. Quoi de plus facile ? Cette idée est un non-sens d'autant plus grand que toute l'attention du joueur est rivée vers l'extérieur, que la pensée n'a de cesse de se détacher du corps, de réfléchir ce qui se joue, de secondariser la pulsion. L'implication n'est pourtant pas dissociation[1] ; l'hypervigilance n'est pas une obnubilation. En somme, « l'autoérotisme » revient ici pour une génération à taxer d'infantilisme ce qu'elle ne parvient pas à interpréter, certainement pas à manipuler elle-même. Ce rejet intergénérationnel est d'autant plus regrettable qu'il constitue une entrave à une parole qui pourrait amener à une compréhension mutuelle, à un étayage symboligène né du partage de l'expérience, une restitution de la pratique vidéo-ludique dans un contexte plus vaste, un début de réflexion. Angoisse de ne pas comprendre des parents, angoisse de ne pas être compris de leurs enfants, la moralisation-diabolisation des uns et le repli des autres ne peuvent engendrer que l'isolement bilatéral, l'enkystement d'un leitmotiv comme une résistance engendrant la perte totale du contact entre les âges. Cela ne fait aucun doute : l'effroi devant l'inconnu privilégie le

1. En psychopathologie, on emploie généralement ce terme pour désigner la « coupure » de la personne psychotique avec le monde réel.

jugement à l'investigation, la récupération d'un savoir prosaïque ou scientifique fétichisé, chéri comme un objet contenant, un bouclier tout-puissant, phallique diraient certains, permettant de combler définitivement le manque, reboucher le fossé, alors qu'il suffirait d'écouter l'autre, le fils ou la fille qui évolue déjà de l'autre côté de l'écran.

Le jeu vidéo est un produit de masse, considéré comme une œuvre d'art pour certains, un gadget stupide pour d'autres. Qu'il suscite l'inquiétude ou l'enthousiasme, il n'en demeure pas moins un haut fait culturel, une révolution dans l'histoire de notre civilisation : il existe à présent une réalité virtuelle où il est possible de migrer, un espace social intangible et pourtant prégnant où la pensée peut vagabonder à loisir. Quelles implications sur notre façon de percevoir le monde et le réel ? Quelles conséquences sur notre rapport au psychisme, à la vie intérieure, comme aux autres médias ? Quelles utilisations faire de celui-ci ? Les questions posées par l'image vidéoludique dépassent très largement les thématiques les plus médiatisées. Hélas, on tend encore à stigmatiser ces pratiques que l'on pourrait qualifier de techno-sociales.

M.-F. C. « Beaucoup l'attendaient, l'Académie l'a fait ! » C'est ainsi que s'exprime le psychanalyste Serge Tisseron, à propos d'un livre[1] visant à expliquer clairement l'ensemble des connaissances scientifiques actuelles sur les conséquences de l'usage des écrans par les enfants. On y trouve des recommandations précises à destination des parents, des médecins, des pédagogues et des producteurs de contenus. Les enfants peuvent être préparés dès la maternelle à se servir des nouvelles technologies en évitant leurs pièges. Cet avis explore les avantages et les risques liés aux pratiques numériques et préconise absolument l'alternance entre plusieurs types d'activités suscitant les différentes formes d'intelligence. Il y a la pensée linéaire du livre et la mémoire

1. Tisseron, S. et coll. (2013), *L'Enfant et les Ecrans, un avis de l'Académie des sciences*, Paris, Le Pommier.

événementielle ; il y a aujourd'hui la pensée spatialisée des écrans et la mémoire de travail. C'est à leur indissociable complémentarité qu'il faut former nos enfants. L'enjeu est primordial : il s'agit de préparer les futurs adolescents et adultes à mieux gérer leur rapport cognitif, social et émotionnel aux mondes virtuels. Car cette capacité d'autorégulation leur sera utile tout au long de la vie ! Encore une fois, l'espoir, pour les générations à venir, tient dans la mise en lien. Il ne faut pas opposer les formes d'apprentissage mais veiller à leur complémentarité.

S. D. Serge Tisseron a effectivement contribué à dédiaboliser le jeu vidéo. D'abord en posant la question avant de prétendre y apporter une réponse, pour déterminer s'il s'agit « d'une autodestruction ou d'une autothérapie [1] », et en tâchant d'expliquer que ce qui est excessif n'est pas forcément pathologique. Cliniciens, nous devons nous extraire de l'obsession centripète du Moi, de l'objet analytique, de modèles conceptuels trop hermétiques au monde extérieur. Comme le formulait très justement l'historien de l'art Louis Réau : « Si paradoxal que cela puisse paraître à première vue, les briseurs d'images sont tout aussi idolâtres que leurs adorateurs [...], avec un aveuglement qui n'est que la survivance d'antiques superstitions [2]. » Le jeu vidéo est un phénomène social complexe qui demande une approche critique pointilleuse, en lien avec les autres domaines des sciences humaines et sociales. L'approche métapsychologique sans appel à l'autre stigmatise, dénie, refuse la différence de ce dernier, forclot la loi du changement, se perversifie tout en maintenant le jeu vidéo dans son statut de bouc émissaire idéal, de fauteur de troubles par excellence, celui par qui le

1. Tisseron, S. (2007), « Le virtuel à l'adolescence : autodestruction ou autothérapie ? », in *Neuropsychiatrie de l'enfance et de l'adolescence*, n° 55.

2. Louis Réau cité par Dario Gamboni. Gamboni, D. (1983), *Un iconoclasme moderne : théorie et pratiques contemporaines du vandalisme artistique*, Zurich et Lausanne, Editions d'en bas, p. 11.

scandale mental arrive. La psychanalyse, si elle-même ne prête pas l'oreille, donne corps à cette confusion de la société envers les révolutions culturelles, ce mélange d'attraction et de répulsion, ces réactions émotionnelles démesurées, les nouvelles technologies devenant le support de projection idéal. Les générations qui n'ont jamais connu cet essor de l'électronique et s'accrochent aux dires d'ascendants plutôt qu'à l'apprentissage de la langue étrangère de leurs héritiers pourraient bien finir par rester là où rien ne bouge, où rien ne change même si tout a changé : de l'autre côté du fossé.

Tout, toujours plus vite

Quand tout coexiste, quand règne la simultanéité supposée parfaite de tous les instants, alors, effectivement, la technologie réalise de manière inattendue le cri du poète : le temps suspend son vol.

Roger-Pol DROIT, *Humain.*

O temps ! suspends ton vol, et vous, heures propices !
Suspendez votre cours :
Laissez-nous savourer les rapides délices
Des plus beaux de nos jours !

Alphonse de LAMARTINE, « Le Lac ».

Marie-France Castarède. Je dois dire que c'est avec une satisfaction toute personnelle que j'ai relu « Le Lac » d'Alphonse de Lamartine[1] pour le citer à l'aube de ce nouveau chapitre. Le thème principal de ce poème est la fuite du temps. Ce poème fut inspiré à Lamartine par la liaison amoureuse qu'il eut en 1816-1817 avec Julie Charles, une femme mariée atteinte d'un mal incurable qui l'emporta en 1817.

1. « Le Lac » d'Alphonse de Lamartine (1790-1869) est le dixième poème du recueil de vingt-quatre poésies nommé les *Méditations poétiques* publié en 1820.

Lamartine revient seul sur les lieux où il s'est promené autrefois avec elle. Le temps a passé mais la mémoire affective du poète lui inspire de magnifiques vers, rendant son amour éternel, son souvenir créatif abolissant le temps. « Le Lac » est une réflexion sur le temps car le poète peut le retenir et fixer pour l'éternité un moment passager de sa vie personnelle. Nous rejoignons quelque peu les buts de la cure psychanalytique qui, elle aussi, s'intéresse à reconquérir pour la conscience les souvenirs du temps passé de l'enfance…

Samuel Dock. Ce thème est d'ailleurs le prolongement logique de notre réflexion sur l'image, l'explosion du visuel ne pouvant se déployer que dans une hyperaccélération temporelle. Des images qui s'enchaînent, vite regardées, vite analysées, vite absorbées, vite oubliées. On ne peut comprendre le bouleversement du rapport au monde qu'en nous intéressant au changement de la perception du temps, à son accélération qui dessine une nouvelle toile de fond au domaine social. Disons-le immédiatement, l'enjeu économique est de taille car multiplier les produits ne sert à rien si on ne multiplie pas également les occasions pour le sujet de les rencontrer. La déferlante des signes n'est que l'incarnation directe d'une frénésie qui concerne plus que les racines de la société : ses modalités d'être. Je souhaite relier la perception temporelle de ma génération à l'important travail de recherche réalisé par le sociologue allemand Hartmut Rosa dont les thèses me paraissent essentielles à notre compréhension de ce que représente le temps dans notre société postmoderne[1]. Il a théorisé avec une grande exigence ce qu'il nomme l'accélération sociale du temps, soit une augmentation quantitative des actions par unité de temps[2].

---

1. Lui préfère parler de « modernité tardive », par souci de commodité pour le lecteur ; je conserverai toutefois l'expression employée jusqu'ici.

2. Son hypothèse est la suivante : « Dans la société moderne, comme "société de l'accélération", se produit une combinaison (aux nombreux présupposés structurels et culturels) des deux formes d'accélération,

L'accélération technique, de la brosse à dents au livre numérique

S. D. Parlons d'abord de l'accélération des technologies, « l'accélération des processus orientés vers un but[1] ». Sont donc concernés principalement les machines, les transports, la communication, les dispositifs de production. L'augmentation des vitesses de déplacement, des moyens de transmission d'information, de la fabrication de biens et des services conduisent avant tout à un « anéantissement de l'espace par le temps[2] ». Les innovations en matière de transport ont, par exemple, modifié la durée des voyages et donc la perception des distances. L'accélération des moyens de communication a rendu difficilement localisables les données transmises ; des interactions asynchrones et synchrones peuvent avoir lieu n'importe quand et n'importe où, sans même qu'il y ait besoin de connaître la position géographique de l'interlocuteur.

Ma génération est d'autant plus concernée par l'accélération technique qu'elle ne l'aborde pas avec le même recul que les générations précédentes ; elle vit l'évolution de la précipitation technologique postindustrielle plus qu'elle ne peut témoigner de l'importance de ses changements. Elle est née *pressée*, contrainte de dénicher une place dans cet atemporel a-topique. Plus qu'une intégration des avancées techniques, le problème posé est celui de leur assimilation ; la vitesse avec laquelle elles se font et se défont n'est pas encore sentie que les produits qu'elle met à disposition sont déjà récupérés et

---

l'accélération technique et l'augmentation du rythme de vie par la réduction des ressources temporelles et donc une combinaison de croissance et d'accélération », Rosa, H. (2010), *Accélération : une critique sociale du temps*, Paris, La Découverte, p. 91.

1. *Ibid.*, p. 94.
2. *Ibid.*, p. 95.

employés dans le quotidien. Le besoin n'est pas encore éprouvé qu'il est déjà comblé. Oui, c'est *normal* et presque *naturel*, toutes ces machines, de la brosse à dents qui calcule l'efficacité du brossage à la tablette tactile, *doivent* aller de plus en plus vite et être proposées au public d'autant plus vite, puisque, plus rapidement elles seront inventées et mises sur le marché, plus rapidement le sujet pourra courir pour acheter le dernier gadget qui permettra, avant qu'un autre surgisse, de communiquer plus, de se sentir mieux. La technologie est conçue par ma génération comme la garante de l'adaptation à la frénésie ambiante mais aussi comme une condition nécessaire à l'évolution humaine, quasiment organique. Le *posthumain* est indubitablement l'*Homo sapiens technologicus* ; l'accélération n'admet qu'une idéologie progressiste. Oui, refuser l'accélération serait contrevenir au progrès ; la prudence convierait le conservatisme ; ne pas s'emparer des prodiges de cette vitesse mécanique conduirait même à s'isoler puisque tout est mis en *œuvre* pour que l'on communique. Nombreuses sont les personnes au sein de ma génération qui cherchent incessamment un moyen de communication toujours plus capable de s'adapter à leur mode de vie, sans s'apercevoir qu'elles cherchent en vérité à adapter leur mode de vie à cette interminable révolution. Peu importe où est l'autre ; il faut pouvoir le joindre n'importe quand, avec n'importe quel support, logiciel ou téléphonique, pourvu que la connexion soit instantanée et que surtout on ne *perde pas de temps*. Etre connecté pour être en phase avec son temps, pour rester dans les temps. Tels ces jeunes autour d'une table, chacun les yeux rivés sur l'écran de son téléphone portable, chacun en train de préparer sa soirée, de répondre à des mails, de finaliser un achat bizarrement urgent, de dialoguer avec un ami impalpable qui ne pouvait pas être là mais qui est là tout de même : personne n'est vraiment avec personne ; chacun est ailleurs, désynchronisé avec l'instant, déjà deux ou trois coups plus loin, perdu dans les temps. Tel cet internaute qui a le monde au bout des doigts, qui parcourt des centaines de sites, qui se retranche dans ce mouvement mais qui s'étonne de voir les heures défiler, que le temps soit passé sans qu'il se déplace vraiment, sans qu'il parvienne même à visiter tout ce qu'il souhaitait. Oui, le temps anéantit jusqu'à l'espace virtuel. D'ailleurs on ne rompra pas avec l'accélération technologique si aisément ; la diminution du débit ne libère pas le sujet ; elle ne fait qu'accroître l'angoisse d'être définitivement en rupture avec les outils promettant un contact permanent avec le monde. Avec ces autres qu'il ne voit pas.

Par l'accélération technologique, il y a donc destruction de l'espace, délocalisation du parcourable. Mais mentionnons aussi la dématérialisation obtenue par les avancées en matière de numérisation. Plus besoin d'un livre, d'un CD ou d'un DVD, plus besoin de *perdre son temps* à sortir l'acheter ou l'emprunter : la boutique est immatérielle, ce qu'on y achète aussi. La dématérialisation a transformé les objets culturels en informations, en des énoncés d'autant plus consommables (et périssables) qu'ils sont accessibles immédiatement. Ne prenant aucune place réelle, ils permettront au sujet de passer plus vite au suivant sans souci de stockage, et si la production ne parvient pas à se hisser à la célérité de la distribution, ce n'est pas un problème car on privilégiera le plus accessible au plus qualitatif, le plus digeste au plus nourrissant.

Oui, l'injonction temporelle a raccourci l'espace ; elle a bousculé ma génération, l'a acculée à un inexistant.

M.-F. C. Je comprends votre point de vue et m'intéresse beaucoup aux conséquences relationnelles de cet élan technologique. Sans engagements d'aucune sorte, grâce à la virtualité de leurs relations, les jeunes de la nouvelle génération, appartenant à la « modernité liquide[1] », savent neutraliser leurs affects

1. Expression du sociologue Zygmunt Bauman, né en 1925 : pour lui, les « relations liquéfiées » expriment le triomphe de l'éphémère et de la platitude. L'homme dans l'eau perd du poids et n'a plus d'ombre, contrairement à l'homme vertical. Etre sans ombre signifie être sans image. La liquidité connote la soumission quotidienne aux flux d'informations

et se tiennent à distance de leurs contemporains, même s'ils n'envisagent pas de vivre autrement que *connectés* avec eux. La simplification à laquelle ils consentent élimine l'intériorité et la profondeur qui donnaient jusqu'à présent sa valeur à la vie psychique. Celle-ci n'a plus le temps de s'inscrire et de cultiver son épaisseur affective. Ce jeune, cet homme ou cette femme simplifiée[1] d'aujourd'hui est sans responsabilité ni culpabilité puisque le monde ne lui résiste plus. Ils n'existent que dans le flux du présent et s'adonnent aux instruments qui leur permettent de s'y couler.

S. D. A ce titre, quel exemple plus pertinent que Twitter ? On s'essouffle à courir après l'actualité et à créer la sienne, sans le moindre enrichissement personnel, sans même se souvenir de ce que l'on a *tweeté* la veille, ou même une heure avant d'ailleurs ! Cette technologie n'est pour moi synonyme que de contenus volatils et de relations jetables, d'un émoussement de l'esprit critique et d'une *zombification* affective. A quoi sert encore une information si elle est si vite remplacée par une autre et qu'elle n'engendre aucune pensée, qu'elle ne participe même plus à l'élaboration d'une plus grande conscience du monde ? De ces messages qui s'enchaînent, de ces minuscules électrochocs comme de ces ersatz de *scoops* n'advient qu'une distraction stérile alimentant un voyeurisme pas même excitant. Ma génération se défonce au vide.

M.-F. C. Les relations aseptisées s'inscrivent dans la logique d'un monde plus rapide que jamais, constitué d'identités fluides où il s'agit de passer au plus vite d'une chose à l'autre et où un désir en chasse un autre. Comment résister à la simplification de soi à laquelle disposent les technologies des téléphones portables utilisés comme l'instrument d'une très éphémère communication phatique ! Roman

---

auxquelles nous réagissons par des automatismes ou des stéréotypes. La simplification s'accommode d'un monde liquide qui appelle à l'abandon de soi dans le cours des choses.

1. Besnier, J.-M. (2010), *L'Homme simplifié*, Paris, Fayard.

Jakobson [1], brillant linguiste, décrit six fonctions du langage : référentielle, expressive, conative, métalinguistique, poétique, *phatique*. La fonction dite *phatique* est celle qui crée des liens entre le locuteur et son interlocuteur. Les technologies nouvelles, qui se renouvellent et se perfectionnent à une cadence accélérée, éliminent les rôles de la communication verbale, notamment celui de favoriser l'intériorité et la profondeur qui gouvernaient habituellement nos rapports psychiques avec autrui.

Rompre la continuité des générations

M.-F. C. Je veux insister sur les défauts de l'accélération du temps, qui peuvent aller jusqu'à l'oubli… J'ai apprécié la grande commémoration du 6 juin 2014, relayée par les moyens de communication très performants, car chacun a pu comprendre, à son âge et à sa manière, l'immense importance des souvenirs historiques. Toutes les générations étaient représentées, des vétérans aux plus jeunes, et la mémoire européenne, reposant sur des documentaires exceptionnels, était vivifiée et préservée : « Plus jamais cela… » C'est ainsi que nous devons garder, dans tous les domaines du savoir, des connaissances au long cours, permettant au temps de se redéployer dans son histoire : il y a l'extraordinaire et rapide transformation de nos outils quotidiens, mais il y a les spectaculaires évolutions des peuples et des sociétés. Nous avons des leçons importantes à tirer de l'histoire de tous les pays de notre planète Terre, à la

1. Roman Jakobson (1896-1982) est un linguiste américain d'origine russe. La *fonction phatique* décrite par lui confère au langage un intérêt qui dépasse largement la signification des mots. Elle vise à établir, prolonger ou maintenir la communication. Il y a un plaisir à communiquer qui prédomine sur le besoin d'émettre ou de recevoir de l'information. (Cf. [1973] *Essais de linguistique générale,* Paris, Editions de Minuit, p. 217.)

lumière du temps qui passe, que nous devons revisiter, dans le calme et la pondération de la réflexion intergénérationnelle.

S. D. Bien sûr, je vous rejoins. Je suis touché par le lien que vous effectuez entre la mémoire collective et l'accélération du temps. Je poursuivrai en rappelant que le rythme du changement social s'accélère également : le « rythme auquel se transforment les formes de la pratique et les orientations de l'action, d'une part, et les formes du lien social et les modèles relationnels de l'autre[1] ». Rosa démontre que l'accélération technologique décrite précédemment n'est, en aucun cas, la cause de ce bouleversement, qu'elle doit être pensée séparément. L'accélération du changement social est déterminée avant tout par une « compression du présent[2] » qui doit être comprise comme « une augmentation du rythme d'obsolescence des expériences et des attentes orientant l'action et comme un raccourcissement des périodes susceptibles d'être définies comme appartenant au présent, pour les diverses sphères des fonctions, des valeurs et des actions[3] ». Ces fondements théoriques sont précieux puisqu'ils permettent de rendre compte d'une réalité à laquelle ma génération doit faire face tant bien que mal. Rosa parle de compression parce que le passé et le futur sont circonscrits dans des intervalles de temps de plus en plus proches. Le « présent » se décompose par la réduction, la coercition des durées qui lui permettent d'exister comme une entité temporelle définie et délimitée, l'abréviation du futur, la négation du passé bien vite englouti dans l'actuel. Si le futur et le passé perdent de leur substance, le présent lui-même se désincarne, se réduit, se découpe, se segmente, perdant ainsi son caractère immédiat au profit d'une non-simultanéité du simultané. Le problème principal que pose

1. Rosa, H., *Accélération : une critique sociale du temps*, *op. cit.*, p. 98.
2. Rosa emprunte l'expression du sociologue Niklas Luhmann.
3. Rosa, H., *Accélération : une critique sociale du temps*, *op. cit.*, p. 101.

l'accélération du changement social est l'instabilité croissante, l'accélération de la vitesse de déclin des horizons temporels et des fondements du choix, résultant de la constante révision des attentes et de la constante reconstruction des expériences. Ma génération doit, dans cette temporalité exiguë, élaborer à court terme. Elle ne peut pas s'appuyer sur les leçons de ses expériences passées ni même anticiper les conséquences de ses actes dans un avenir prévisible. Le passé est évidé de sa dimension structurante ; il n'est plus socle d'un lest narcissique, il n'alimente plus le désir, il ne permet plus de s'engager vers un but, il n'origine plus les directions que l'on choisit de prendre. L'improvisation prend le pas sur l'intention. Le futur n'est pas incertain, mais il n'existe plus vraiment quand les temps ne font plus qu'un ; difficile donc de s'y projeter, d'y deviner un idéal. Alors cent fois sur le métier ma génération remet son ouvrage… en quelques instants. Quand tout n'est plus qu'expérience, on peut se demander quelles expériences sont encore susceptibles de compter, comment leurs contenus peuvent sédimenter dans la psyché, vers quelle vie il demeure possible de se tourner. Comment se construire sans un passé dont les significations dépendent aussi de son achèvement et sans compter sur un futur comme un espace habitable par l'imaginaire ? Les temps pullulent, se liquéfient, déstabilisent le sujet, le suspendent dans ses gestes plus que dans sa pensée ; il ne lui reste plus alors que l'urgence, le « maintenant concret de l'action[1] ». Sur Twitter, on diffuse de la sorte des informations sitôt que l'événement a eu lieu, l'idée à peine s'est-elle présentée dans la conscience. Le délai entre la pensée et la réaction est presque abrogé. Sur Facebook, on envoie les photos d'une promenade… alors que celle-ci n'est pas encore terminée. Le futur n'est pas connu qu'il est déjà présent ; le passé n'est pas encore passé qu'il est déjà révoqué. Le raisonnement ne

1. Rosa, H., *Accélération : une critique sociale du temps*, *op. cit.*, p. 101.

dispose plus de délais pour se construire, il se confond dans l'acte. La réflexivité l'emporte sur la réflexion.

Avec l'accélération du changement social, nous retrouvons la même question que celle déjà posée pour l'image : sur quel modèle trouver un étayage quand les référents extérieurs s'enchaînent indéfiniment ? Pour Rosa, la dénaturation naîtrait de cette compression du présent. Plus que des images, se succéderaient les modes d'associations sociales, les formes de pratiques sociales, la famille, le travail, les institutions politiques, les technologies qui s'y trouvent liées. L'accélération compromettrait leur solidité et conduirait au désinvestissement institutionnel. Lipovetsky parle également de la désaffection de ces grandes figures sociales, obligeant chacun à un perpétuel retour sur son *Moi*. Mais comment s'y affilier quand leurs codes sont sans cesse modifiés ? Les normes changent les savoirs ; les parcours redéfinissent sans cesse les structures de base de notre société. On ne peut pas investir un objet si celui-ci ne s'inscrit pas dans un réel où domine le sentiment de continuité. Sans repères stables qu'il puisse s'approprier, un individu ne peut plus compter que sur lui-même, le contrat social vacille, il devient son seul allié. Mais l'individu à bout de temps est à bout de souffle ; l'individu à bout de lui est désubstantialisé. Un Narcisse désœuvré.

Une implication majeure du changement de rythme social est d'ailleurs la rupture dans la continuité des générations. Nous sommes passés d'un rythme intergénérationnel au début de l'ère moderne à un rythme générationnel (la modernité classique), puis à un rythme intragénérationnel[1]

1. Des femmes de soixante ans se font opérer pour en sembler vingt de moins, des petites filles se griment en adolescentes, des trentenaires tâchent de régresser vers l'enfance en mangeant des céréales et en regardant des dessins animés : on assiste à une véritable autoabsorption des générations. Nous pouvons d'ailleurs nous demander si, dans ce contexte, les notions de « crises » telles que les propose la psychologie (crise d'adolescence, crise du milieu de la vie, etc.) conservent de leur

(modernité tardive). Le changement social est devenu plus rapide que la succession des générations, de sorte que la transmission culturelle n'a plus lieu. Le sens, les valeurs communes disparaissent. Le temps lui-même fracasse le dialogue des générations. La mienne doit chercher en elle l'ancêtre, le père, l'initiateur qui inscrira son nom dans la course du temps. La ressource préfigurative lui est interne, l'appui sur un autre ayant balisé la vie lui est proscrit ; elle grandit seule à seule avec elle-même. Pouvoir inscrire son nom dans une filiation demeure cependant essentiel pour savoir qui nous sommes et qui nous a faits. L'accélération emporte avec elle une part de notre histoire filiale et de notre identité.

Ma génération n'a pas d'autre choix que d'essayer de composer, malgré tout, avec cette mise à mal d'un ordre social pourtant indispensable à la mise en œuvre d'actions orientées par des valeurs stables et fondées sur des attentes sûres. Ces actions nécessaires n'étant plus orientées, le présent n'est plus qu'une réaction à ses propres pressions ; l'incertitude et la déstabilisation des sujets se font les marqueurs psychiques de ses sursauts. C'est pour cette raison que nous préférons les actions rapides, peu coûteuses en ressources temporelles, dont nous pouvons observer les effets à très court terme : une fiche plutôt qu'un traité, l'adaptation d'un livre au cinéma plutôt que le livre lui-même, la diffusion d'une photographie de ses vacances plutôt que de les raconter ; l'accent toujours porté sur le plaisir immédiat, sur la jonction la plus courte entre l'intention et la satisfaction, le bénéfice doit être primaire. Cette tendance est susceptible d'expliquer également la dépolitisation de la jeunesse, la tiédeur de ses engagements n'ayant d'égal que la porosité des concepts institutionnels, la volatilité de ses convictions ou de ses éclats de militantisme au

---

pertinence, ou si l'identification croissante de ces périodes limites témoigne d'un échec conceptuel.

diapason de la fiabilité des modèles. Rosa dresse une perspective temporelle et systématique insécurisante à laquelle ma génération peinerait à s'opposer ; la lassitude se consomme à la vitesse de ce paysage qui défile toujours plus vite. « L'époque est détraquée, c'est un temps de crise, symptôme d'une crise des temps[1] », écrit-il. Ma génération n'est pas pressée, elle n'est ni indifférente ni désabusée. Elle vit avec son temps.

M.-F. C. Il faut dire quelques mots sur la manière dont sont traités nos institutions et nos gouvernements. Le rapport de forces entre les citoyens, les institutions et les hommes politiques est devenu pervers. L'*exhibitionnisme* et le *voyeurisme* seraient précisément les dérives du monde social et politique. Les feuilletons font florès ; les sondages succèdent aux sondages à partir des petites phrases de tel ou tel. Les médias sont omniprésents, accélérant les prises de position, les réactions versatiles des uns et des autres avec une vitesse devenue vertigineuse. Où est l'autorité dans un univers où la parole est à tout le monde sans discernement ni hiérarchie ? Sommes-nous inéluctablement soumis au règne des *Narcisse,* imbus de leur image et peu soucieux du bien commun[2] ? La société patriarcale avait des défauts, mais l'exercice de l'autorité y était plus aisé et plus structurant.

Vivre plus fort, vivre plus vite

S. D. L'accélération du rythme de vie repose sur la nécessité de produire toujours plus d'actions dans des laps de temps toujours plus courts. Elle se constitue par « une augmentation de la vitesse d'action de même qu'une transformation de l'expérience du temps de la vie

1. Rosa, H., *Accélération : une critique sociale du temps, op. cit.*, p. 27.
2. Schneider, M. (2013), *Miroirs des princes*, Paris, Flammarion.

quotidienne[1] ». Elle se définit par une composante objective d'abord, avec le raccourcissement des épisodes d'action, une réduction des durées des moments de la vie quotidienne et l'abrasion du temps entre une activité et la suivante. Ce qui est visé, c'est « la réalisation accélérée d'objectifs par la réduction des étapes et l'augmentation de l'efficacité[2] ». Ce processus est rendu possible par le compactage des épisodes d'action, leur superposition et leur intensification, etc.

Une composante subjective ensuite. On retrouve là le sentiment d'urgence qui résulte de l'accroissement du volume d'actions à accomplir par rapport à la diminution des ressources temporelles. L'impression que le temps passe de plus en plus vite, voire qu'il n'y a plus de temps, qu'il n'est plus possible de suivre, se révèle une réaction naturelle à la densification des épisodes d'actions. La principale menace ressentie se situe dans le risque permanent d'être exclu temporellement, de perdre le fil, de ne pas parvenir à se synchroniser sur le rythme social, de ne pas pouvoir calibrer le temps de son développement intime avec le temps social[3], de ne pas être le plus productif, le plus rapide, la menace de perdre sa place. Dans une société basée sur les impératifs systématiques du capitalisme, l'être humain émerge essoufflé et fragilisé narcissiquement, convaincu d'avoir échoué là où d'autres, c'est bien certain, réussissent mieux que lui…

Il faut bien comprendre à quel point le rythme de vie s'est accéléré pour ma génération par rapport à la vôtre, Marie-France, mesurer combien les modes de vie, les habitudes ont changé. Plus de longs dîners mais des fast-foods et des mastications frénétiques ; plus d'opéras ni de veillées musicales mais

---

1. Rosa, H., *Accélération : une critique sociale du temps*, *op. cit.*, p. 105.
2. *Ibid.*, p. 70.
3. C'est-à-dire de ne pas respecter l'obligation sociale de synchroniser le temps de la formation, de la carrière et de la récolte des acquis avec le développement naturel de l'individu.

des morceaux de trois minutes trente et des concerts d'une heure et demie ; plus de Bergman mais plutôt des clips vidéo et des enchaînements cinématographiques haletants ; plus de chemins de fer mais des avions ultradéveloppés ; plus de télégraphe mais la vitesse d'Internet ; plus de *Belle du Seigneur* mais les feuillets de Nothomb et de Gavalda, d'ailleurs moins de romans mais plus de comics et de mangas… Même la rencontre de l'autre se fait en accéléré. Il faut le rencontrer plus vite, sur le Web ou lors d'un *speed dating*, l'apprendre, le connaître, trouver un langage commun, partager du temps avec lui, toujours plus rapidement. Ainsi s'échappent des pans entiers de sa personnalité, de ce qui fomente sa précieuse singularité, la richesse de son histoire. Prestement rencontré, rarement appris, superficiellement connu, le langage est vacillant et souvent maladroit. On ne trouve pas les mots pour le dire, on dessine une vie à deux des plus fragiles. Le modèle accéléré se veut riche en vécus immédiats mais amène à une superficielle pénétration des contenus intrapsychiques : on plane à la surface, on se contente des préludes, on préfère nécessairement la découverte à l'exploration. Le laconique épargne l'essentiel. Le temps s'enfuit malgré tout et à ces journées ne succèdent pas des souvenirs, mais d'autres tentatives de s'en créer. On s'agite plus que l'on ne s'anime. On vibre plus que l'on ne vit. On *profite* indéfiniment. Ma génération reste vouée à « cette recherche permanente d'expériences inédites [1] ». Qu'il s'agisse d'un voyage aux Etats-Unis, d'une prise de cocaïne, d'un colloque d'anthropologie, d'un concert de métal, de l'immixtion dans un site Internet, il faut que ce soit nouveau, unique, intense, que cela excite. La psyché postmoderne refuse l'atonie, le distancié, le policé ; il faut marquer cette vie pour l'éprouver. Ma génération s'occupe intensément, vit ses passions mieux que quiconque, les enchaîne à la folie. Pourtant elle s'ennuie, coincée dans un cercle vicieux où les *modus vivendi* sont abandonnés aussi vite qu'ils sont essayés,

1. Schneider, M., *Miroirs des princes*, *op. cit.*, p. 76.

où le fond des choses reste inaccessible. Se dessinent ainsi une « économie affective, une structure mentale et une vie nerveuse tournée vers l'accumulation d'émotions[1] ». On accumule pour ne pas manquer, pour se remplir, pour réagir à l'expérience à défaut de l'introjecter, pour être sûr d'être vivant, pour tromper l'ennui, pour honorer cette culture de l'échantillon existentiel, corollaire de l'accélération sociale du temps, pour tester tout ce qu'il est possible de tester, déjouer le vide dans l'éprouvé. Penser plutôt qu'agir, apprendre à s'emparer de ce temps pour voir l'affect se transformer dans la durée, dépasser l'excitation, se rétablir dans l'intime seraient déjà des manières de décélérer, des moyens de se *poser* pour reprendre ce verbe dont nous avons fait un synonyme de ralentir. Apprendre à ne plus avoir peur de l'immobile, comprendre : c'est quand les choses se décantent qu'elles deviennent visibles.

M.-F. C. Oui, et je vais reprendre l'exemple de la lecture. C'est une pratique qui réclame plus de temps et plus d'efforts que de regarder un film. Mais cette expérience suit le sujet jusque dans le rêve, qui poursuit son travail dans l'inconscient et qui se réfléchit bien après le livre refermé. Une expérience marquante non pas en tant que brutalité passagère, pas dans la sensation mais dans l'acquisition, la réflexion après coup qui se dépose dans la psyché pour l'enrichir et la transformer. Umberto Eco a publié *Confessions d'un jeune romancier*[2] (2013) et explique comment la lecture d'un roman entraîne un long processus d'identification qui nous fait éprouver les mêmes émotions que le héros ou l'héroïne : « Nous activons ce que les spécialistes du cerveau appellent nos neurones-miroirs[3]. » Umberto Eco se réfère aux travaux des neuroscientifiques, notamment à

1. Rosa, H., *Accélération : une critique sociale du temps*, *op. cit.*, p. 77.
2. Eco, U. (2013), *Confessions d'un jeune romancier*, Paris, Grasset.
3. Je cite un entretien d'Umberto Eco paru dans *Le Point* du 14 mars 2013.

ceux de Vilayanur Ramachandran[1] (université de San Diego en Californie), qui étudie l'*empathie,* cette faculté de ressentir ce que l'autre ressent, rendue possible grâce à ces neurones. Ainsi, dans la lecture, nous nous reconnaissons dans les sentiments et les émotions décrits chez les héros du récit. De fait, le temps n'existe pas pour les artistes. L'écriture créative se nourrit d'une érudition hors du commun et d'une identification passionnée aux personnages de la littérature. Comme l'écrit Umberto Eco : « Il y a une seule forme de vérité absolue : c'est la vérité romanesque. »

S. D. Rosa a isolé trois origines à l'accélération sociale du temps : économique[2], socio-structurelle et culturelle : c'est cette dernière qui a retenu mon attention. Pour Rosa, la peur fondamentale, dans notre société, est celle de rester bloqué « en suspens dans un monde où se multiplient les contingences, où monte la peur de manquer des opportunités et des connexions décisives[3] ». Peur de rater une occasion de s'élever ou d'améliorer sa situation, de voir les choix se réduire, peur d'une vie unidirectionnelle, peur que, du champ des possibles, il ne reste plus qu'une voie, peur d'être pétrifié, figé dans une posture univoque qui ne permettra pas la plasticité nécessaire pour affronter les accidents de ce monde en mutation perpétuelle. Le système social impose une existence sur le fil du rasoir où ma génération ne craint plus tant le futur que de ne plus être apte au présent. Bien que trop ciblée, cette conception a le mérite de témoigner du caractère insécurisant et anxiogène de notre société, bien avant d'investiguer

1. Ramachandran, V. (2011), *Le cerveau fait de l'esprit. Enquête sur les neurones-miroirs*, Paris, Dunod.

2. Le résultat de la logique de mise en valeur du capital. L'augmentation des vitesses de distribution et de consommation va de pair avec la vitesse croissante de production souhaitée par le capitalisme ; elles sont tributaires de ces augmentations technologiques qui engendrent alors la reproduction et la transformation des structures matérielles de société dans des laps de temps toujours plus courts.

3. Rosa, H., *Accélération : une critique sociale du temps*, *op. cit.*, p. 220.

l'angoisse chez un sujet isolé. Ma génération est exposée de plein fouet à cet environnement dont les fluctuations font prioritairement de l'inconnu un danger auquel il est pourtant nécessaire de se confronter pour saisir l'éventuelle *connexion* dont parle Rosa et ne pas finir hors jeu. Dans ce paysage temporel ambivalent, *Aujourd'hui* conditionne un espace aussi incertain que *Demain*.

Pour Rosa, le seul moyen pour l'Homme de maîtriser les contingences serait de disposer de plus d'argent, du « temps coagulé » puisque, plus on disposerait d'argent, plus on disposerait d'options pour répondre aux éventuelles menaces et accidents futurs. Cette volonté de multiplier les possibilités en acquérant plus d'argent me semble extrêmement active pour ma génération. Cette quête d'accroître mécaniquement son emprise sur le réel social témoigne d'ailleurs de l'angoisse de ne pas y parvenir ; cet idéal de toute-puissante individuelle atteste du repli défensif, narcissique, et de la crainte de rester sans défense face à un monde vécu comme persécutif. Hélas, la contingence croissante de la vie maintient la nécessité d'accélérer pour pouvoir amasser plus d'argent. Le besoin n'est donc jamais assouvi, le déséquilibre n'étant que brièvement atténué avant que le sujet ne se relance dans sa fuite en avant.

Mais la promesse d'accélération est plus qu'une promesse de sécurité. Le temps sacral, un temps mythique et religieux, entoure et homogénéise le temps historique (le temps du monde), le temps biographique (le temps de la vie du sujet), et le temps de la vie quotidienne (le temps de l'action). Ce temps structure le sujet par la proposition de rituels liturgiques jalonnant, ponctuant sa vie, mais surtout par ses promesses d'immortalité dans l'au-delà, lui permettant de sentir son existence faire partie d'un ensemble temporel plus vaste. L'accélération sociale du temps a mis à mal cette temporalité, déstabilisée par l'accélération du rythme du changement social, exclue d'un rythme de vie qui s'emballe, trop coûteux en ressources temporelles pour des résultats loin d'être immédiats. Cependant, l'accélération supplée à la disparition de la promesse religieuse de vie éternelle par le sentiment d'éternité. Le « temps suprême » de la religion, celui du salut, de la vie après la mort ou après l'Apocalypse, a été remplacé par la représentation de la vie comme une « ultime occasion » durant laquelle il faudrait « profiter à un rythme accéléré des diverses opportunités du monde en « vivant plus vite[1] » pour « réduire le hiatus entre temps du monde et temps de la vie ». La modernité aurait donc accordé une réponse à ce problème culturel majeur qu'est la finitude de l'être humain, une réponse à la mort. Effectivement, selon Rosa, « on peut considérer notre système économique comme une tentative compensatoire destinée à surmonter la limite ultime que constitue la mort en "comblant" quantitativement le temps[2] ». La disparition du temps sacral a conduit l'être humain à sacraliser le temps lui-même. On ne croit plus en après. On croit en maintenant.

M.-F. C. Différence remarquable entre nos générations ! Le temps n'est plus le même pour nous et pour vous. Nous habitions, les uns et les autres, les parents et les enfants, dans l'enclos temporel d'une vie singulière qui cherchait un sens : religieux pour les uns, philosophique pour les autres, spirituel au sens large de ce terme. La célèbre expression de Michel de Montaigne, « Philosopher, c'est apprendre à mourir », nous confronte à notre vie considérée comme un chemin, un *cheminement* vers un but ultime. La vie se déroule entre la naissance et la mort ; elle ne se contracte pas à l'aune de l'instantanéité !

1. Rosa, H., *Accélération : une critique sociale du temps*, *op. cit.*, p. 223.
2. *Ibid.*, p. 225.

Vivre pendant qu'il est temps

S. D. Le bonheur n'est plus voué à un improbable paradis ; le bonheur doit être pour *tout de suite*, la suspension de la mort en dépend. Ma génération n'échappe pas à l'accélération ; elle s'y soumet et accorde la primauté à la satisfaction du présent, à la jouissance immédiate. Elle privilégie l'accomplissement dans la vie terrestre à l'idée d'un développement poursuivi dans une vie spirituelle hors du monde des vivants, se lestant d'expériences, de rencontres variées, vivant puissamment et complètement à une vitesse infinie plusieurs vies en une seule existence pour ressentir toujours plus fort ce sentiment d'éternité. Elle investit des vies antérieures à la mort... dans cette vie-ci. Rencontrer des personnes les plus variées possible, sauter en parachute puis aller boire un verre, danser toute la nuit sur de la musique électronique et faire du sport le lendemain, ne pas s'embarrasser d'une relation qui traîne, au travail varier les tâches tout en échangeant avec un correspondant à l'autre bout du monde ; il s'agit d'accélérer jusqu'à ce que le décor alentour cesse d'être discernable, courir pour oublier le temps ou plutôt pour ressentir qu'il durera éternellement, pour rendre inconcevable son extinction. Ma génération se divise en autant d'êtres humains qu'elle souhaite de vies avant la mort ; elle fait d'un instant une éternité, avant le suivant. Ainsi, elle fait de cette parole d'Epicure : « La mort n'est rien pour nous » plus qu'une maxime philosophique, un habitus. Elle a bien compris que ce monde solide et confortable n'a pas triomphé de tout, que la mort rôde encore ici-bas. Pour elle, la vie est la dernière chance de vivre ! Elle a fait ce pari fou d'exister plus intensément pour vivre plus longtemps, de réussir à placer le contenu vital de dix années en une seule. Oui, repousser toujours plus les limites de la mort est un mot d'ordre générationnel. Il s'agit de vivre pendant qu'il est temps.

La mort en tant que suppression des potentialités n'est alors plus à craindre. Mais les options réalisées augmentant en même temps le nombre d'options réalisables, elles maintiennent l'accélération sans jamais en venir à bout ; en d'autres termes, la promesse d'éternité n'est jamais suivie d'effet. La stratégie pour réconcilier le temps de la vie et le temps du monde se solde par un échec. La mort est toujours là. Elle se rappelle au sujet quand il ralentit. Je pense à ce qu'écrivait Dostoïevski dans *L'Idiot* (1869), sur la façon dont un condamné à mort perçoit le temps qui lui reste avant l'échafaud : « Il me reste trois rues à vivre, c'est encore long. Quand je serai arrivé au bout de cette rue-ci, j'en aurai encore une autre à suivre, et puis une troisième où il y a à droite une boutique de boulanger… il se passera encore du temps avant que nous arrivions à cette boutique. » Ma génération est semblable à ce condamné. Elle fait tenir une éternité entre son cou et la lame.

M.-F. C. En vous lisant, Samuel, je vis l'accélération du temps. Votre écriture galope. J'appose quelques ponctuations supplémentaires pour arrêter ma lecture, pour que mon cœur batte moins vite en vous écoutant raconter vos instants, pour cheminer quelque peu au bord du trajet inéluctable, en empruntant des sentiers de traverse, des layons dans les bois de mon enfance et ne pas suivre cette route implacablement droite et rapide qui me mène où ?, je vous le demande. J'ai besoin d'une pause ! J'ai aimé lire Dostoïevski mais n'ai pas retenu la leçon du condamné à mort de la même manière. Je ne voudrais pas ressentir que ma vie se joue entre mon cou et la lame de l'échafaud. Le temps s'étire pour moi entre ma naissance et les jours de mon troisième ou quatrième âge qui s'écoulent et me permettent encore d'être créative, comme l'explique Didier Anzieu[1] dans *Le Corps de l'œuvre*.

1. Anzieu, D. (1981), *Le Corps de l'œuvre*, Paris, Gallimard, 2013, p. 50. Il parle des *créations de la vieillesse* et cite, notamment, Maurice Genevoix (1890-

Précisément, dans un livre récent, *Pause*[1], Susan Maushart, mère de famille divorcée avec trois adolescents, docteur en sociologie des médias de l'université de New York, raconte qu'elle a mis tous les appareils numériques (ordinateurs, smartphones, consoles de jeux) au placard pendant six mois. Elle avait remarqué que l'usage des SMS permettait aux adolescents de modifier leur rendez-vous au dernier moment et les habituait à remettre toute décision à la dernière minute. Par ailleurs, le contenu était confus, superficiel, voire incohérent. De même, l'auteur avait surpris une de ses filles activant neuf fenêtres sur son écran, alors qu'elle était en train de rédiger une dissertation ! Il est reconnu, par ailleurs, que le travail par écrans interposés perturbe le sommeil. La capacité du cerveau à travailler en mode « multitâches » est un mythe !

Après la suppression des écrans, les professeurs notèrent une amélioration nette des résultats scolaires. Ravie de l'expérience, la fille de l'auteur lui déclara que ses conversations au téléphone n'avaient rien à voir avec ses discussions par messagerie : « Sur SMS, tu fais coucou, LOL, j'aime, j'aime pas. Au téléphone, en revanche, c'est super profond !! »

« Mes enfants sont devenus des penseurs plus logiques et plus concentrés », affirme l'auteur. Ainsi, sa démonstration confirme mon propos. Les bénéfices du sevrage furent multiples, comme le raconte très bien ce livre. Les rapports humains des uns avec les autres se sont considérablement modifiés, y compris en ce qui concerne l'écoute empathique !

S. D. C'est certain, nous aurions tous besoin d'une pause, toutes générations confondues ! Toujours est-il que cette relecture de Rosa permet de mieux saisir les principes de l'accélération sociale du temps, ses implications sur la perception temporelle de ma génération, afin d'ouvrir la voie à d'autres façons de penser cet *empressement* si symptomatique.

1980), qui écrivit son dernier livre à quatre-vingt-dix ans, *Trente mille jours* (1980).

1. Maushart, S. (2013), *Pause*, Paris, NiL.

Comme nous l'avons observé, les profondes mutations temporelles postmodernes altèrent le rapport au monde social, du monde objectif, à l'intersubjectivité également. Hélas, l'approche clinique, et plus précisément la psychanalyse, a tendance à négliger cette réalité. Cette esquive du facteur temporel évince la psychanalyse de cette ère contemporaine dont elle ne mesure pas les effets sur le psychisme. Pourtant, cette discipline, par sa capacité à saisir la personne dans toute sa subjectivité, par la richesse du vocabulaire qu'elle met à disposition et ce souci de dépasser les clivages entre l'universel et le singulier, pourrait proposer une étude si ce n'est contradictoire, du moins complémentaire de celle de Rosa. D'abord parce que ce sociologue ne distingue jamais vraiment dans son œuvre le « temps personnel » et le « temps psychologique » dont tout l'enseignement clinique nous démontre qu'ils ne coïncident que rarement. De ce fait, il aurait tort de réduire toute la pluralité des temps au seul temps physique mesurable. Enfin, on note une grande pauvreté des exemples empiriques dans ses démonstrations ; la méthode de Rosa s'appuie sur des enquêtes quantitatives qui passent nettement à côté du vécu des sujets, de leurs idéations précises, des contenus mentaux. La psychanalyse, en investiguant les réalités psychiques les plus inaccessibles, devrait dépasser les limites objectives de la sociologie, pour révéler les profonds enjeux humains des problématiques temporelles.

Lorsque Rosa évoque la « peur fondamentale » de notre société, il reste vague et il ne précise pas s'il s'agit d'une représentation sociale, d'un vécu émotionnel, d'un affect, d'un mouvement pathologique. J'ai cependant trouvé une similitude entre cette peur de « manquer une connexion » et la deuxième théorie de l'angoisse de Freud[1]. Tout comme dans

1. Dans laquelle il suggère que « l'absence de la mère est désormais le signal à l'occasion duquel le nourrisson donne le signal d'angoisse ». Dans cette acception, l'angoisse n'est plus liée, comme dans sa première théorie,

la pensée de Rosa, l'angoisse ne survient pas au contact d'un contexte anxiogène mais provient d'une réaction du Moi face au danger que représente la perte ou la séparation d'avec l'objet : l'angoisse s'attache au risque lui-même[1]. Mais on ne peut comprendre ni la peur[2], ni l'effroi[3], ni l'angoisse[4] sans la référence au concept objectal[5]. Le temps est réifié, fétichisé comme le corps, comme l'image. Ne peut-on pas supposer que la crainte d'une carence plus fondamentale, éminemment objectale, préexiste à ce manque particulier d'une opportunité ou autre ? Avant de manquer de temps, de prétexte, d'occasion, de proposition, le sujet manque… tout court.

La dépression

S. D. Pour Rosa, la dépression pathologique correspond à un îlot de décélération, un moyen morbide de ralentir quand il n'est plus possible de tenir le rythme de l'accélération. Sa définition est plus proche de celle que nous avons du *burn-out*[6], ou de l'angoisse

---

à la répétition d'une expérience traumatique mais un signal déclenché par la reconnaissance d'une situation de danger. (Freud, S. (1926), *Inhibition, symptôme et angoisse*, Paris, PUF, 1981, p. 154.)

1. La conception freudienne est opposée à la conception lacanienne. Ici, c'est le manque qui se fait le signal de l'angoisse, pas le manque du manque !

2. Attribution d'un objet défini à un danger.

3. Une réaction de détresse psychique face à un objet.

4. Le danger de la perte de la perception de l'objet.

5. D'ailleurs Rosa n'élude pas totalement cet aspect lorsqu'il écrit que « la conception moderne du temps est marquée et formée de manière décisive par la réification et la marchandisation du temps, elle devient caractéristique du processus de production capitaliste, c'est-à-dire dans sa transformation en un bien rare, géré selon des critères d'efficacité ». (Rosa, H., *Accélération : une critique sociale du temps*, *op. cit.*, p. 60.)

6. Lors duquel les ressources cognitives et affectives d'un sujet sont saturées, sidérées par la pression, incapables de traiter et de s'adapter

automatique[1], que de la dépression, dont l'angoisse principale est dite « de perte d'objet[2] ». De plus, il propose une théorie dont toute la dimension objectale, pourtant indispensable à la compréhension des concepts émotionnels qu'il évoque, est écartée. Dans sa conception, la dépression est un processus secondaire, terminal.

Nombre de recherches en psychologie révèlent cependant que la dépression fait partie intégrante du développement normal de l'être humain. Melanie Klein[3], par exemple, a défendu le concept de *position dépressive*[4]. En montrant que l'angoisse de perte fait partie du processus de maturation de l'être humain, elle et d'autres cliniciens à sa suite ont mis au jour la place fondamentale qu'elle occupe dans la psyché humaine. En questionnant le rapport à la perte, c'est toute la construction d'une personnalité que l'on peut atteindre. Mais qu'il s'agisse de dépression normale ou pathologique, Rosa commet une erreur en gadgétisant la dépression, en la réduisant à un artéfact illustratif de sa théorie. Sur son versant mortifère, la dépression n'est pas le vide dispensable

---

encore aux afflux extérieurs. A ce sujet, lire Truchot, D. (2004), *Epuisement professionnel et Burnout*, Paris, 2013, Dunod.

1. C'est-à-dire la réponse spontanée de l'organisme à une incapacité à traiter un traumatisme, soit un afflux d'excitations internes ou externes, environnemental ou psychique. L'angoisse est alors une réponse spontanée de l'organisme face à un afflux d'excitation. Cette angoisse automatique s'oppose au signal d'angoisse, évoqué précédemment.

2. Ou de perte d'amour de la part d'un objet qui se traduit par un affect douloureux.

3. Klein, M. (1921-1945), *Essais de psychanalyse*, Paris, Payot, 1998.

4. Durant la position dépressive, vers le sixième mois, l'enfant est confronté à l'absence de l'objet d'amour primaire (la mère), auquel se rapportent des pulsions libidinales et des pulsions destructrices. L'enfant expérimente l'ambivalence envers cette mère, à la fois aimée et haïe, génératrice de culpabilité. De là naissent des formations réactionnelles telles que le désir de réparer les dommages qu'il lui cause dans ses fantasmes. La position dépressive est surmontée lorsque le bon objet est introjecté de manière stable et durable.

qui surgit lorsqu'il n'est plus possible de courir. Elle est le vide hautement signifiant qui empêche de marcher. Ce mal-être durable ne s'apparente donc pas à une brève décompensation, pas plus qu'à une tentative de ralentir, et si les patients sont épuisés, ils arguent souvent que c'est plus d'eux-mêmes que de ce monde dont les agressions leur sont alors difficiles à définir nettement. Ils manifestent, à travers cette atteinte vitale, la douleur d'une existence qui est à leurs yeux devenue insensée. La dépression désigne une façon particulière de traiter l'angoisse concernant l'objet qui n'a pas pu être introjecté[1]. A la place de l'objet, une béance, un vide de contenance, de soutien, de créativité, d'énergie. A la place du désir, une quête avortée, celle d'un élément pouvant animer, réanimer cette vie intérieure endeuillée : un sens.

Ma génération s'épuise, s'ennuie, traîne et doute, très tôt cynique, très tôt lassée par le quotidien, déjà méfiante à l'égard de *demain*. Sur les réseaux sociaux, chacun étale sa complainte existentielle jusqu'à agacer un auditoire qui néanmoins fait de même. Les choses semblent ne pas avoir de sens, ne pas être à la bonne place, témoigner d'un destin déjà contrarié quand il reste à dessiner. La douleur n'est pas vraiment déterminée, et pourtant personne ne douterait qu'elle est là, qu'elle se languit de s'emparer d'une cause, d'un motif pour palpiter à l'occasion, terne et vaseuse,

1. Pour Melanie Klein, si un individu a atteint la position dépressive et que celle-ci est pleinement établie, la réaction à la perte sera ultérieurement le chagrin ou la tristesse. Lorsqu'il y a une certaine faillite de la position dépressive, la perte entraîne la dépression. Chez le sujet dont la position dépressive est solidement établie, il se produit les introjections des souvenirs des bonnes expériences et des objets aimés. C'est ce qui lui permet de poursuivre sa vie sans le soutien de l'environnement. Au contraire, dans la pathologie dépressive, le sujet ne trouve pas d'apaisement consécutivement à la disparition d'un objet très investi. La dépression est causée par les blessures infligées par cette perte au narcissisme primordial d'une personne ne disposant pas d'assises narcissiques suffisamment étayées dans la prime enfance.

consommée et digérée elle aussi. Tout est foutu, *déjà*. A quoi bon se lever et se motiver, *encore* ? La vie semble expurgée de toute saveur ; le monde s'effondre quand le futur inquiète et que les autres déçoivent, inexorablement. On craint de ne pas parvenir à trouver un bon métier, un conjoint demeurant supportable sur la durée ; on redoute les affres de la crise et par-dessus tout de manquer, d'argent, de temps, d'intérêt, de confort, de beauté, de bien-être, d'épanouissement, de force, d'opportunités, de motivation, de tout. Les règles de la société paraissent absurdes, la situation désespérée, les possibilités avortées et les efforts de toute façon inutiles. On regrette infiniment une époque qui n'a jamais existé et qu'on ne saurait pas décrire précisément, celle où tout allait bien, maintenant que tout va mal. On regrette le feu qui saurait nous réchauffer, nous donner le courage d'avancer encore pour affronter chacune des difficultés que cette semi-existence nous oppose. Les bras, la contenance, le socle d'où s'élever, une solution miraculeuse, quelque chose à l'intérieur pour être rempli et puissant, pour se tenir droit face à la violence des temps présents, pour ne pas courber l'échine. Ma génération désespère de ne pas trouver le remède à sa triste torpeur, à cet engourdissement psychique, de ne pas pouvoir combler cette cavité intime où résonne si bien la vacuité postmoderne. Alors ma génération court ; elle trompe l'absence, elle déjoue le manque, elle camoufle la blessure originelle avec des centaines de distractions et d'objets, elle communique plus vite, aime plus fort, s'envoie en l'air plus intensément, elle se crispe sur le présent jusqu'à le ressentir plus profondément, elle oblitère sa solitude dans la foule, elle multiplie les expériences ; boulimique d'idéaux elle consomme et consomme encore, toujours plus vite, elle s'emporte et s'enflamme, elle rit, jusqu'à trébucher, jusqu'à ce que cesse l'euphorie, jusqu'à ne plus en vouloir, ne plus en pouvoir, de cette vie à contresens. Le vide continue de brûler, handicap éternel dont elle souhaiterait se débarrasser… quand il suffirait d'en parler pour se réinventer, de le penser pour cohabiter. De renouer avec soi.

La rupture dans la continuité du sentiment d'existence du dépressif correspond à une atteinte narcissique qui l'amène souvent à rechercher un objet anaclitique de substitution. Des objets, matériels ou immatériels (car même l'expérience vécue est réifiée), notre système économique en propose une infinité, promettant, à celui qui la recherche, l'entité fantasmatique pouvant combler le vide à l'origine. En vérité, la société expose à autant de menaces de pertes qu'à de fausses possibilités de les pallier ; elle soumet ma génération à une double tension permanente : la crainte de ne pas avoir ce qu'elle veut, la crainte de perdre ce qu'elle a. Nous sommes passés d'une tradition orale au sens symbolique, d'une culture qui s'établissait par la transmission verbale, auditive puis écrite, à une tradition orale au sens plus littéral, basée sur l'absorption encore plus que sur la consommation. Notre société est *dépressiogène* en ce qu'elle expose continuellement l'individu à opérer un deuil, celui de l'enfance, de l'adolescence, de l'âge adulte, d'une voiture, d'une promotion, d'un voyage… Je pense alors à ce qu'écrit Ginette Raimbault : « Toute situation de deuil vient réveiller du non-symbolisé[1]. » C'est cet indicible, cet espace d'*inélaboration* que vient excaver la perte. Cependant, plus qu'à un objet, c'est à un langage qu'aspire ma génération, à des représentations pour comprendre et déjouer l'affect douloureux, à des mots pour dénouer cet indicible, ce trou dans la pensée. C'est lorsque l'élaboration psychique est un échec, lorsque le sujet ne peut pas métaboliser la perte que la dépression survient. Qu'avons-nous tous perdu finalement ? Une civilisation ? Un monde ? Une histoire ? Ou juste une part de nous ? Qu'est-ce que notre société nous a subtilisé ? Que lui avons-nous confié ?

Seul le langage, la transposition du passage du réel au symbolique, permet d'inscrire l'individu dans la continuité des générations, le langage parental bien avant celui de la

1. Raimbault, G. (2007), *Parlons du deuil*, Paris, Payot.

société. Seul le langage leste l'individu de contenus psychiques lui permettant de développer son autonomie, de distancier ou d'affronter les renoncements et les deuils nécessaires de la vie. Seul le langage permet en vérité d'accepter sa propre humanité et son statut d'être manquant, naissant inachevé. Seul le langage pourrait porter et supporter ma génération. Ce n'est que par cette médiation du sens que l'Homme peut se faire maître de son histoire, une histoire transmise au fil des âges par le biais des mots. C'est par une opération du langage que le sujet se structure, par le langage que les différentes *castrations* auxquelles il sera confronté durant l'enfance deviendront symboligènes. Il n'y a que dans une relation intersubjective que l'autre peut advenir en tant que sujet ; sans ordre symbolique, il n'est ni de place ni d'identité à part entière.

La désaffection religieuse signe avant tout la dissolution d'un certain type de parole dans laquelle certains pouvaient trouver un sens. Face à ce vide de langage, une seule solution, une agitation que certains cliniciens appelleraient « maniaque » : s'agiter, passer à l'acte, agir, frénétiquement pour ne pas se faire absorber par le néant tant redouté. Avec le travail de Rosa, on peut certes comprendre ce qu'observe ma génération mais certainement pas ce contre quoi elle se débat : la peur du vide. Privée de l'ordre symbolique, la séparation, la castration, la mort, la perte la plus naturelle se transforme en une menace que nous ne savons plus affronter, une blessure sur une chair à vif.

M.-F. C. Vous avez fait la pause que j'attendais… Vous avez remarquablement analysé la pensée de Rosa et sa conception de l'accélération, mais vous avez noté ses failles, son absence de réponse à la question vitale du sens que chacun doit trouver à sa vie. En clinicien expérimenté, vous avez rappelé l'importance chez vos patients des sentiments dépressifs et de leur histoire singulière, histoire à laquelle ils ne veulent pas toujours avoir accès. Pierre Marty, que vous avez cité lorsque nous parlions de l'image, a baptisé « dépression essentielle » l'état d'atonie qui s'empare de ces hommes et de ces femmes dont la vie intérieure s'est trouvée réduite à l'élémentaire. Pour les aider à surmonter cette accélération parfois délétère, vous rappelez que la psychanalyse, à travers ses différents théoriciens, nous fait accéder à la compréhension de ces troubles dépressifs. Pour les comprendre et les élaborer, il faut précisément *du temps* ; il faut retrouver les *mots pour les dire*[1], la confiance pour les exprimer et raconter son histoire avec la lenteur qui a caractérisé son long cheminement !

S. D. Merci pour votre appréciation critique qui, je le reconnais, me touche beaucoup. Alors dites-moi, Marie-France, pour votre génération, que représentait le temps ?

Le temps de l'enfance

M.-F. C. Nous avons vécu un temps différent du vôtre. Je suis sensible aujourd'hui à cette accélération, je la ressens, elle me submerge. Reparlons alors de l'enfance telle qu'elle se présentait pour chacun d'entre nous, à mon époque, selon des modalités diverses et des histoires singulières. Par-delà les différences, il y avait pour tous le temps de l'enfance, un temps important consacré aux jeux et à la lecture, pour moi une grande distraction. Nous jouions avec ce temps ! On pouvait indéfiniment revenir à la lecture : on s'endormait le soir en lisant ; on reprenait le livre, où l'on en était resté, le lendemain matin ; on lisait en cachette pendant la nuit avec une lampe électrique un passage qui nous avait passionnés[2] : il fallait à tout prix *connaître la suite et s'endormir en la rêvant*. Pourquoi lire une autre histoire si l'une

1. Titre d'un livre de Marie Cardinal, récit de sa psychanalyse, qui fit grand bruit à l'époque : *Les Mots pour le dire*, Paris, Grasset, 1977.

2. Marcel Proust raconte son amour de la lecture, le soir, dans son lit, à la lueur de la bougie, au risque d'être puni. Cf. Proust, M. (1905), *Sur la lecture*, Arles, Actes Sud, 1988, p. 23.

particulièrement nous portait à imaginer, à rêver aux personnages ? La relecture permettait une identification plus forte et plus précise. Le temps psychique n'était pas soumis à cette brusquerie contemporaine que vous avez si bien décrite.

S. D. Oui, aujourd'hui le livre, et surtout le livre numérique, figure moins cet adjuvant merveilleux que l'on prend, que l'on parcourt, que l'on pose, que l'on reprend, que l'on relit pour ranimer les personnages que nous avions aimés, pour revivre les histoires auxquelles nous nous étions attachés. Il y a trop de livres qu'il FAUT lire et peu de temps à perdre. Le roman actuel n'est même pas achevé que sur la table de nuit s'entassent déjà les prochains… Personne ne souhaite relire la même histoire mais multiplier le plus vite possible les lectures dont il pourra parler plus tôt, qu'il pourra cocher plus tôt sur sa check-list mentale des événements nécessaires. L'expérience narrative est, je crois, altérée par ce processus d'accumulations éphémères, puisque ma génération ne la conçoit plus comme un voyage dont la beauté dépend de l'ouverture sur l'inconnu mais comme une fin, comme une réponse quelconque dont l'intérêt est d'accompagner la vie sans la chambouler, sans réclamer l'effort d'un véritable investissement psychique, sans surprise. La connexion entre le récit et la vie doit être des plus faciles à opérer ; le livre idéal ne convie plus à la différence, à une étrangeté, au doute, à l'interrogation de soi-même, mais à la satisfaction narcissique de retrouver le terrain bien connu de ses émois quotidiens, de remâcher du déjà-lu. Le livre devient un magazine, une série télévisée, une promesse de confort.

M.-F. C. Pour nous, l'enfance était bercée par les livres, mais je pense aussi à mes vacances à la campagne, où je participais aux activités de la ferme [1] avec les animaux, aux récoltes

1. On remarque aujourd'hui qu'il y a beaucoup moins de paysans qu'autrefois et que nous consommons beaucoup de produits industriels, comme le souligne Michel Serres : « En 1950, les agriculteurs représentaient

de fruits et légumes dans le potager, aux promenades à pied ou à bicyclette[1]. J'allais avec mes petits cousins au bord d'une mare ou d'un étang et nous nous racontions des histoires fantastiques : nous inventions et mimions des situations, *nous nous prenions aux jeux*... L'imagination à plusieurs faisait l'agrément de tous ces moments. Là encore, le temps n'était pas une asphyxie ; il s'écoulait lentement, dans la quiétude du présent, sans précipitation vers l'avenir. Il se structurait sur un temps social nettement plus clément et mieux segmenté.

Je veux montrer à travers ces exemples que *le temps n'était absolument pas le même* : j'ai trait les vaches, participé aux moissons, aux vendanges, à la récolte des feuilles de tabac, aux promenades en barque sur les étangs, au ramassage des champignons dans les champs et les bois, ainsi qu'à celui du foin pour les animaux, veaux, vaches et cochons, à la cueillette des légumes et des fruits dans le potager et le verger. Nos repas étaient composés en fonction des produits de la ferme, du potager et des bois[2]. Le temps était celui de la nature ; les produits étaient récoltés au gré du climat et des saisons. *Après la pluie, le beau temps*[3] ; ainsi poussaient nos compagnons des bois, les champignons de toutes sortes, comestibles ou vénéneux, qu'il fallait savoir reconnaître.

Les orages étaient redoutés et nous comptions sur les doigts de la main le temps qui s'écoulait entre la survenue de l'éclair et les coups de tonnerre pour savoir s'il se rapprochait et si la foudre pouvait tomber sur la maison. Il fallait rentrer à toute vitesse et couper l'électricité.

---

75 % de la population à cette époque ; il y en a 1 % maintenant. » (« La vie numérique », in *Revue des Deux Mondes*, janvier 2013, p. 122.)

1. Nous chantions une comptine bien connue : « Promenons-nous dans les bois, pendant que le loup n'y est pas... Loup y es-tu ? M'entends-tu ? — Je mets ma chemise... »

2. Volailles, lapins, fruits et légumes du jardin, champignons, fraises des bois cueillies le long des chemins forestiers, petits sablés sucrés à la peau de lait (que je n'ai plus jamais retrouvés !).

3. Titre d'un livre de la comtesse de Ségur publié en 1871.

Je veux aussi vous parler des jeux de cartes, de ping-pong, de croquet, des cabanes dans les arbres ! Quand je repense à cette époque, à ce rapport au temps, délicat, plus doux, le fossé des générations me paraît, l'espace d'un instant, infranchissable.

S. D. J'ai moi-même eu une enfance assez préservée mais tout de même moins que la vôtre. Jardiner, se balader en forêt et chercher des champignons, faire des jeux de société, mes parents disposaient de beaucoup moins de temps et ces activités étaient alors circonscrites à un dimanche de temps en temps, un peu plus durant les vacances. Le soir, ils rentraient à la maison épuisés et aspiraient à décélérer un peu. Je pense qu'il en va de même pour un grand nombre de personnes de ma génération, privées par la frénésie contemporaine de leurs parents, de ces apprentissages, de ces moments d'échanges essentiels. L'accélération sociale du temps contraint à apprendre à se débrouiller tout seul bien plut tôt. Toujours est-il que je suis admiratif de votre contact avec la nature, de son usage comme d'un référent temporel extérieur.

M.-F. C. Ce qui était formidable, à cette époque, c'était justement le mélange des générations. Les vacances avaient lieu dans la maison familiale. Point question, en ces temps, de croisières ou de voyages à l'étranger ! Sur la petite pelouse où se tenait le jeu de croquet, tout le monde participait. Ces jeux duraient des heures : il y avait des camps ; chacun se battait avec ses coéquipiers pour gagner. On s'envoyait des invectives avant de se réconcilier au moment du score final et de recommencer une partie dès que possible ; on jouait au ping-pong tournant, aux cartes, aux charades, aux petits papiers, au pendu, aux dominos, aux dames, au Monopoly, au baccalauréat… Nous y mettions tous un entrain et une fougue extraordinaires ! En associant librement avec mes récits divers, j'entrevois un avantage pour ma génération : cette libre camaraderie entre des âges différents. L'autorité existait mais il y avait de la place pour l'amusement et pour la compétition fraternelle. C'était une bonne initiation à la vie future des jeunes, dont je faisais partie : respect de la hiérarchie mais liberté consentie avec la génération des aînés.

S. D. Je sens votre émotion tandis que vous en parlez. C'est encore vivant. C'est toujours là. Le souvenir efface les barrières du temps, rend le partage de toute une époque possible. Peut-être, justement, parce que vous aviez pris le temps de vivre.

M.-F. C. Vous savez, j'ai souvent pensé à ces vacances dont je garde un souvenir merveilleux, les comparant aux vacances d'aujourd'hui où les loisirs sont tellement sophistiqués. J'ai passé, petite fille, des vacances formidables dans des campagnes rustiques, non loin de Paris où j'habitais, avec des adultes très différents les uns des autres, complices et gais, sans aucune accélération du temps, car le nôtre était accordé à la nature et à ses déploiements saisonniers ! La bicyclette était le moyen de transport le plus utilisé. Il y avait aussi la balançoire et l'on chantait avec Yves Montand : « Une demoiselle sur une balançoire / Se balançait à la fête un dimanche / Elle était belle et l'on pouvait voir / Ses jambes blanches sous son jupon noir ! »

Nous tissions des liens inoubliables et structurants, toutes générations confondues ! La *maison* était le lieu commun où s'édifiaient les souvenirs et les regrets. Me reviennent maintenant les mots de Saint-Exupéry : « Ah ! Le merveilleux d'une maison, ce n'est point qu'elle vous abrite ou vous réchauffe, ni qu'on en possède les murs, mais bien qu'elle ait déposé en nous, lentement, ces provisions de douceur : qu'elle forme, dans le fond du cœur, ce massif obscur, d'où naissent comme des eaux de source, les songes[1]. » Le temps était attaché à ce lieu, où se trouvaient déposés nos souvenirs. Ce temps n'est pas *perdu*, comme l'a si magnifiquement montré Marcel Proust. Il peut être *retrouvé*, car il est encore en nous : il nous donne

1. Saint-Exupéry, A. de (1939), *Terre des hommes*, Paris, Gallimard. Repris dans *Lettres à sa mère*, Paris, Gallimard, 2010, p. 13.

cette épaisseur affective dans laquelle nous pouvons à volonté nous réfugier, nous complaire, nous délecter, nous assumer.

S. D. Vous étiez maître du temps, en quelque sorte. Du temps vécu et du temps de la mémoire. Dans la contraction du présent, pour ma génération, le passé a perdu de son importance, de sa substance. L'Histoire, désinvestie, nous échappe autant que notre histoire familiale, cette dernière souffrant grandement du manque de contacts intergénérationnels. Qui sommes-nous ? Qui étaient nos ancêtres ? Comment sommes-nous arrivés là ? Les grands-parents ne se font plus les témoins, les gardiens de la filiation ; ils ne racontent plus ce conte immortel dans lequel l'individu est né et ne lui permettent donc plus d'y inscrire son nom en lettres capitales. La personne de ma génération porte donc malgré elle une histoire muette qu'elle ne connaît pas, sans pouvoir l'élaborer, sans pouvoir tisser des liens entre sa narration et celle de ceux qui l'ont précédée, sans pouvoir éviter de la répéter. Nous sommes coupés de nous-mêmes, du sens de notre naissance, de notre héritage psychique, de la chaîne générationnelle. Qu'aurons-nous à transmettre à notre descendance ? Notre seule individualité, isolée et errante, suffira-t-elle à braver le futur ? Ma génération ne représente pas l'individualisme contemporain mais porte ses stigmates. Elle n'est pas solitaire, elle est seule.

M.-F. C. Nous étions maîtres du temps parce que nous l'apprivoisions. Cependant, les règles éducatives rythmaient les heures.

S. D. Alors qu'aujourd'hui, tout est plus flou, chacun fait ce qu'il veut. Les règles, plus rares, ont perdu de leur pouvoir structurant.

M.-F. C. Un temps pour étudier, un temps pour s'amuser : tout n'était pas confondu et chaque temps avait son importance propre.

S. D. Vous étiez loin de ce marasme contemporain de désirs fluctuants, d'ennui permanent, d'envies désenchantées, d'apathie blasée, de culpabilité incertaine, de regrets anticipés, d'émois volatils, de détresses subites, d'angoisses tonitruantes et de sensations fortes pour ranimer tout cela, pour prêter à la vie un semblant d'intérêt.

M.-F. C. Il est vrai, comme je l'ai rappelé, que nous n'étions pas pris par la trépidation et l'excitation des jeux d'aujourd'hui. Nous ne souffrions pas des mêmes fragilités narcissiques et sans doute étions-nous moins soumis aux angoisses de perte que vous avez remarquablement décrites, Samuel.

S. D. La société était différente et impliquait des comportements très éloignés de ceux engendrés par l'hypermodernité ! D'autres symptômes également.

M.-F. C. Je reprends maintenant cette idée selon laquelle la jeunesse, aujourd'hui, s'ennuie très vite et cherche en contrepartie à se « doper » aux sensations. J'ai pensé à ma propre expérience et je vous disais que la lecture était une occasion de faire vibrer l'imaginaire. Enfin, à l'adolescence, quelque chose de cette vie rêvée allait pouvoir s'accomplir. Nous, fille et garçon, devenions des adultes dans nos corps. Nous nous préparions à l'amour, à la rencontre sexuelle. Le déploiement d'imagination, dont nous avions bénéficié avant, permettait de se poser toutes les questions : « Ah ! Mon prince charmant, où vais-je le trouver, dans quelle contrée ? Comment va-t-il arriver, me trouver, m'aimer ? » On s'acheminait vers quelque chose de très passionnant.

S. D. Mais vous étiez un peu naïfs tout de même. Il faut le dire !

M.-F. C. Oui, mais cela ne vaut-il pas mieux que la brutalité des affects d'aujourd'hui ? Ainsi, le temps était structuré : l'enfance, la période de latence, l'adolescence, qui préparait à l'âge adulte. Les parents et les adultes, ces « grandes personnes » que nous avions côtoyées dans nos jeux, s'offraient comme des exemples de cette vie nouvelle et espérée. Nous avions toutes sortes d'occasions de sortir et de nous amuser avec eux, tout en restant sensibles et curieux de leur vie de couple. Il y avait une vie *transgénérationnelle* qui s'établissait tout naturellement, surtout pendant les vacances, comme je l'ai montré.

Les étapes de la vie

S. D. S'il devient difficile, voire insoutenable, pour ma génération, de faire correspondre le temps interne du rythme de vie avec des temporalités bien délimitées socialement, comme je l'ai évoqué, j'ai l'impression que, pour vous, c'était beaucoup plus facile.

M.-F. C. C'est certain ! La vie d'adulte était elle-même structurée en plusieurs périodes. Il y avait *le jeune adulte* de vingt à trente-cinq ans : il se construisait, à mon époque, à partir du moment où il terminait sa formation en vue d'embrasser une carrière. Cette carrière, espérée et désirée, souvent dès l'enfance, confirmée à l'adolescence, pouvait être très diversifiée et s'établissait à partir de ses études : études de sciences, de droit, de médecine, de gestion, de commerce, études militaires, littéraires, philosophiques, sans parler des formations à l'artisanat et des métiers de l'agriculture, beaucoup plus développés qu'aujourd'hui. A partir de ces formations parfois longues, chacun pouvait s'orienter à sa guise pour devenir : ingénieur, avocat, médecin, artisan, homme d'affaires, entrepreneur, militaire, professeur dans l'enseignement primaire (instituteur), secondaire ou supérieur, artisan, agriculteur,

S. D. Vous dressez une cartographie des possibles très limitée, voire étriquée. Pour ma génération qui a grandi dans une société beaucoup plus libéralisée, cette absence manifeste de choix ne peut être qu'anxiogène ! Où est la liberté ? La créativité ? La place accordée au désir personnel ? Je note de nouveau une grande inhibition face à une importante répression sociale.

M.-F. C. C'est votre point de vue. Si j'ai cité, un peu scolairement, les différentes professions, c'était pour montrer leur diversité dans un monde beaucoup plus stable. On n'envisageait pas, comme aujourd'hui, d'exercer son métier hors de France, à quelques exceptions près, bien sûr. Chacun décidait de sa formation en toute liberté, parfois en référence avec les orientations familiales, identiques de *père en fils*. On ne disait pas de *mère en fille*, car les femmes de la génération de mes parents travaillaient très peu. Par ailleurs, il y avait, pour les hommes, de fortes chances d'exercer le métier qu'ils avaient choisi et de le garder une grande partie de leur vie. Est-ce encore le cas aujourd'hui ? Non. Quant à ma génération, à partir de quelques années de formation universitaire, il était courant que l'on vous offre plusieurs postes ! Pendant l'époque des Trente Glorieuses (1945-1973) [1], le plein emploi était assuré.

S. D. La situation est devenue nettement plus compliquée aujourd'hui. De nombreux jeunes, très diplômés, sont contraints de choisir des métiers alimentaires où leurs compétences ne sont aucunement mises à profit… pour pouvoir survivre. Investir de tout son cœur la sphère scolaire et réussir sur les bancs de l'université n'assurent plus du tout un métier aujourd'hui ! Si l'étude des angoisses contemporaines doit être abordée avec prudence, sans doute le futur fait-il peur à juste titre.

M.-F. C. La période de formation dont je parle coïncidait le plus souvent avec des choix existentiels : mariage avec la fondation d'une famille, précédé par des fiançailles où l'élu était présenté aux parents et aux grands-parents, naissance des enfants à des intervalles plus ou moins rapprochés ; la famille nombreuse (trois enfants et plus) était favorisée et donnait notamment droit à des réductions dans les transports : on présentait sa carte de famille nombreuse au contrôleur pour justifier de la réduction !

---

1. Nom donné, d'après un ouvrage de Jean Fourastié (1979), aux trente années de croissance de l'économie française, entre la fin de la Seconde Guerre mondiale (1945) et 1973.

S. D. Vu de cette façon… cela valait la peine de faire des enfants ! Derrière cette petite boutade, je dénonce encore votre adhésion complète et consciente aux normes sociales.

M.-F. C. Il s'agissait aussi de trouver sa voie et d'être heureux. Sur le plan psychologique, dans notre jeune maturité, nous vivions la période où tous les espoirs étaient permis ! Nous sollicitions la reconnaissance de nos proches et de nos pairs. Nous étions dans la phase d'expansion de nous-mêmes et de la réussite souhaitée sur tous les plans, délibérément conduite.

Le psychanalyste Elliott Jaques montre qu'à cet âge de la vie la créativité a pour caractéristique d'être brûlante, intense, hâtive, spontanée[1]. C'est le moment où le créateur ne s'est pas heurté à l'ambivalence humaine ni à la pensée de la mort. Il travaille dans l'exaltation de ses forces vitales. De grands génies se sont épanouis à cette période de leur vie, existence qui pouvait s'arrêter brutalement. Dans ce panorama apparaissent d'illustres créateurs morts prématurément[2]. Période d'effervescence où l'on brûle sa vie. Ces références psychologiques montrent, encore une fois, combien la vie humaine était plus structurée qu'aujourd'hui. Après l'adolescence, il fallait trouver des accomplissements. Pour certains d'entre nous, la grande majorité, nous trouvions dans notre métier et notre famille la réalisation de nos vœux personnels avec toutes les difficultés qui pouvaient surgir. En ce qui concerne la création artistique, le mouvement exubérant de la jeune

1. Il écrit : « L'idéalisme de la jeunesse de l'âge adulte est construit sur l'utilisation inconsciente du déni et des défenses maniaques comme processus de défense contre deux caractéristiques fondamentales de la condition humaine : l'inéluctabilité de la mort et l'existence de la haine et des pulsions destructrices à l'intérieur de chaque personne. » (Jaques, E. [1974], « Mort et crise du milieu de la vie », in *Psychanalyse du génie créateur*, Paris, Dunod, p. 244.)

2. Mozart (35 ans), Raphaël (37 ans), Chopin (39 ans), Rimbaud (37 ans), Purcell (36 ans), Baudelaire (46 ans), Watteau (37 ans).

maturité donnait naissance à des œuvres typiques de cette période, comme je l'ai montré.

Plus tard apparaît une crise, dite *crise du milieu de la vie* (à partir de trente-cinq ans). En apparence, tout peut aller bien ! Une vie professionnelle satisfaisante, une famille, un certain confort financier, et pourtant, un danger semble menacer l'édifice. Il peut s'agir de l'usure du couple, du départ des enfants, d'un changement professionnel ou encore d'une « rupture ». Ce moment peut surgir entre trente-cinq et cinquante ans et s'accompagner de crises d'angoisse ou de phases dépressives[1]. Nous pensons alors à la *position dépressive* décrite par Melanie Klein, dont vous avez parlé. Il s'agit bien de sa réélaboration avec une compréhension plus mûre et plus authentique de la mort et des pulsions destructrices à l'œuvre en chacun de nous. A partir d'un tel monde intérieur, on peut vivre la dernière partie de sa vie en sachant consciemment que l'on mourra. Il me plaît de croire à ce déroulement de la vie adulte en deux phases : la première, toute d'espérance et de bouillonnement ; la seconde, encline à la lucidité et à l'acceptation de l'ambivalence, c'est-à-dire des forces de destruction et de haine. L'idéalisme adolescent s'est enfui et transformé.

Le sentiment de la continuité de la vie en sort renforcé. La créativité n'est plus brûlante, mais *sculptée*[2] : c'est le mot d'Elliott Jaques, qui signifie que l'œuvre n'est pas sous le signe de l'effervescence univoque mais d'une lucidité plus tragique, *sculptée* comme une œuvre de Rodin, indéfiniment

1. Elliott Jaques nous donne quelques clés de cette mutation : « La croyance en la bonté naturelle des hommes est remplacée par la reconnaissance et l'acceptation du fait que la bonté naturelle s'accompagne de haine, de pulsions destructrices internes et que cela contribue à la misère et au tragique de la condition humaine. » (Jacques, E., « Mort et crise du milieu de la vie », *op. cit.*, p. 243.)

2. Au panthéon de la créativité *sculptée* : Beethoven (57 ans), Goethe (83 ans), Shakespeare (52 ans), Ibsen (78 ans), Balzac (51 ans), Voltaire (84 ans), Verdi (88 ans), Haendel (74 ans), Goya (82 ans), Dürer (57 ans), Freud (83 ans) !

travaillée et remaniée dans ses formes jusqu'à la version définitive. Je reviens à Elliott Jaques : « C'est lorsque la mort et la destructivité humaine – c'est-à-dire à la fois la mort et la pulsion de mort – sont prises en compte que la qualité et le contenu de la créativité prennent une tonalité tragique, réflexive et philosophique[1]. » Freud avait fait l'hypothèse de la pulsion de mort en 1920 : il a soixante-quatre ans et près de vingt ans encore à vivre. Il écrit : « Cette pulsion agressive est le rejeton et le représentant principal de la pulsion de mort que nous avons trouvé à côté de l'Eros, qui se partage avec lui la domination du monde[2]. »

A travers le destin de tous les créateurs cités (il n'y a que des hommes !), nous comprenons que leur œuvre importante s'est construite après la découverte du tragique de l'existence. Au début de leur itinéraire, place à l'éblouissante clarté de la vie et de ses commencements. A l'âge de la maturité et de la vieillesse, l'œuvre s'enrichit d'une vision plus complexe et plus lucide de la nature humaine. Comme Elliott Jaques le montre bien, ceux qu'il énumère parmi les grands créateurs, marqués par la crise du milieu de la vie, figurent ceux qui ont intégré la formidable ambivalence existentielle, celle qui ne prête à aucun idéalisme naïf mais à l'acceptation des forces de vie comme des forces de destruction. Avec Freud, nous souhaitons que les premières l'emportent sur les secondes, dans nos vies personnelles comme dans nos histoires collectives ! C'est ainsi que la vieillesse peut être l'occasion, non pas de pleurer sur ses échecs ou ceux d'autrui, mais de regarder l'existence en face, avec ses heurts et ses malheurs, sans oublier ce qui fait *le sel de la vie*[3] !

---

1. Jaques, E., « Mort et crise du milieu de la vie », in *Psychanalyse du génie créateur*, *op. cit.*, p. 244.

2. Freud, S. (1930), *Le Malaise dans la civilisation*, Paris, Le Seuil, 2010, p. 135.

3. Héritier, F., *Le Sel de la vie*, Paris, Odile Jacob, 2012. Cette grande anthropologue, qui a remplacé Claude Lévi-Strauss au Collège de France,

S. D. Je ne crois pas que ces différents paliers conservent encore de leur pertinence aujourd'hui, quand tous les âges, leurs prérogatives et leurs plaisirs se mélangent, quand il se révèle finalement insoutenable de respecter l'injonction de faire concorder les temps psychologique, social, professionnel et biologique... Quant aux crises, elles semblent n'en former plus qu'une seule, une éruption d'humeurs en dents de scie, d'ambitions et de régressions, de certitudes explosives et de mélancolies mortifères, qui forme un continuum existentiel dont ma génération n'a qu'à suivre les oscillations barbares tout au long des jours. La désubstantialisation est avant tout synonyme d'instabilité. Plus encore qu'à devenir *borderline*, nous sommes tous voués à une étrange forme de cyclothymie sociale ! Cependant vieillir, voir son corps changer et le temps s'amenuiser, les pertes se multiplier, la fin approcher tandis que les capacités physiques et intellectuelles se réduisent, je ne pense pas que ma génération soit prête à cette étape, qu'elle soit même en mesure de s'y préparer. La vieillesse sera vécue comme une atteinte narcissique spontanée voire brutale, injuste et antinaturelle. Et une spoliation terrifiante de l'essence vitale contre laquelle nous tenterons de lutter, médicalement, esthétiquement... vainement. Une mutation incontrôlable, un saccage inévitable dont ni les proches ni les médias ne nous auront permis de soupçonner l'existence jusqu'alors, ou que nous n'aurons pas souhaité regarder en face. Ce sera la seule et unique déchirure du *présentisme*. Mais aussi la dernière. Nous découvririons le futur quand celui-ci viendra à manquer.

---

cite mille et un souvenirs précis et savoureux en lesquels se trouve pour elle l'indispensable charme de la vie.

La mémoire

M.-F. C. Après ce détour par ces *âges de la vie* qui structurent notre temps, je reviens à la mémoire, la faculté de se souvenir du temps passé. Une temporalité psychique essentielle. Ces souvenirs, que j'ai eu tant de plaisir à évoquer plus haut, montrent l'importance dans nos vies de la mémoire. Il y a la *mémoire des faits*, la mémoire historique qui nous est utile lorsqu'il faut apprendre certaines dates des événements survenus dans notre pays ou d'autres. Plus importante pour chacun de nous, la *mémoire affective*. C'est grâce à la psychanalyse que j'ai retrouvé le mieux cette mémoire, car *l'association libre des idées* m'a emmenée à travers les chemins heureux ou douloureux de mes souvenirs d'enfance. Je constatais qu'il ne suffisait pas de dire : « Tel événement s'est produit à telle date » ! Il s'agissait bien plutôt de le revivre à la faveur d'*un temps éclaté* car, grâce à la détente apportée par la méthode analytique, vous pouvez à loisir évoquer, vous souvenir, passer d'une image à une autre, trouver des correspondances inattendues, commettre des lapsus qui en disent parfois long, *remonter le temps* pour en saisir le cours dans ses aspérités et ses douceurs. J'aime ce travail avec vous, Samuel, car il me permet non seulement de réfléchir au conflit des générations mais également de rassembler une diversité d'émotions et de pensées qui ont jalonné ma vie dans sa continuité, l'enfance étant la part irréfragable de notre histoire.

S. D. Moi aussi, Marie-France. Sans affect, le langage n'est qu'une machine morte.

M.-F. C. Dans *La Diachronie en psychanalyse*, André Green parle de l'expérience du rêve[1] qui dévoile la représentation d'événements survenus à différentes époques de la vie. Le travail

1. « Le rêve démontre l'existence d'un temps éclaté, c'est-à-dire d'un temps qui n'a guère à voir avec l'idée d'une succession ordonnée selon la tripartition passé-présent-futur. Tout, dans mon rêve, est d'un pur

du rêve explique donc son indifférence à l'idée du temps chronologique[1]. Freud, avant lui, avait déjà révolutionné la conception classique du temps en montrant l'existence d'un réseau de constituants hétérogènes : la mémoire, par exemple, est bouleversée à cause du refoulement et des représentations inconscientes. La relation au temps du psychisme conduit à une temporalité *démembrée,* c'est-à-dire morcelée. Par ailleurs, elle révèle un temps *non unifié* en fonction de toutes sortes de facteurs : intemporalité de l'inconscient, souvenirs écrans, notion d'*après-coup,* régression topique et temporelle, processus primaire et secondaire, etc. André Green présente le Surmoi comme « orienteur de temps[2] » : c'est le Surmoi qui définit les impératifs moraux ainsi que les buts élevés auxquels nous devons sacrifier nos pulsions égoïstes tout au long de nos vies. Entre le Ça, le Moi et le Surmoi, il existe des tensions qui rendent le temps psychique non linéaire, entrecoupé de phases différentes, parfois conflictuelles.

S. D. Cela montre une fois de plus les conséquences néfastes de la perte d'une certaine forme d'autorité. Sans Surmoi, pas d'Idéal du Moi, et donc pas d'orientation dans le temps, pas de projection vers le futur. Pas de secondarisation des pulsions non plus ; tout se confond dans un présent sordide où tout n'est que jouissance, absence de créativité ; où l'on ne s'adresse à aucune altérité, où l'on croupit, seul avec soi-même, ses éprouvés les plus grossiers pour seuls compagnons.

M.-F. C. Le grand écrivain Marcel Proust, à l'instar des psychanalystes, a évoqué dans son œuvre une double inscription mémorielle : l'inscription passée liée à une expérience ancienne, particulièrement intense mais qui ne

---

présent. » (Green, A. [2000], *La Diachronie en psychanalyse,* Paris, Editions de Minuit, p. 171-200.)

1. Voilà pourquoi Green écrit que « le véritable objet de la psychanalyse est la temporalité ». (*Ibid.*)

2. Green, A. (2000), *La Diachronie en psychanalyse, op. cit.*, p. 37.

pouvait plus être évoquée dans sa richesse concrète, et l'inscription actuelle, fruit d'une impression fortuite qui, grâce à la similitude avec l'impression passée, évoque cette dernière et retrouve sa fraîcheur et sa vivacité. C'est la *mémoire involontaire* ou affective, telle que Proust la décrit à l'occasion du célèbre souvenir de la madeleine[1] ! C'est par la réminiscence involontaire que le narrateur retrouve des sensations et des sentiments qu'il croyait à jamais avoir oubliés. C'est à la *Recherche du temps perdu* (1912) que Proust s'est adonné, loin de la trépidation du temps accéléré d'aujourd'hui ! Le dernier tome de son œuvre s'appelle *Le Temps retrouvé*: *la mémoire involontaire* et nous convie à la reviviscence des premières expériences si intenses qu'elles accordent au narrateur: « une joie pareille à une certitude et suffisante sans autres preuves à me rendre la mort indifférente[2] ». Cette affirmation nous laisse entrevoir que Proust est soulevé par une sorte de félicité divine qui le rend maître du temps, hors du temps, et du même coup libéré de la crainte de la mort. Il mourra d'ailleurs épuisé au travail le 18 novembre 1922, à cinquante et un ans, emporté par une bronchite mal soignée, laissant, il le savait, une œuvre incomparable, profondément émouvante, ouvrant un champ inexploré à la littérature, comme *écriture du temps*. Si l'œuvre de Proust a beaucoup touché les personnes de ma génération, c'est parce qu'elle est, comme les œuvres musicales, proche des affects. La mémoire involontaire est une

1. « Et tout d'un coup le souvenir m'est apparu. Ce goût, c'était celui du petit morceau de madeleine que le dimanche matin à Combray (...), quand j'allais lui dire bonjour dans sa chambre, ma tante Léonie m'offrait après l'avoir trempé dans son infusion de thé ou de tilleul. La vue de la petite madeleine ne m'avait rien rappelé avant que je n'y eusse goûté. (...) tout Combray et ses environs, tout cela qui prend forme et solidité, est sorti, ville et jardins, de ma tasse de thé. » (Proust, M. [1912], *A la recherche du temps perdu*, tome I, Paris, Gallimard, 1968, p. 46-47.)

2. Proust, M. (1927), *Le Temps retrouvé*, tome III, Paris, Gallimard, p. 867.

mémoire affective, fondée sur les éprouvés du corps, en résonance avec les *affects maternels*. Mais Proust a magnifiquement intégré, pour la transmettre, le style, ce que j'appelle *la loi du Père*, car son œuvre a une construction, une langue, une architecture : elle est un monument de la littérature internationale. Le temps de Proust, comme celui décrit par Freud, est un *temps éclaté* : c'est le temps des personnes de ma génération, tissé d'impressions du passé, de souvenirs, d'après-coups. Je les retrouve quelque peu avec vous, Samuel, puisque je pratique la *libre association*, non pas sur le divan d'un psychanalyste, mais en correspondance avec un interlocuteur qui m'écoute et, peut-être, me comprend.

S. D. Plus je vous écoute, plus je suis touché par ce temps, passé, présent et futur, dont vous savez vous emparer, que vous racontez avec tendresse et respect, que vous rendez plus vivant et plus proche de nous. Aujourd'hui, je vois ma génération aux prises avec une temporalité accélérée mais évasive, perdue dans un flux indigeste et abscons où les événements ont tous perdu de leur importance, qu'il s'agisse de l'histoire individuelle ou de l'histoire collective. La mémoire se languit et se traîne, s'égare et ralentit ; les événements passés nous échappent et ont perdu de leur chair ; nous les observons de loin, désincarnés, fantomatiques, passablement vains. Nous oublions quand nous ne savons plus. Nous méprisons quand nous ignorons. Nous vagabondons à travers ce nihilisme nouveau dans lequel même les forces du temps se révèlent sans conséquences sur la pensée. La guerre elle-même a perdu de son pouvoir évocateur ; elle n'est plus qu'une donnée, un vieux jouet même pas effrayant rangé dans le grenier de l'humanité, une historiette ni plus ni moins importante que d'autres dictatures contemporaines, qu'un épisode d'une série télévisée. Bien loin de notre monde électrique, trépidant, clinquant… et finalement désespérant et nauséeux. Le présent s'étale et nous submerge, brasse continuellement des actualités, des faits divers, des petites choses sans importance et des catastrophes mondiales, sans que ces images nous émeuvent durablement, sans qu'il en reste une trace. Nous sommes coincés dans un état d'attente, contractés sur ce moment planétaire d'absurdité et de superficialité qui devrait être éphémère mais qui n'en finit pas. Nous rêvons, à l'occasion, d'une crise sans retour en arrière possible, d'un cataclysme pour agiter la vie, d'un choc cyclopéen pour remuer le vide, pour qu'il se passe enfin quelque chose, pour qu'enfin la torpeur s'efface, qu'émerge la conscience. Survivre pour vivre enfin. Le futur lui-même n'augure plus rien, comme si nous étions figés sur ce présent permanent et qu'il n'y avait plus d'avenir, même plus de postérité. Car quelle image saurait nous survivre ? Chaque heure, un héros en remplace un autre ; chaque minute, une urgence succède à une autre ; comment se projeter encore ? Plus important, comment affronter l'avenir sans sentir en soi la puissance de son histoire, de la chaîne générationnelle qui offre à notre destin les lignes de ses contours ? Comment grandir sans racines ? Ma génération ne peut se sentir exister qu'à court terme.

La fin du temps : mourir aujourd'hui

S. D. Je comprends le respect à l'égard du passé, de ce qui vous a constitué. J'ai pour ma part évoqué la crainte de la mort pour ma génération et le *sentiment d'éternité*. Pour votre génération, quel était le rapport à la mort ?

M.-F. C. A propos de ce sujet, je me sens obligée de reparler de ma famille et de mon époque. J'ai vécu dans une famille extrêmement éprouvée par la guerre et où nous portions les deuils qui avaient dévasté la vie de mes grands-parents[1]. Alors, nous devions faire le deuil de ces

1. Un fils de vingt ans tué en 1916 à la tête de son régiment à Bouchavesnes lors de la bataille de la Somme, dans le nord de la France ; un autre fils, à plusieurs reprises cruellement blessé, resté de nombreux

événements déchirants. C'est là où la croyance de retrouver un jour les êtres chers disparus prématurément était consolatrice. La religion nous aidait à projeter les retrouvailles avec ceux que nous avions perdus. La mort, oserai-je dire, permettait de maintenir des liens entre les générations. Chacun espérait toujours ne pas être touché par ces grandes catastrophes mais, s'il advenait un deuil ou plusieurs, nous pouvions espérer que nous retrouverions les liens tissés dans la vie par-delà la mort. Le « par-delà la mort », qui finalement ne touche plus vraiment votre génération, nous donnait espoir. Je pense que la religion, dans son acception la plus large et la plus tolérante, peut donner un espoir dans le temps d'après-la-vie, où nous retrouverons ceux qui nous sont chers. Cette conviction était celle de ma famille dans cette époque particulière de la guerre.

S. D. Ainsi, c'est donc une conviction, votre foi, qui prolongeait le temps ?

M.-F. C. Oui, le temps était prolongé. Bien sûr, ce sont des croyances que l'on pouvait partager plus ou moins. Mais, vous avez raison, ces croyances aidaient à étirer le temps.

S. D. J'ai l'impression que vous étiez plus « cadrés » lorsque vous rencontriez un deuil ?

M.-F. C. Je suis d'accord. J'ai été moi-même éprouvée par le deuil. Me reviennent les images de ce noir dont nous devions tous nous revêtir. Les hommes avaient ce petit ruban noir qu'ils devaient accrocher au revers de leur veste noire ou gris foncé. Les femmes, tout habillées de noir, portaient aussi des mantilles ou des chapeaux noirs. Il y avait le corbillard noir qui transportait le corps du défunt, corbillard dans lequel montaient les proches pour l'accompagner dans sa dernière demeure. Tout était scandé. Il y avait des *rites*, quelque peu différents selon les familles. Dans ces moments de tristesse,

---

mois dans le coma, s'en sortant avec une jambe de bois, infirmité qui handicapa toute sa vie.

les proches se retrouvaient pour pleurer ensemble. Toutes ces étapes ont une fonction symbolique mais également psychologique : elles accompagnent la personne endeuillée, lui accordent un soutien pour lui permettre de progressivement se détacher du défunt. La chaleur de l'affection est un antidote au froid de la mort. Il faut parler et mettre des mots sur la douleur. Il est possible de le faire avec un petit enfant à condition de l'écouter et de se mettre à l'unisson de son âge et de sa sensibilité. Ainsi, après ce moment de deuil, l'espoir va revenir ; la vie va reprendre et se présenter sous de meilleurs jours.

S. D. C'est toute la force symbolique du rite. Il offre un appui symbolique indispensable sans lequel il est difficile d'accomplir le chemin du deuil. Quand j'échange avec des personnes de mon âge sur la mort, surgissent fréquemment dans la discussion le clonage, la cryogénisation, les cœurs artificiels, les modifications génétiques. La mort est un impensable et on rêve de l'esquiver ou de la combattre comme une maladie particulière, de l'éradiquer à l'instar d'une espèce animale invasive et destructrice. Tant pis si elle nous confère notre humanité, si elle nous structure, si elle donne à notre vie sa valeur, tout vaut mieux plutôt que de disparaître, plutôt que de cesser d'être. Ce remède à la mortalité fantasmé atteste de notre angoisse de perte, de la fragilité de notre vie intérieure et de nos assises narcissiques, de l'impuissance des stratagèmes mis en place pour évincer notre néant intime, la légèreté de l'*avoir*, l'impermanence de notre quête d'expériences en tout genre… Nous avons peur de mourir parce que nous ne savons pas vivre ; nous allons trop vite et nous ignorons comment nous lester d'assez d'*existence* pour un jour envisager de la quitter, accomplis et heureux d'avoir bien vécu, aimé, rêvé, de nous être liés. Oui, la quitter heureux de nous libérer de notre individualisme insensé et de passer notre tour aux générations d'après, appréciant notre chance, louant les êtres aimés et les quelques moments beaux qui auront su être appréciés, pleinement vécus plutôt que survolés et superficiellement éprouvés. Comment mourir à vide et avide ? Comment mourir seul et isolé ? Comment mourir sans rien avoir à transmettre ? Comment mourir sans savoir qui l'on est ? Comment conclure l'histoire sans savoir comment elle a commencé ? Comment mourir sans porter en soi la chaleur d'une altérité ? Narcisse, attaché à lui seul, ne veut pas se quitter ; il veut s'aimer et s'aimer encore, fallût-il vivre pour toujours tétanisé dans son reflet. Vivre à n'importe quel prix. Vivre terrorisé. Vivre comme un cafard. Mais vivre quand même.

M.-F. C. Aujourd'hui, j'ai noté un recours de plus en plus fréquent à l'incinération. Les corps sont détruits au lieu d'être enterrés. Je vois là un changement qui a trait au temps et à la fuite du temps. On ne donne plus leur poids, leur corps aux choses, aux événements, aux personnes. Certains préfèrent et demandent à être réduits à un petit tas de cendres qui s'envolent. Ce n'est pas que je sois attachée de manière démesurée aux rites funéraires mais le recours plus fréquent aujourd'hui à l'incinération m'a rappelé qu'il y a avait un poids de la mort, du deuil, de l'événement, de la perte de l'être cher qu'on ne sait plus représenter. Je pense à ce poème de Verlaine où il se montre sensible à la voix lointaine et grave de ceux qui nous ont quittés, à « l'inflexion des voix chères qui se sont tues [1] ». Dans ces vers, il y a tout le charme du souvenir de l'autre que l'on essaie d'atteindre, dont on essaie de se souvenir, que l'on essaie de retrouver : c'est le propre du processus du deuil, de l'attachement à quelqu'un que nous avons perdu et que nous cherchons à rejoindre à l'intérieur de nous-mêmes. Tout cela requiert du temps.

Le travail du deuil est un terme forgé par Freud dans « Deuil et mélancolie » (1915) pour désigner le processus d'élaboration psychique qui s'effectue après la perte d'objet. La tristesse, l'inhibition, le repli sur soi de la personne gravement endeuillée, le manque d'intérêt pour tout ce qui ne se

1. Verlaine, P. (1865), « Mon rêve familier », *Poèmes saturniens*, in *Œuvres poétiques complètes*, Paris, Gallimard, 1981, p. 63.

rapporte pas à l'objet perdu, la perte du goût de vivre et de choisir de nouveaux objets d'amour apparaissent comme la conséquence de la mobilisation de toute l'énergie psychique disponible pour accomplir l'épreuve de réalité, relativement à la perte qui est déniée dans les couches profondes de l'inconscient[1]. Dans la mélancolie proprement dite, il n'y a pas de deuil avéré ; c'est le Moi lui-même qui est devenu pauvre et vide. Il est alors question de la relation du sujet avec ses *objets internes* et de la manière dont a été abordée et résolue une étape normale du développement de la première enfance, la *position dépressive* : « Cela nous amènerait à rapporter d'une façon ou d'une autre la mélancolie à une perte d'objet qui est soustraite à la conscience, à la différence du deuil dans lequel rien de ce qui concerne la personne n'est inconscient[2]. » Si j'insiste sur le travail du deuil, c'est aussi parce qu'il demande du temps et que l'accélération que vous avez décrite est aux antipodes de cette pause inexorable.

« Sans une disposition à la mélancolie, il n'y a pas de psychisme, mais du passage à l'acte ou au jeu[3] » : je me retrouve dans cette assertion. Il y a nécessairement de la mélancolie dans la vie intérieure, celle qui nous anime, lorsque nous arrêtons le temps de la vie quotidienne, que nous nous promenons en nous-mêmes, que nous faisons défiler nos souvenirs et évoquons nos amours. Il n'est pas d'imagination qui ne soit secrètement mélancolique. La mélancolie nous

1. Cette épreuve est « exécutée en détail, avec une grande dépense de temps et d'énergie d'investissement, et, pendant ce temps, l'existence de l'objet perdu se poursuit psychiquement. Chacun des souvenirs et des attentes pris un à un dans lesquels la libido était rattachée à l'objet est mis en position, surinvesti, et sur chacun est effectué le détachement de la libido ». (Freud, S. [1915], « Deuil et mélancolie », in *Métapsychologie*, Paris, Gallimard, 1986, p. 150.)

2. Freud, S. (1915), « Deuil et mélancolie », in *Métapsychologie, op. cit.*, p. 151.

3. Kristeva, J., (1987), *Soleil noir. Dépression et mélancolie*, Paris, Gallimard.

incite à écrire et à créer, quelle qu'en soit la forme. La théorie freudienne décèle partout le deuil impossible de l'objet maternel.

S. D. Oui. Questionner notre rapport à la fin revient à interroger les origines. Si ma génération a tant de difficultés à concevoir la mort, c'est bien que quelque chose fait défaut au *commencement* de la vie psychique. La séparation d'avec la mère est, rappelons-le, prototypique de toutes les séparations à venir. Paul-Claude Racamier, pour ne citer qu'un seul exemple, évoquait ainsi un deuil originaire comme « un processus psychique fondamental par lequel le moi, dès la prime enfance, avant même son émergence, et jusqu'à la mort, renonce à la possession totale de l'objet, fait son deuil d'un unisson narcissique absolu, et par ce deuil même, opère la découverte de l'objet comme de soi, et l'invention de l'intériorité [1] ». Il est intéressant de noter que pour ce psychanalyste toute crise est un deuil et inversement. Néanmoins, le deuil serait toujours source de croissance et de vie ; la pathologie et la souffrance ne reposant que sur des failles dans le déroulement du processus. Racamier explique que la traversée du deuil originaire lègue au sujet la capacité de toujours trouver assez de confiance dans le monde et dans la vie, assez de confiance en soi pour affronter les petits et les grands deuils dont toute l'existence est émaillée. Même si je me sens plus proche des recherches de Lacan promulguant le langage, l'intolérance à la frustration et les angoisses d'abandon, les nombreuses crises que traverse ma génération, la mise en place de stratégies fétichiques pour éviter le deuil, la perte et le manque pourraient trouver un écho intéressant dans ces travaux.

M.-F. C. Tout à fait. Dans *Abrégé de psychanalyse*, Freud décrit l'amour pour la mère : « La mère ne se contente pas de nourrir, elle soigne l'enfant et éveille ainsi en lui maintes autres sensations physiques agréables ou désagréables.

1. Racamier, P.-C. (1992), *Le Génie des origines*, Paris, Payot, p. 16.

Grâce aux soins qu'elle lui prodigue, elle devient sa première séductrice. Par ces deux sortes de relations, la mère acquiert une importance unique, incomparable, inaltérable et permanente et devient pour les deux sexes l'objet du premier et du plus puissant des amours, prototype de toutes les relations amoureuses ultérieures[1]. » Nous savons l'amour incomparable que Marcel Proust nourrissait pour sa mère : l'immense mélancolie ressentie après sa mort en 1905 a été, sans nul doute, le ferment de sa force créatrice. Il avait trente-quatre ans.

L'effondrement du mélancolique montre surtout qu'il n'a pas pu accéder au sens de sa tristesse : l'exprimer, la mettre en mots. C'est ainsi que l'aventure du langage et de la parole adressée à un Autre peut l'aider à s'en sortir. Nous pensons que l'échange psychanalytique est une des modalités du recouvrement de la santé psychique. Nous retrouvons ainsi le temps intérieur, enfin redécouvert et éclairci, loin des agitations et de la frénésie sociétale.

Psychanalyse et temporalité

S. D. Justement. Je pense à ce qu'écrivait Antoine Compagnon : « Le paradoxe le plus intime de la modernité est que la passion du présent à laquelle elle s'identifie doit s'entendre aussi comme un calvaire[2]. » Le cabinet du psychanalyste ne pourrait-il pas être un des derniers endroits où l'on peut surprendre et suspendre le temps ? Où désamorcer ce *calvaire* en démasquant la *passion* ?

M.-F. C. Je suis tout à fait d'accord avec vous et je vois aujourd'hui des patients qui ont commencé par le face-à-face. Croyez-moi, je ne milite pas à tout prix pour la psychanalyse

1. Freud, S. (1938), *Abrégé de psychanalyse*, Paris, PUF, 1970, p. 60.
2. Compagnon, A. (1990), *Les Cinq Paradoxes de la modernité*, Paris, Le Seuil, p. 31.

orthodoxe avec l'allongement sur le divan, etc. Mais, comme l'exprime Julia Kristeva, la cure psychanalytique est tout de même un moment magnifique pour l'apprivoisement du temps, notamment de notre temps intérieur. Qu'appelions-nous autrefois *la vie intérieure* ? C'est une jolie expression qui raconte qu'au fond de chacun d'entre nous il y a une place pour le psychisme, pour le rêve, pour le développement de nos fantasmes et de notre vie intime. C'est ce qui fait l'essence même de notre individualité et de notre valeur : chacun dans cette mesure-là est personnel, singulier, et va pouvoir rencontrer un autre, accompagné de sa propre histoire.

Pour illustrer mes propos, je reviens à ce grand pédiatre et psychanalyste anglais qu'est Donald W. Winnicott. C'est lui qui nous a légué ce concept si important d'*objet transitionnel*, que vous aviez déjà évoqué[1]. Rappelons qu'il s'agit d'un objet intermédiaire entre la mère et son enfant, un ours en peluche, un jouet ou une couverture, voire un son ou une chanson, quoi que ce soit qui lui rappelle sa mère. Cet objet qui est à la totale disposition de l'enfant représente la preuve qu'il continue de jouer et d'exister, même en l'absence de sa mère, dans cet espace qui n'est ni le moi ni le non-moi, *espace* qui devient lui-même *transitionnel* et dans lequel va s'inscrire la culture.

C'est à l'intérieur de cet *espace transitionnel* où fantasme et réalité se chevauchent que la créativité, y compris dans son acception à l'âge adulte, trouve sa place. Pour Winnicott, la culture tout entière (arts, philosophies, mythes, religions) est un espace psychique, substitut du jeu infantile, indispensable à l'homme en bonne santé qui y prospère. Mais à la différence de Freud qui s'est surtout intéressé à l'artiste génial[2], Winnicott a vu en tout être humain un artiste potentiel : « La créativité qui m'intéresse est quelque chose

1. Cf. *supra*, « Du corps-mystère au corps-objet ».
2. Shakespeare, Goethe, Léonard de Vinci, Michel-Ange, Dostoïevski, etc.

d'universel. Elle est inhérente au fait de vivre [...] La pulsion créative peut être envisagée en elle-même ; bien entendu, elle est indispensable à l'artiste qui doit faire œuvre d'art, mais elle est également présente en chacun d'entre nous, bébé, enfant, adolescent, adulte ou vieillard[1]... » Dans cette perspective, la culture n'est pas qu'un ornement, un luxe ou une consolation ; si elle est bien un refuge à la dureté de l'existence, elle est nécessaire et gratifiante : « On ne peut parler d'un homme qu'en le considérant avec l'accumulation de ses expériences culturelles[2]. » La psychanalyse ou des *entretiens psychanalytiques* (définis alors par *l'écoute* du clinicien) doivent permettre à chacun de créer son *espace transitionnel*, d'y développer sa créativité, ce que j'ai appelé plus haut *sa vie intérieure*. Il est nécessaire de ralentir pour construire.

S. D. C'est ce qui rend l'analyse extrêmement hermétique à la nouvelle génération. Dans cet espace, seul le langage est souverain ; il rythme l'instant. On ne coupe pas la parole, on entend le silence, on espère sans impatience le mot, l'image à venir. Je crois que le temps de la psychanalyse n'est ni emprisonné ni incontrôlé ; il est en fait une toile de fond tranquille berçant les affects surgissants, une zone où convier le passé pour mieux comprendre ce qui se joue au présent. C'est une expérience particulière, intermédiaire. Un instant pouvant être intense sans être insécurisant. Il faut bien comprendre que c'est pour cette raison que, plus qu'une expérience fertile, le moment analytique peut être vécu comme une épreuve par des personnes de ma génération. Il s'agit d'un lieu sans précipitation, sans objet, sans autre prothèse narcissique que la bienveillance du clinicien... Un espace qui interroge implicitement l'ensemble de la vie du sujet, chacune de ses conduites. Comment

1. Winnicott, D. W. (1975), *Jeu et Réalité,* Paris, Gallimard, 2002, p. 95-97.

2. *Ibid.*, p. 137.

rendre plus lisible le vide, l'angoisse du reste du temps ? Comment cohabiter avec soi-même quand il n'est plus possible de se fondre dans l'*acting* ? Comment chercher le mot, la métaphore signifiante, pour se retrouver et déjouer les défenses nourries par un discours social parfois aliénant ? L'espace analytique, ou même simplement psychothérapeutique, est un espace fécond qui invite à la découverte, à la créativité, à la construction mentale. Il ne s'agit plus de cet ennui hébété, de cet isolement agité ; il ne s'agit plus d'aller en parallèle de l'autre mais bien de grandir, de s'appuyer sur l'Autre. C'est ce qui me semble essentiel : comprendre que la vie est avant tout intérieure. L'appareil psychanalytique est utile pour penser l'immuable comme le changeant.

Nous autres devons faire face à une crise du temps social, de ce « présent qui veut être son propre horizon, qui se veut autosuffisant. Dans un sens, ce présent comporte à la fois tout le passé et tout le futur dont il a besoin. Il a aussi cette caractéristique d'être une espèce de présent éternel, disons plutôt perpétuel[1] ». Mais aussi du temps individuel qui confronte le patient à l'ensemble de son existence, de ses prémices jusqu'à sa fin avec sa mort et même après, avec l'accent porté sur la transmission et sur la filiation. Ces deux réalités communiquent, se nourrissent, s'influencent. Je crois donc fermement que tant que la pratique clinique conservera sa bienveillance, sa tolérance, mais aussi son caractère réfractaire à l'inclusion dans le discours social, elle jouera un rôle éminemment civilisationnel, en s'attachant à ouvrir une voie vers les significations souterraines de l'esprit humain, en écoutant l'indicible comme le criant. L'histoire du sujet rime toujours avec l'histoire de l'humanité. Hartmut Rosa écrit ainsi que la fin de l'Histoire survient au moment « où l'impression de changement aléatoire, épisodique, ou même

1. Hartog, F., in *Humain. Une enquête philosophique sur ces révolutions qui changent nos vies*, *op. cit.*, p. 339.

frénétique, remplace la notion de progrès, l'individu perd toute certitude sur la direction de l'histoire[1] ». La perte d'emprise sur notre présent suffit-elle cependant à expliquer la fracture avec notre passé ? Comprendre l'Histoire, c'est interroger cet autrefois, l'expurger de sa dimension mythique et de ses représentations, la structurer en discernant à la fois ce qu'elle porte d'universel et de singulier, de critique comme de permanent, d'intime comme de groupal. Devenir humain, plus que jamais, c'est se *névrotiser*. Nous devons dresser un pont entre cet être qui ne sait plus à quoi il est voué, qui ne s'écrit pas, et cette histoire déraisonnable en ce qu'elle s'est perdue et diffractée. J'aimerais croire que la psychanalyse demeure une réconciliation entre le monde intime et celui de l'extérieur. Une main tendue.

M.-F. C. Oui, c'est la beauté de ce métier. C'est cette écoute que d'aucuns reçoivent pour la première fois et qui les surprend. Nous sommes surpris nous-mêmes par les associations d'idées, leur puissance évocatrice. Je pense que c'est une création qu'a accomplie Freud : elle trouve une tonalité particulière dans notre société où nous devons lutter contre la course du temps parce qu'elle l'abroge et aide la vie psychique à renaître.

S. D. D'un point de vue plus critique, nous pouvons nous demander si les psychanalyses trop longues sont encore en phase avec le réel social car, qu'on le veuille ou non, il pénètre bien dans l'espace analytique à un moment ou à un autre. Est-il encore possible de faire face à ce temps qui devient omniscient et surpuissant, qui abolit même l'espace et la matière ? Comment nous adapter pour transmettre des armes narcissiques au patient ?

M.-F. C. Peut-être, dans ces psychanalyses qui durent un temps infini, pouvons-nous entendre les difficultés de la personne à mettre son temps intérieur suffisamment à l'abri des

1. Rosa, H. (2012), *Aliénation et Accélération. Vers une théorie critique de la modernité tardive*, Paris, La Découverte, p. 87.

pressions sociales, au moment où nous lui fournissons l'occasion de ne pas tomber dans le jeu pervers de l'accélération totipotente du temps. Le travail psychanalytique demeure unique car il est tout à la fois exercice approfondi de la connaissance de soi, de sa relation aux autres et au monde extérieur. Il devient ainsi apprentissage de la vérité sur soi-même, dans une juste estime de ses capacités, à bonne distance de la mégalomanie ou de la dépression, avec l'acceptation profonde du jeu du temps. Ce cadre particulier doit être conçu comme un appareil de langage, pas celui du langage pressé et anecdotique des médias, mais du langage du cœur et de la pensée, réunis dans une créativité unique et singulière qui évolue et s'approfondit avec le temps : « C'est le temps que tu as perdu pour ta rose qui fait ta rose si importante », dit le renard au Petit Prince. La parole psychanalytique doit être cultivée comme la rose dans son jardin.

Le couple en question

> *L'amour actif, comparé à celui des songes, c'est une chose cruelle et effrayante. L'amour des songes rêve d'un progrès rapide, qu'on satisfasse vite, et il rêve que tout le monde le regarde. Là, réellement, on peut même en arriver à donner sa vie, pourvu que ça ne dure pas longtemps, mais que tout s'accomplisse au plus vite, comme sur une scène, et que chacun regarde et applaudisse. Quant à l'amour actif, c'est du travail et de la patience, et, pour certains, je crois bien, c'est une science véritable.*
>
> DOSTOÏEVSKI, *Les Frères Karamazov.*

D'un romantisme à l'autre

Marie-France Castarède. Je suis heureuse de ce que je découvre au travers de ce dialogue des générations et, alors que nous abordons le thème du couple, je ne voudrais pas que ma vision paraisse trop passéiste. Je prends souvent les transports en commun et je suis touchée lorsque je vois des signes de sympathie et d'amour entre deux jeunes. Cela me touche. C'est l'amour, la reconnaissance de l'un par l'autre et de l'autre par l'un. Ils le montrent, plus facilement qu'à mon époque. Cela me fait plaisir surtout si les gestes, si les postures sont empreintes de respect et de complicité ! Ce que j'espère, en voyant ces images beaucoup plus fréquentes que de mon temps, c'est que ce qui m'est montré corresponde à quelque chose de sincère, qui ne durera pas l'espace d'un matin ou d'un soir, qui aboutira à la découverte de l'autre, non seulement sur le plan du corps amoureux mais aussi des sentiments, à partir de l'histoire de chacun. Je suis très intéressée et pressée d'entendre ce que vous, qui représentez la jeune génération, me direz de ces changements.

Samuel Dock. Oui, nous sommes plus libres dans nos désirs et dans la démonstration de notre amour. Je me réjouis quant à moi de vous entendre sur ce sujet essentiel, peut-être le plus important de notre dialogue. Car que peut bien valoir une vie sans aimer ? Quelles différences intergénérationnelles allons-nous découvrir ?

M.-F. C. Je pense spontanément à mon livre sur l'opéra[1] où je décris la passion amoureuse, magnifiquement symbolisée par le chant et la voix. J'avais repris dans mon introduction les paroles d'une chanson : « Parlez-moi d'amour, redites-moi des choses tendres[2]... » Cette simple chanson émeut chacun d'entre nous, car l'amour est au centre de nos vies.

Stendhal écrit : « L'amour a toujours été pour moi la plus grande des affaires, ou plutôt la seule[3]. » Cette citation montre l'importance pour lui de l'amour et du phénomène de ce qu'il appelle *la cristallisation*, phénomène d'idéalisation. Il désigne le sentiment amoureux produit par l'imaginaire de l'amant : « Ce que j'appelle cristallisation, c'est l'opération de l'esprit, qui tire de tout ce qui se présente la découverte que l'objet aimé a de nouvelles perfections. [...] En un mot, il suffit de penser à une perfection pour la voir dans ce qu'on aime[4]. »

1. Castarède, M.-F. (2002), *Les Vocalises de la passion*, Paris, Armand Colin, p. 75-79 et p. 85-88.

2. Chanson composée par Jean Lenoir et interprétée par Lucienne Boyer en 1930, traduite en trente-sept langues, reprise par Dalida (1961), Juliette Gréco (1964), Patrick Bruel (2002).

3. Stendhal (1890), *Vie de Henry Brulard*, Paris, LGF, 2013, p. 767.

4. Stendhal (1936), *De la naissance de l'amour*, Paris, Hypérion, p. 3-7.

L'invention des qualités imaginaires de l'objet d'amour suit une période d'admiration. L'amour, pour Stendhal, est asocial, impossible à contenir dans une institution : « L'amour, c'est du temps. » Et la société d'aujourd'hui, nous l'avons montré, a horreur du temps. Du temps qui passe, du temps qu'il faut prendre, du temps qui nous rappelle notre mortalité. A l'aune de ces citations, nous comprenons qu'aux yeux de ce grand écrivain l'imagination littéraire et poétique est constitutive de l'amour, longue promenade dans les charmes de l'autre. Notre vie la plus profonde est celle de nos amours : avoués, secrets, enfouis, refoulés. Lorsque j'échange avec des personnes de ma génération je réalise combien nous avons été marqués par cette culture de l'amour, par cet héritage romantique valorisant la pensée et l'imaginaire dans la rencontre de l'autre qui conduit à la construction de notre relation avec lui.

S. D. Ce legs « romantique », j'en remarque l'importance depuis le début de notre échange. Ma génération sera plus sensible à un autre romantisme, celui de Caspar David Friedrich, de Goya ou de Füssli, celui des récits fantastiques d'Edgar Allan Poe ou les fantasmagories de Dante en littérature… La mort et sa crainte en tant que néantisation de l'être, la sensibilité exacerbée, la nostalgie persistante d'un monde différent qui n'aura jamais existé, l'exploration sans cesse renouvelée d'univers fantastiques ou *alternés*, les tentatives pour contrôler l'angoisse, l'attirance pour l'inquiétante étrangeté : ma génération est fascinée par tous les composants du romantisme noir. On trouve d'ailleurs une trace de cette influence *dark* dans un très grand nombre de productions culturelles contemporaines qui lui sont destinées, même si c'est souvent de façon édulcorée et surtout désérotisée comme dans *Le Seigneur des anneaux*, *Harry Potter* ou dans les livres de Stephenie Meyer. L'imaginaire, la confrontation à d'obscures galaxies hors du temps et de l'espace n'ont plus alors vocation à élaborer une relation avec l'autre mais avec soi-même, à s'inventer une place dans une dimension à notre mesure ou à notre démesure, une vie plus exotique et surtout moins décevante que la nôtre, une reconquête du Moi contre le vide alentour perçu comme critique, une exaltation des sentiments intérieurs et des passions plus fortes pour rompre la monotonie de toutes les façons d'éprouver instituées. En somme, pour ma génération, mieux vaut avoir peur de chimères et de ténèbres que de la désubstantialisation postmoderne ! Faire craqueler le réel pour bâtir des réalités divergentes, fussent-elles aussi angoissantes que celles des jeux vidéo « *Silent Hill*[1] » ou des films de Hideo Nakata[2], se révèle un moyen efficace de rendre le monde plus supportable et de se retrouver, de lui imaginer des chemins de traverse qui, enfin, mèneraient droit vers soi… Ma génération, dans la crise économique et spirituelle que nous vivons, se réapproprie et redéfinit le romantisme au sens strict, inhale un nouveau *mal du siècle* écartelant le passé et l'avenir. Si l'individu Y, narcissique et nihiliste, se retranche sur lui-même et ne croit plus en rien, il ne cesse pas pour autant de rêver, de créer, de ressentir… en attendant l'Autre. Avec l'amour, c'est un monde nouveau qu'il espère.

M.-F. C. Je suis touchée par vos propos. Pascal Quignard, né en 1948, plusieurs années après moi, écrit : « La vie de chacun d'entre nous n'est pas une tentative d'aimer. Elle est l'unique essai[3]. » Si nous voulons faire de notre vie une existence riche et pleine, il nous faut comprendre l'importance de l'amour et accepter que notre temps sur cette terre soit limité :

---

1. Une saga de jeux vidéo « d'horreur » qui surprend par la complexité des thématiques abordées (la filiation, la culpabilité, le deuil), par le soin accordé aux problématiques psychologiques des personnages et la dimension poétique de ce voyage macabre…

2. Hideo Nakata est un réalisateur japonais connu surtout pour avoir porté à l'écran les romans de Koji Suzuki (*Dark Water, Ring, Ring 2, Ring zéro*…). Là encore, l'épouvante n'est qu'un moyen pour explorer les relations humaines, la poésie et l'émotion prennent souvent le dessus sur l'effroi.

3. Quignard, P. (1998), *Vie secrète,* Paris, Gallimard, p. 223.

il nous faut donc saisir l'occasion d'aimer lorsqu'elle se présente, et préserver l'amour une fois qu'il est trouvé. Notre destin est tissé de nos passions : passions d'enfance transposées, sublimées, revisitées, répétées, distancées, rejetées... Je le cite de nouveau : « L'amour est un don sans pitié parce que rien ne console de sa perte. L'amour est lié au perdu ; c'est pourquoi toute perte le vérifie. C'est la plus intense des douleurs. [...] Pourquoi l'amour ne s'éprouve-t-il que dans la violence de sa perte ? Parce que sa source est l'expérience de la perte. Naître, c'est perdre sa mère[1]. » Il y a une prégnance secrète du mythe de Tristan dans le beau livre de Pascal Quignard et une complicité avec la pensée de Freud au sujet du premier de tous les amours : l'amour maternel.

Freud, le fils préféré de sa mère, a montré l'importance vitale, existentielle de l'amour maternel, « prototype de toutes les relations amoureuses ultérieures[2] ». Aîné d'une famille qui compta en tout huit enfants, ardemment aimé par une mère jeune, vive et jolie, il écrit : « Quand on a été sans conteste l'enfant préféré de sa mère, on garde pour la vie ce sentiment triomphant, cette confiance dans le succès qui, en réalité, restent rarement sans l'amener[3]. » Pour chacun d'entre nous, selon notre histoire, cet attachement est primordial. Il me plaît que Pascal Quignard, écrivain et musicien, lui reconnaisse une grande valeur, précisément dans l'élaboration et l'accomplissement de son œuvre, accordée à ses émois de petit enfant.

S. D. Qui contesterait aujourd'hui l'importance des premiers investissements de l'enfant ?

M.-F. C. Dans *Fragments d'un discours amoureux* (1977), Roland Barthes montre comment c'est l'amour qui est devenu obscène aux yeux du conformisme contemporain :

1. Quignard, P. (1998), *Vie secrète*, *op. cit.*, p. 123 et p. 150.
2. Freud, S. (1938), *Abrégé de psychanalyse*, *op. cit.*, p. 60.
3. Freud, S. (1933), « Un souvenir d'enfance de Goethe », in *Essais de psychanalyse appliquée*, Paris, Gallimard, 1971, p. 161.

« Ce n'est plus le sexuel qui est indécent, c'est le sentimental[1]. » Il écrit en exergue que « la nécessité de ce livre tient dans la considération suivante : que le discours amoureux est aujourd'hui d'une extrême solitude. [...] Lorsqu'un discours est de la sorte entraîné par sa propre force dans la dérive de l'inactuel, déporté hors de toute grégarité, il ne lui reste plus qu'à être le lieu, si exigu soit-il, d'une affirmation ; cette affirmation est en somme le sujet du livre qui commence[2] ». Barthes s'étonne que le sentiment amoureux, si crucial dans nos vies, soit oublié au profit du sexuel. Il rejoint Freud dans l'importance qu'il accorde à la vie psychique, aux racines subjectives de nos amours. Orphelin de père très tôt, il s'est passionnément intéressé à la *sémiotique*, c'est-à-dire aux signes des affects : il occupa la chaire de sémiologie au Collège de France de 1977 à 1980. Il insistera sur la toute-puissance de la voix maternelle qui permet la fusion narcissique érotisée, remarquablement mise en valeur dans la mélodie française ou le *lied* allemand. Dans l'endormissement, il aime la voix qui lui rappelle les commencements de la vie : « C'est le moment des histoires racontées, le moment de la voix, qui vient me fixer, me sidérer, c'est le retour à la mère ("Dans le calme aimant de tes bras", dit une poésie mise en musique par Duparc). Dans cet inceste reconduit, tout est alors suspendu : le temps, la loi, l'interdit : rien ne s'épuise, rien ne se veut : tous les désirs sont abolis, parce qu'ils paraissent définitivement comblés[3]. » Passionné de chant, Barthes a remarqué que le narcissisme vocal le plus originaire se fonde dans les vocalises et le *baby talk* (langage bébé) musical : nous comprenons à quel point le retour à l'enfance apporte le bonheur, sublimé dans le chant, qui est un retour à la mère.

1. Barthes, R., *Fragments d'un discours amoureux*, Paris, Le Seuil, 1977, p. 209.
2. *Ibid.*, p. 5.
3. *Ibid.*, p. 121.

La voix, traversant le complexe d'Œdipe, aboutit à l'identification. Nous allons à l'opéra pour y voir représenter des histoires de famille : « Dans notre société occidentale, à travers les quatre registres vocaux de l'opéra, c'est l'Œdipe qui triomphe : toute la famille est là, père, mère, fille et garçon, symboliquement projetés quels que soient les détours de l'anecdote et les substitutions de rôles dans la basse, le contralto, le soprano et le ténor[1]. » Je souscris profondément à toutes ces considérations puisque je suis moi-même passionnée de chant et d'opéra. Mon enfance m'y a conduite immanquablement.

Une chanson de Jacques Brel a bouleversé ma génération mais peut-être aussi la vôtre : « Ne me quitte pas [...] / Je ferai un domaine / Où l'amour sera roi / Où tu seras reine [...] » Ce qu'il nous faut apprécier, c'est que le rêve est dans l'amour, comme sa part consubstantielle : « Oh ! là ! là ! Que d'amours splendides j'ai rêvées ! », nous confie le poète Arthur Rimbaud dans « Ma bohème »[2]. A l'opéra, les amours de *Tristan et d'Isolde* (Wagner, 1865) sont passionnées, passionnantes, tragiques, magnifiquement sensuelles parce qu'elles sont le point d'aboutissement d'une révélation psychique qui s'articule à des histoires familiales, le roi Marke de Cornouailles, oncle de Tristan, étant le rival œdipien de ce dernier... comme dans *Otello* (Verdi, 1887) où la jalousie à l'égard de Cassio est au centre du drame. L'incandescence amoureuse est liée à l'histoire des personnages et aux ressorts de leur psychologie profonde inconsciente.

Le défi de la loi est la condition de l'exaltation amoureuse. En ce sens, les amants clandestins sont au paradis de la passion, comme dans *Roméo et Juliette*. Les interdictions du Surmoi œdipien œuvrent pour que la transgression soit vécue dans l'ivresse du ravissement : « Dans sa fougue vengeresse contre son propre père ou mari, la femme retrouve

1. Barthes, R. (1982), *L'Obvie et l'Obtus*, Paris, Le Seuil, p. 254.
2. Castarède, M.-F., *Les Vocalises de la passion*, *op. cit.*, p. 11.

chez son amant secret les jouissances insoupçonnées d'une fusion maternelle[1] », écrit Julia Kristeva. De même, le mari infidèle, tel Don Juan, qui fuit chez son épouse la mère imaginée possessive, trouve à l'extérieur dans ses conquêtes la preuve de sa virilité rassurée. Dans les pièces de théâtre comme dans les opéras, les histoires d'amour peuvent être comprises et interprétées à la lumière de la psychanalyse : Freud a été le premier à nous initier à la « psychanalyse appliquée[2] ». Je veux montrer, pour ma part, que les mouvements psychiques de l'âme sont au cœur de nos relations amoureuses et que la transgression des interdits, dans les exemples que j'ai cités, peut constituer un des aspects de l'exaltation.

Aimer qui vous voulez, l'exemple de l'homosexualité

S. D. J'entends l'idéal, j'écoute l'écho du rêve que vous avez fait se répercuter à l'infini dans ma sensibilité. Roméo et Juliette, Don Juan, l'opéra, Jacques Brel, Arthur Rimbaud, la passion et l'opéra, l'amour, un peu de transgression, pourquoi pas ? La photographie, je l'ai entre les mains. Je vois les visages souriants, l'harmonie des jours, un verger ; je la trouve belle et j'ai envie d'y aller, de faire mentir ma nostalgie. A vous entendre, de votre temps, l'amour était plus beau que maintenant ; l'amour triomphait partout, il se tenait à portée de cœur. Cependant, quand je m'éloigne de ce cliché quelques instants, le charme cesse d'opérer. Je retrouve mes esprits. J'ai les temps plein les yeux. Par exemple, vous citez Barthes, qui, je vous l'accorde, nous laisse des textes et des pensées d'une très grande richesse. Dans le cadre de notre dialogue, ce n'est

1. Kristeva, J. (1983), *Histoires d'amour*, Paris, Denoël, p. 267.
2. Essais de Freud sur Léonard de Vinci, Michel-Ange, Shakespeare, Goethe, etc.

pas sur son dogme que je tiens à fixer mon attention, mais sur l'homme, sur sa vie. Roland Barthes était, comme vous le savez, homosexuel. Il écrivait peu sur sa sexualité, je devrais plutôt dire sur son attirance pour ceux qu'il appelait les « garçons » sans jamais en faire des « hommes ». Son orientation sexuelle lui causait un profond désespoir et il souhaitait, ardemment, renoncer à cette part fondamentale de son être, abjurer son identité[1]. Bien sûr, psychiquement, il est fort probable que de nombreux facteurs puissent expliquer la détresse de Barthes face à ces désirs qu'il ne parvint jamais à refouler. Car refoule-t-on jamais ce que l'on est ? Surtout, peut-on négliger le déterminisme social de ce rejet de lui-même ? Je rappelle que l'homosexualité était perçue en 1960 comme un fléau social, puis fut décrite en 1968 comme une maladie mentale. Pensez-vous que cela encourageait l'acceptation de soi-même ? Comment vivre et comment aimer ainsi ? Comment désirer encore, comment désirer ailleurs que dans cette marge qui blesse et isole plus qu'elle ne circonscrit et structure ? Là encore, je suppose que l'arsenal de cadres nosographiques devait être fort pratique pour légitimer les idéologies les plus aberrantes. L'homosexualité n'a été dépénalisée qu'en 1982 et retirée de la liste des maladies mentales par l'OMS qu'en 1990. J'avais cinq ans. Ma génération était une enfant. Barthes était mort depuis dix ans, emportant avec lui le chagrin, le regret, son impossible bonheur. Je crois qu'on ne resitue jamais assez une pensée dans son contexte historique et social. Je crois qu'il est parfois très simple d'aimer. Que c'est même beaucoup plus simple pour ma génération que pour la vôtre. Au moins pour les minorités.

L'individu de ma génération peut aimer une personne du même sexe s'il le souhaite. Il n'aura pas besoin de se cacher, de retrouver l'être aimé dans des lieux sordides, des ruelles ou des

---

1. A ce sujet, lire Marty, E. (2006), *Roland Barthes. Le métier d'écrire*, Paris, Le Seuil.

pissotières crasseuses pour l'embrasser. Il ne sera plus clandestin. Il ne sera plus répudié. Il pourra l'aimer là où il se sentira heureux, peut-être lui tenir la main en plein soleil. Il n'aura pas peur d'être découvert, démasqué par un frère, un ami ou un collègue, de voir son homosexualité dénoncée ou utilisée contre lui, de voir son nom sali par des langues mauvaises. Il ne redoutera pas le regard de l'autre. Il ne se sera pas blessé avec celui qu'il portait sur lui-même tandis qu'enfant ou adolescent il découvrait ses désirs véritables. Il ne se haïra pas d'aimer son semblable ; de sombres fantasmes suicidaires n'accompagneront pas cette révélation personnelle. Le secret aura perdu de sa superbe, de son aura destructrice, de son « romantisme », c'est certain. Le partage et l'ouverture à l'autre n'en seront que plus beaux. Il présentera l'être aimé à ses amis et à famille et se fera accepter par l'entourage de l'autre. Il bâtira avec celui qu'il aime sa propre famille et, puisque c'est bien là une révolution que connaît ma génération, l'épouser et adopter des enfants, si un jour tous les deux le souhaitent. Pour ma génération, les amitiés ne sont plus « particulières » : elles sont, et c'est tout. Elles n'importunent plus que de vieux méchants ou de jeunes réactionnaires perdus, leur haine de l'autre bercée par des archaïsmes et des milieux sociaux clivants. Peut-être que la société est devenue moins autoritaire, moins patriarcale, et qu'elle encourage bien plus la réalisation du désir qu'elle ne le cadre… ou le brime. Mais cela n'en valait-il pas la peine, au moins pour toutes ces minorités ignorées ou condamnées du temps de votre génération ? Je ne veux cependant pas répondre à votre idéal par un autre. Tout n'est pas beau. Tout n'est pas parfait. Les passages à l'acte suicidaire restent plus élevés chez les homosexuels, et j'attends de pied ferme celui qui viendra me parler de la « pulsion de mort » dans l'homosexualité ; de jeunes homosexuels sont fréquemment mis à la rue après avoir annoncé leur sexualité à leurs parents, des agressions homophobes ont lieu tous les jours, de nombreuses discriminations sont dénoncées au travail… L'homophobie est une réalité sur laquelle il est impossible de fermer les yeux. Toujours est-il que la société réprouve aujourd'hui les injustices qu'hier encore, du temps de votre génération, elle encourageait. C'est écrit dans la loi et fonde la perception que le sujet a de lui-même comme ses relations intersubjectives. Toutes les dynamiques sociales font l'objet d'une régulation temporelle, dont peut bénéficier aujourd'hui ma génération. Le cadre dans lequel elle évolue se prête donc bien plus à la tolérance, à l'égalité démocratique et à l'ouverture à l'autre, qu'au conservatisme et à l'autorité répressive. Certes au risque du nihilisme, du narcissisme, de l'hédonisme, du vide…

M.-F. C. Personnellement, je n'ai jamais été *homophobe* : j'en veux, pour preuve, mon amitié profonde avec des homosexuels. Freud a été dans l'admiration de certains grands créateurs homosexuels, tels que Platon, Michel-Ange, Léonard de Vinci… Il affirme la nature bisexuelle de chacun d'entre nous et considère l'homosexualité comme une variation de la fonction sexuelle, déterminée par les expériences identificatoires de l'enfance. Considérée, selon les époques et les sociétés, comme un vice à réprimer, une déviance à corriger ou une différence à respecter, l'homosexualité masculine ou féminine laisse planer le mystère des déterminants qui guident l'orientation du choix sexuel.

S. D. Pour votre génération, je pense tout de même à l'homosexuel marié par obligation sociale, à la femme qui aurait rêvé de divorcer, à l'ouvrier épuisé incapable de trouver du temps pour lui et encore moins pour son épouse et pour ses enfants… je me demande comment ils auraient accueilli votre discours ! Ma génération est plus favorable au mariage homosexuel, à la GPA et à la PMA, à l'IVG, plus sensible à la condition de la femme et à la lutte contre les discriminations. Elle est également plus souple à l'égard des minorités, plus dégagée des standards mortifères d'autorité qui, à un moment, se sont emballés, plus *borderline* et en quête de limites que névrotique et frustrée… Je ne prétends pas qu'une personne de ma génération ne peut pas être raciste, homophobe, conservatrice, phallocrate ou bigote.

Mais elle s'inscrit alors en décalage du discours social hypermoderne qui supporte ses modalités d'être ; elle se situe en rupture avec son époque et avec l'*idéal* de celle-ci. C'est pourquoi, même si à l'occasion des « jeunes » défilaient contre, le « mariage pour tous » a clairement scandé l'existence d'une fracture intergénérationnelle au sein de notre société, un choc des valeurs et des idées auquel il n'est pas possible d'échapper. La crise du langage que nous traversons conduit la jeunesse à chercher du « sens » parfois aux plus mauvais endroits, au risque de la violence. Pour conclure, je crois qu'un monde, le vôtre, en a engendré un autre, le mien. Que nos idéaux manqués se répondent avant de s'opposer à travers les générations.

Une révolution

M.-F. C. Je comprends votre fureur contre les idées passéistes de ma génération, mais, en ce qui me concerne, je vous ai dit que je n'ai jamais été homophobe et que je compte des homosexuels reconnus parmi mes amis.

S. D. Bien sûr ! Je le sais bien. Ma critique porte évidemment sur la société de votre époque, pas sur votre cas particulier !

M.-F. C. Il reste que toute idée de l'homme est une idée de l'amour dans ses multiples aspects. Cependant, l'érotisme amoureux n'investit la conscience moderne qu'au début du XIXe siècle, grâce aux romantiques. Luc Ferry le rappelle dans son livre *La Révolution de l'amour* (2010). Déjà dans *L'Homme-Dieu ou le Sens de la vie*[1], cet auteur m'avait aidée à mieux situer mes idéaux, au départ chrétiens à cause de mon éducation. J'envisageais, en le lisant, de me défaire de mes pratiques catholiques car la spiritualité laïque me proposait les mêmes valeurs sans le carcan et le dogmatisme d'une religion particulière.

1. Ferry, L. (1996), *L'Homme-Dieu ou le Sens de la vie*, Paris, Grasset.

Dans son livre sur l'amour, il va à l'encontre du « désenchantement du monde[1] » ou de « l'ère du vide[2] », pour reprendre les expressions de Marcel Gauchet et de Gilles Lipovetsky. Effectivement, Marcel Gauchet a montré que le recul des croyances religieuses, pour lui utile et pertinent, nous amène à renoncer à un passé harmonieux où la vie avait un sens. Quant à Gilles Lipovetsky, vous l'avez expliqué, il a décrit l'hyper-individualisme contemporain, critiquant ainsi une société devenue très narcissique. Luc Ferry, en revanche, montre que notre rapport au sacré, même s'il ne s'incarne plus dans une confession religieuse spécifique, constitue une façon de sortir de soi et de cet individualisme propre à notre temps. Notre vie s'enracine dans l'amour de l'autre : « L'amour n'est plus seulement cette expérience intime et bouleversante qu'il fut très certainement depuis l'aube des temps, mais pour la première fois peut-être dans l'histoire, il est devenu le principe fondateur d'une nouvelle vision du monde, le véritable foyer qui redonne sens et réorganise aujourd'hui les valeurs qui ont nourri la civilisation européenne moderne[3]. » L'amour de l'autre serait une valeur à cultiver pour notre XXIe siècle.

S. D. Là encore, ne peut-on pas pointer du doigt une certaine naïveté ? Lorsque vous parlez de l'individualisme contemporain, vous ne pouvez pas négliger la complexité des mécanismes sociaux en jeu et compter sur l'amour pour sauver le monde, certainement pas sur l'altruisme désintéressé pour sauver l'Homme ! Que signifie « cultiver des valeurs » concrètement ? Comment sortir de soi quand notre civilisation tout entière repose sur cette culture, cette politisation du narcissisme contemporain ? Ces idées me semblent très artificielles. En somme, la vie n'est pas un film de Walt Disney !

---

1. Gauchet, M. (1985), *Le Désenchantement du monde*, Paris, Gallimard.
2. Lipovetsky, G., *L'Ere du vide. Essais sur l'individualisme contemporain*, *op. cit.*
3. Ferry, L. (2010), *La Révolution de l'amour : pour une spiritualité laïque*, Paris, Plon, p. 12.

M.-F. C. Non, je ne suis pas d'accord avec vous ! Je rejoins Luc Ferry à propos de la fraternité, un des mots clés de notre histoire républicaine. Il souligne combien tout a changé depuis la généralisation des mariages choisis pour l'épanouissement de l'amour, par opposition aux unions traditionnelles, arrangés par les parents ou par les villages pour des motifs qui n'avaient aucun lien avec le sentiment. Dans le monde ancien de la féodalité, qui ignorait le salariat, il fallait bien avoir des bras pour faire *tourner* la ferme, de sorte que les considérations matérielles et quotidiennes l'emportaient largement sur l'inclination amoureuse. Ces révolutions de la vie privée ont entraîné un sentiment de fraternité pour autrui, pas seulement pour le proche mais aussi pour le prochain. L'amour n'est pas que celui de l'état amoureux mais aussi le ferment du respect de l'autre sans lequel aucune relation n'est possible[1].Tout récemment, Matthieu Ricard fait l'éloge dans son nouveau livre[2] de l'altruisme : il propose un manifeste pour une société plus juste et la bienveillance à l'égard d'autrui comme valeur universelle. Alain Braconnier, psychiatre et psychologue, écrit : « L'optimisme ne se commande pas, il se cherche. Il se cherche parce qu'aujourd'hui nous en connaissons beaucoup mieux les effets bénéfiques sur le physique, le mental et la vie sociale[3]. » La force de la bienveillance et l'optimisme, voici des valeurs à cultiver…

1. Luc Ferry écrit : « Jamais aucune société ne fut plus soucieuse des autres, plus attachée à leur liberté, à leurs droits et à leur bien-être, que celles dans lesquelles nous vivons au sein de notre vieille Europe. […] Il suffit de lire Hugo ou Dickens pour mesurer à quel point nous sommes loin aujourd'hui de la barbarie sociale qui régnait encore au XIXe siècle. […] Il faut suivre la logique de la fraternité et de l'entraide, du plaisir de donner plus que de prendre ». (Ferry, L., *La Révolution de l'amour : pour une spiritualité laïque*, *op. cit.*, p. 455-471.)

2. Ricard, M. (2013), *Plaidoyer pour l'altruisme. La force de la bienveillance*, Paris, NiL.

3. Braconnier, A. (2013), *Optimiste*, Paris, Odile Jacob, p. 261.

S. D. En théorie, rien de bien compliqué. En pratique… c'est une autre histoire. Aucune valeur artificiellement choisie ne saurait en finir avec le narcissisme hypermoderne mieux que la compréhension des phénomènes en jeu, que la mise en lien des contenus inconscients, que l'étude de ce qui est transmis d'une génération à l'autre, les idéaux comme les monstruosités. Pour moi, un symptôme, fût-il social, ne disparaît que lorsqu'il est parlé, lorsque l'on comprend son utilité passée.

Les nouveaux pères

M.-F. C. J'en reviens plus précisément au couple. Je pense profondément, ceci est valable pour ma génération mais aussi pour la vôtre, me semble-t-il, que plus la participation affective est grande, plus les corps se prêtent à l'amour profond et à la sensualité. A travers les opéras ou les grands romans, nous le sentons magnifiquement. Je l'ai vécu et ressenti. Mais il y également l'amour fait de tendresse et de fidélité, j'y crois résolument.

Ce que j'ai voulu montrer dans mon livre sur l'opéra, c'est qu'il y avait dans la vie de tout un chacun, pour ma génération, la place pour ces deux formes d'amour. Une forme d'amour-passion qui est vécue sur le modèle de l'amour maternel fait de symbiose et de fusion, amour régressif, incandescent, et l'amour-tendresse, plus proche de la vie quotidienne dans son cheminement progressif, fait d'échanges, de complicités et de projets, autour de la famille notamment : « L'état amoureux ouvre à la fascination de l'illimité, là où l'amour durable apporte le havre quotidien[1]. » J'accepte d'être taxée de réactionnaire en disant qu'un des ciments du couple se traduit par la naissance d'enfants désirés, issus de l'amour de leurs deux parents. Les enfants

1. Castarède, M.-F., *Les Vocalises de la passion, op. cit.*, p. 162.

s'épanouissent d'autant plus qu'ils ont dans leur tout jeune âge la présence d'un couple qui s'aime. Commence alors, après la grande rencontre de la sexualité, l'itinéraire personnel des enfants, du soin et de la préoccupation concernant leur avenir. C'est un fait, pour ma génération, l'idéal pour les filles était de se marier et d'avoir des enfants. Je me suis émancipée de cet idéal. Heureusement pour moi !

S. D. C'est certain, aujourd'hui, on n'a pas besoin de faire un enfant pour s'aimer ni pour rester ensemble. Et je me demande ce que valent vraiment les sentiments d'un couple qui ne subsiste que grâce à la responsabilité envers ce petit être.

M.-F. C. Pourtant, la vie change pour le couple avec la préoccupation de ce nouveau-né qui fait l'admiration de ses parents, qui convertit leur énergie en sollicitude et les réunit dans un amour commun. Nous retrouvons la notion d'altérité. Julia Kristeva montre qu'il s'agit là d'un amour désintéressé, notamment de la part de la mère : « La maternité [...] est une contribution inestimable à la civilisation. La maternité n'est pas la seule différence qui spécifie les femmes au regard des hommes, mais elle n'en reste pas moins essentielle. [...] C'est précisément dans cette différence que s'accomplit le rapport spécifique de la femme au sens et à l'autre : un autre qui est l'enfant, ni objet de désir érotique, ni objet de besoin physiologique, mais autre sujet[1]. » Elle transmet, par ses soins diligents et assidus, un *affect d'existence* à son bébé : elle introduit un dialogue interactif afin qu'il se sente compris et *aimé comme une personne*, pour reprendre le mot de Brazelton. C'est un bel amour, auquel participe le père : il n'est pas motivé par du sexuel et s'apparente bien plutôt à la tendresse, forme d'altérité authentique. On aime son enfant pour qu'il se construise lui-même, dans son autonomie personnelle, indépendamment de ce premier amour même, qui lui a apporté l'irremplaçable.

1. Kristeva, J., *La Haine et le Pardon*, *op. cit.*, p. 139.

S. D. Fidèle à la pensée de Dolto, je suis tout à fait d'accord avec cette promotion du respect de l'altérité de l'enfant, son exclusion nécessaire hors du narcissisme parental. En revanche, l'attente à l'égard des pères est bien plus grande pour ma génération que pour la vôtre. J'ai l'impression que, de votre temps, il suffisait à l'individu « d'être » un homme pour « jouer » son rôle de père, que sa voix masculine suffisait à lui procurer une parole porteuse de sens et d'autorité. Voilà un paradoxe intéressant : le patriarche, dans une société patriarcale, avait une vie plutôt tranquille et se révélait globalement absent de l'éducation des enfants ! Les pères travaillaient et disposaient d'une sorte d'autorité « immanente » tandis que les mères faisaient tout le travail éducatif, seules confrontées à la réalité des besoins quotidiens de leurs enfants, aux difficultés qu'ils rencontraient. C'est peut-être, en partie au moins, ce qui a conduit Julia Kristeva, que vous citez, à rappeler l'autorité des mères ! Aujourd'hui des responsabilités bien plus massives pèsent sur le père à qui il incombe d'être très présent dans l'éducation de son enfant et de participer autant que faire se peut à son développement. Il ne peut plus être uniquement celui qui punit ou finance la vie du ménage ; le « bon » père doit exceller sur tous les fronts : professionnel, familial et personnel. D'ailleurs, ma génération se montre très sensible à la juste répartition des tâches au sein du couple, terrain d'affrontement narcissique par excellence. Aldo Naouri a récemment fait de nombreux reproches à ces nouveaux pères qu'il juge trop « maternels ».

M.-F. C. Les *nouveaux pères*, une longue histoire ! Les événements de Mai 68 ont mis à mal l'image paternelle car la révolution universitaire était bien dirigée contre les mandarins de l'université, c'est-à-dire les professeurs. Il n'est pas anodin que Paul Ricœur, éminent professeur de philosophie à Nanterre, se soit vu coiffé d'une poubelle par les étudiants, ce qui m'avait personnellement choquée, tant j'avais de l'admiration pour l'homme et son enseignement. Je me souviens d'avoir discuté, à quelque temps de là, avec Serge Lebovici, psychanalyste d'enfants, du nouveau statut des pères. Il me faisait remarquer que le bébé savait bien distinguer sa mère de son père, grâce à la voix, celle du père étant d'une tessiture plus grave que celle de la mère, et grâce au *holding*[1] : la mère berce son enfant avec rondeur et tendresse là où le père le fait sauter en l'air joyeusement... De Gaulle, en 1970, abolit la puissance paternelle légale et la remplace par « l'autorité parentale ». Aujourd'hui, nous sommes encore passés à de tout autres modèles que vous avez bien décrits.

S. D. Mais reprenons sur l'altérité, je vous en prie.

M.-F. C. L'altérité est au cœur de l'amour. Certes, la rencontre entre deux êtres qui s'aiment commence par être fusionnelle voire symbiotique. Ces moments de passion, comme l'explique Lucy Vincent[2] ou le raconte Frédéric Beigbeder[3], ne durent que trois ans ! Lucy Vincent, spécialiste de la neurobiologie de l'amour, démontre, scientifiquement, que l'être humain est génétiquement programmé pour aimer son partenaire trois ans. Après ces trois ans, le partenaire amoureux doit faire des efforts pour atteindre l'*amour-amitié* et accepter l'altérité de son conjoint, rompre avec la symbiose passionnée. Comme elle le montre très bien, le mariage d'amour s'inaugure dans la *passion-coup de foudre*, avec les *phéromones* qui nous aident à flamber ! Ce moment où l'on considère l'autre comme indispensable et réciproquement, c'est l'*énamoration*. Cet état exceptionnel de ferveur, d'engouement, d'union sexuelle passe. Viennent ensuite les dangers de la monotonie, voire de la routine. Alors, les différences apparaissent dans l'ordre de la nature, des goûts, des tempéraments. C'est là que des conflits risquent de surgir. Une rupture peut être envisagée par l'un

1. Mot anglais utilisé par Winnicott pour signifier le portage.
2. Vincent, L. (2008), *Où est passé l'amour ?*, Paris, Odile Jacob.
3. Beigbeder, F. (1997), *L'amour dure trois ans*, Paris, Grasset.

dès lors qu'il s'imagine qu'un autre lui conviendra davantage. Il sera plus *parfait* ! Mais personne n'est parfait et ne peut totalement combler l'autre. La désillusion surviendra après l'illusion du deuxième coup de foudre... et ainsi de suite. Il me semble qu'il faut trouver un équilibre entre la folie passionnelle et la tranquillité d'un amour, plus proche de l'estime et de la tendresse. Ainsi, pour éviter les conflits, les disputes et maintenir la spécificité de chacun, il faut respecter le territoire de l'autre. Il s'agit d'accepter que le partenaire ne soit jamais totalement comme on le souhaitait *idéalement*, qu'il existera toujours avec son altérité, gage de son identité propre. Chacun doit respecter les goûts de l'autre. J'aime cette devise que je fais mienne : « Autonomes mais ensemble ! »

Le secret et l'Œdipe

S. D. Je comprends. Et puis respecter l'altérité de l'autre, c'est aussi respecter son mystère, son secret. C'est créer du désir.

M.-F. C. Le secret était vital pour ma génération parce que la vie des parents était pour une grande part secrète. Cela a permis à Freud de montrer l'importance pour l'enfant d'imaginer *la scène primitive* alors que certains enfants en mal de filiation ont tant de difficulté à se la représenter. Cette scène est à l'origine du fantasme sexuel et de tout ce qui va s'ensuivre. La curiosité, appelée plus savamment *pulsion épistémophilique* (*pulsion de savoir*), mobilise l'enfant pour apprendre, grâce aux livres, à l'école, par exemple !

A mon époque, le *secret* était une valeur protégée : c'est dire que le secret amoureux avait beaucoup d'importance. On imaginait qu'une personne avait un amour mais il n'était pas nécessairement exposé aux autres : il était très intéressant d'essayer de se faire une idée à partir de petits indices discrets. Quelle est la vie de tel ou telle ? Et là, l'imagination jouait un grand rôle. Cette imagination et ces fantasmes permettaient, une fois que l'acte sexuel était possible à l'homme ou à la femme devenus adultes, d'avoir une vie érotique plus féconde et plus intéressante.

S. D. Alors qu'aujourd'hui le secret est encombrant et synonyme de non-existence ; on se hâte de le divulguer. On n'imagine pas la relation de l'autre : on la découvre tandis qu'elle s'expose avec allégresse. Ma génération s'épanouit dans la démonstration quasiment en simultané de tout ce qu'elle vit : son couple, étendard narcissique de choix, n'y échappe pas. Depuis Facebook, le journal n'est plus jamais intime. Il faut paraître pour être, montrer que tout va bien, tout ce que l'on a, tout ce que l'on fait, ne pas laisser de place au doute ! A un niveau latent, je suppose que la fragilité narcissique de ma génération rend indispensable le regard de l'autre. On ne peut plus s'inventer, s'investir, sans cet appui extérieur, fétichisé et instrumentalisé pour se donner une forme, un statut, pour confirmer notre sentiment d'existence. Certaines choses n'ont pourtant une véritable valeur, une puissante beauté que lorsqu'elles sont gardées pour soi, cultivées longuement dans la psyché. La curiosité n'a pas le temps d'éclore, de nous galvaniser, qu'elle est déjà satisfaite, arrachée... Comme tous les plaisirs qui demandent un peu de patience et d'efforts, elle est reléguée au rang des labeurs inutiles, des pertes de temps.

M.-F. C. Personnellement, je me souviens très bien de ma curiosité à l'endroit, par exemple, de mes grands cousins, dont certains étaient fiancés et que je tentais d'observer dans leurs promenades champêtres, les regardant aussi discrètement que possible. Ces conduites amoureuses, appelées *flirts*[1], étaient, comme vous l'imaginez, discrètes et allusives, contrairement à l'exhibitionnisme des mœurs d'aujourd'hui, mais mon imagination se déployait à loisir. A la campagne, je rêvais au deuxième étage dans une chambre avec un

1. Relations amoureuses plus ou moins chastes !

grand lit où je lisais sur la toile de Jouy qui ornait les murs ces phrases énigmatiques : « L'Amour fait passer le temps ; le temps fait passer l'Amour. » La petite fille avait, dans ces moments-là, une imagination débordante ! Le secret nourrit l'imaginaire.

Pour moi, la conception du couple se rapporte à ce que chacun de nous a vécu dans son enfance, notamment dans ses relations avec ses deux parents. Cette complexité subtile des sentiments à l'égard de la triangulation œdipienne se retrouvait dans notre manière d'envisager l'union de l'homme et de la femme. C'est la conception freudienne de l'Œdipe qui structurait notre idée du couple. La *scène primitive* était tenue secrète, comme je l'ai raconté plus haut, objet d'une grande curiosité pour l'enfant, ce qui induisait pour chacun des inclinations et des rivalités avec l'un et l'autre des parents. Freud a montré combien la curiosité sexuelle est vive pendant les premières années de la vie. L'impuissance de l'enfant n'empêche pas son imaginaire de se déployer. Le petit garçon rêve de posséder Maman, à l'instar de Papa, tandis que la petite fille, quittant progressivement le giron de Maman, se tourne vers Papa pour obtenir son amour. Nous parlons ainsi de l'Œdipe masculin et féminin, avec leurs variantes singulières dans la biographie de chacun. Aussi le mariage, qui reproduisait, plus ou moins et à des degrés divers, le couple parental, apparaissait-il comme l'institution sociale adéquate pour la réalisation des désirs infantiles. Cette curiosité sexuelle était refoulée pendant la période de latence et ressurgissait avec une nouvelle force à l'adolescence, moment de construction personnelle et de désirs puissants nouvellement redéployés. Nous sommes passés aujourd'hui à une autre histoire. Il me semble personnellement que le secret entretenait le désir plus que l'exhibitionnisme contemporain ! Le cinéma, prude et censuré, excitait nos fantasmes érotiques grâce à notre délire imaginatif.

La sexualité Y

S. D. Je tique sur l'exhibitionnisme contemporain. Vous avez une représentation terriblement négative des mœurs sexuelles de ma génération ! Vous avez dressé un portrait plutôt noir de celles-ci et vous vous êtes de plus laissé influencer par le dogme freudien. Nous aurions donc une sexualité impulsive, incontrôlable, perverse en ce qu'elle instrumentalise l'autre comme l'outil de seule jouissance, *antéœdipienne* et donc pathologique, une sexualité amorale alimentée par les imageries pornographiques et dénuée des valeurs du *bon* et du *vrai*, conduisant à l'infidélité, à l'échangisme, au couple *libre* et à la réalisation de tout le cortège des perversions : voyeurisme, exhibitionnisme, fétichisme, etc. Nul doute qu'aujourd'hui, sous le regard freudien, toutes les personnes de ma génération pourraient être qualifiées de perverses !

La vie psychique humaine, son être le plus profond, n'a pourtant probablement pas changé. Les temps et les sociétés, les théories qui les digèrent et les concepts qui les traduisent, en revanche, ne sont plus les mêmes. Nous ne sommes plus dans ce monde faisant de l'homosexualité une perversion, fustigeant la masturbation, diabolisant toute forme de fétichisme et prétendant que l'homme ou la femme infidèles sont des exceptions qu'il ne faut surtout pas imiter. La prescription sociale a considérablement évolué, influencée, comme l'ont montré un grand nombre de sociologues déjà cités, par notre système ultraconsumériste qui fomente une nouvelle éthique, celle de la satisfaction de chaque désir. Cela ne signifie pas le travestissement de notre individualité, le retour à une horde primitive vivant pour jouir n'importe quand, n'importe où, n'importe comment. La génération Y n'est pas le rejeton d'une société définitivement malade, une monstruosité concupiscente qui n'existerait que pour satisfaire toutes ses déviances. L'hédonisme et l'individualisme postmodernes n'impliquent pas une réalisation aveugle et irréfrénée de tous les désirs mais avant tout une immense exigence à leur égard. C'est probablement dans cette optique que j'ai été durant notre échange bien plus critique vis-à-vis de ma génération que vous de la vôtre ! Comprenez bien que ce trait fait partie de mon héritage générationnel, qu'il concerne tous les domaines de notre vie. Narcisse veille à la qualité de son plaisir et je l'ai dit : l'idéal personnel gouverne toujours le choix de l'autre. Et puis pour que Narcisse s'aventure hors de lui-même et effectue ce travail de la différence que représente l'acte sexuel, il faut que la rencontre en vaille la peine. Que soit pressenti, en quelque sorte, un retour sur investissement. En d'autres termes, Narcisse est un consommateur attentif. Anxieux.

Les études statistiques sont intéressantes. Elles démontrent que nous sommes plus actifs sexuellement que les personnes de votre génération, que les couples peuvent parler plus librement de leurs fantasmes et pratiquer avec plus de facilité le sexe à plusieurs ou le sexe libre, ou avec une personne du même sexe s'ils le souhaitent[1]. La fidélité, je vous l'accorde, constitue une valeur nettement moins sûre que de votre temps, mais n'est-ce pas tout simplement parce qu'il est plus facile d'en parler ? On admet l'idée qu'il est possible d'avoir parfois d'autres envies, *d'aller voir ailleurs*. Il est vrai que ma génération ne s'encombre pas obligatoirement d'un immense investissement affectif pour un simple *plan*. Il est par exemple envisageable d'avoir une relation sexuelle avec une personne inconnue et rencontrée quelques heures plus tôt sur Internet, même si ce n'est pas une règle générale ! Ce qu'il faut ajouter, c'est que ma génération teste beaucoup de pratiques, plus vite et plus précocement, mais que l'idée du couple subsiste. Elle n'est certainement pas perverse pour autant. Le sexe est aujourd'hui une affaire de plaisir, d'expériences à vivre, de sensations pour animer

1. Cf. « Le contexte de la sexualité en France » publié par l'Inserm en 2012.

l'existence, d'une quête d'éprouvés qu'il est d'autant plus important de satisfaire que la vie est courte, toujours plus crispée sur ce présentisme haletant, cette angoisse tenace. En une relation sexuelle doivent se concentrer des centaines. Le sida a marqué également à jamais notre représentation de la sexualité.

M.-F. C. Ma génération a été plutôt épargnée. Les premiers cas de sida ont été observés aux Etats-Unis au début des années 1980. Le premier cas en France est apparu en février 1981. Mais oui, je me souviens de l'inquiétude provoquée par l'apparition de cette maladie que personne ne connaissait et qui, pourtant, pouvait donner la mort[1]. En fait, pour être tout à fait franche, je pense que cela vous surprendra, le grand danger à notre époque, ce n'était pas le sida, mais la grossesse non désirée. Nous ne connaissions pas vraiment le VIH. En revanche, la grossesse non désirée était un vrai drame, surtout s'il n'y avait pas projet d'union entre les deux partenaires. Le mariage était, pour certaines familles, la seule condition pour mener à bien une grossesse[2]. Le problème n'était pas tant celui du jugement social que de l'impossibilité légale d'avorter. Certaines femmes qui tombaient enceintes sans le vouloir devaient garder l'enfant et parfois se marier par contrainte ! Imaginez-vous l'horreur d'une telle situation ? Même quand l'avortement fut légalisé en 1975 grâce à Simone Veil, ce geste n'était certainement pas une démarche facile mais un événement traumatisant pour la femme. Tout cela représentait alors pour nous une menace plus concrète que le sida. C'est pourquoi la libéralisation de l'accès à la

1. De mon temps, il y avait de multiples maladies contre lesquelles il fallait se prémunir : scarlatine, poliomyélite, tuberculose, variole, tétanos, diphtérie, coqueluche. Certains vaccins existaient pour les enfants.

2. Nous nous amusions notamment en calculant à partir de la date du mariage si l'enfant avait bien été conçu dans les limites permises (neuf mois de grossesse) ou s'il naissait avant le terme attendu par la bienséance !

contraception portée par Simone Veil en 1974 a été un acquis fantastique pour la liberté des femmes ! A mon époque, les enfants pouvaient être conçus sans qu'ils soient chaque fois le fruit d'une délibération consentie entre les deux partenaires. C'était l'amour qui faisait que l'union sexuelle advenait et que, dans un certain nombre de cas, plutôt fréquents, la conception d'un enfant s'ensuivait. Ce fut une longue conquête ! Nous avions, dans ma génération, à notre disposition deux techniques qui nous faisaient beaucoup rire, mes amies et moi : « L'étreinte réservée ou le coït interrompu » !

S. D. Nous, nous avons grandi avec la peur du sida ou plutôt avec une parfaite conscience de l'existence de cette maladie et des ravages qu'elle pouvait faire. Pensez juste à l'échec des premières trithérapies ! La pédagogie effectuée en matière de prévention nous a rendu la sexualité intelligible très tôt. Pour nous, elle fait partie de la vie mais revêt une dangerosité qui n'existait pas du tout pour votre génération. La sexualité, aujourd'hui, peut tuer. Il convient donc d'être prudent dans l'abord de l'autre. Le préservatif marque toujours un nécessaire temps d'arrêt réel mais aussi symbolique : nous connaissons tous le prix d'un acte sexuel précipité. Voilà qui, vous le reconnaîtrez, amène à une certaine compréhension de l'acte sexuel dans sa globalité, et contribue à le démystifier, à l'inscrire dans le langage et surtout à nous débarrasser de la vision plutôt primitive que vous nous prêtez. Je ne crois pas ma génération vraiment *décomplexée*. En revanche, elle traite la sexualité, le corps et le plaisir avec un plus grand sérieux.

Le mariage d'amour

S. D. Mais je retiens que vous avez finalement beaucoup parlé du mariage. Notamment du mariage d'amour.

M.-F. C. Nous n'ignorons pas, les uns et les autres, la révolution du mariage d'amour, qui a succédé au mariage d'arrangement et de raison. Conçu pour l'épanouissement de l'amour, il se termine souvent paradoxalement par le divorce. Les couples éclatent, se recomposent. Le mariage bourgeois a explosé sous la pression de la libération des femmes et des mœurs.

S. D. Et les mariages arrangés ?

M.-F. C. C'était du temps de mes parents et surtout dans une époque où l'on voyageait beaucoup moins. Luc Ferry donne l'exemple d'une jeune fille bretonne vivant dans son village sur la côte, dans un périmètre qui parfois s'agrandissait quelque peu s'il y avait des vacances chez un grand-père ou une grand-mère. Limitée géographiquement, sa vie amoureuse se portait tout naturellement vers une relation de proximité. En général, il insiste beaucoup sur ce point, il fallait l'acquiescement des parents, parce que cela pouvait arranger tout le monde qu'il y ait union entre tel et telle, si c'était pour agrandir la maison, fonder une entreprise, élargir le cercle des relations. Je n'ai pas connu cette contrainte mais je suis la dernière d'une famille. Le mariage arrangé avait été le lot des générations précédentes d'autant qu'il y avait beaucoup d'hommes morts à la guerre, au point de rendre plus difficile le mariage des jeunes filles en ces temps-là.

S. D. Quels changements aujourd'hui ! Mes deux relations amoureuses les plus fortes et les plus longues étaient initialement des relations à distance, débutées sur Internet ! Le manque et la frustration de ne pas pouvoir nous voir autant que nous le souhaitions, la nécessité de beaucoup parler pour temporiser notre désir de l'autre, de communiquer pour aménager l'absence nous ont permis d'apprendre à nous connaître et de construire de solides assises relationnelles, de déjouer dans le langage la tentation de la fulgurance amoureuse à laquelle nous sommes tous soumis aujourd'hui.

M.-F. C. Oui ! C'est vraiment surprenant ! Pour poursuivre, au sortir des drames de la Seconde Guerre, la liberté a été retrouvée. Le voyage en voiture a également changé la situation de chaque personne et de chaque famille parce que les frontières départementales se sont considérablement ouvertes et rapprochées. Ainsi, nous pouvions choisir plus librement le mariage d'amour. Celui-ci a transformé nos vies car il s'agissait à ce moment-là de l'attirance profonde de deux histoires qui se rencontrent. Du même coup les enfants, issus de ce mariage d'amour, deviennent des objets de valeur car ils sont le fruit de ce qui s'est passé entre deux êtres qui veulent pour eux le bien, le beau, le bonheur, un avenir comblé. C'est là que ma vision est sans doute idéalisée. Cette chance que votre génération connaît, celle du choix sélectif d'un autre qui n'est pas déterminé par des raisons d'héritage, d'agrandissement des biens, etc., choix librement consenti, a représenté pour mes contemporains un idéal car il s'agissait d'une nouvelle mouvance politique et psychique. Mais dans l'amour sexuel libre d'aujourd'hui, le corps peut devenir marchandise, produit consommable, ce que personnellement je déplore. Ainsi pourrait être perdu ce qui faisait le charme et la valeur du mariage d'amour pour ma génération. Je conçois la résistance que nous offrons et que vous-même avez dénoncée, par rapport à cette famille construite autour de l'enfant, modèle du mariage d'amour, grand pas en avant par rapport au mariage arrangé. Nous l'avons vécu, à mon époque, comme une réalisation heureuse.

S. D. Oui. Cette idée questionne les raisons qu'a ma génération de se marier. Pourquoi le ferait-elle ? Pour aimer ? Non, le mariage est trop souvent associé au divorce, presque par un réflexe instinctif. Nous avons été témoins de l'échec de nos parents : le mariage d'amour n'a pas tenu ses promesses enchanteresses ! Je doute qu'un grand nombre de jeunes souhaitent « officialiser » ou même « consolider » son amour et sa relation par cette institution qui, comme un grand nombre d'institutions politiques ou religieuses, a été férocement désinvestie et inspire plus le cynisme ou l'amusement que le respect, l'émulation pour le sacré. Il y a d'autres raisons de s'unir cependant. On se marie pour soi, pour se réaliser soi-même, pour s'inscrire dans un certain schéma d'existence et faire valoir, face à la société, une représentation personnelle qui nous convient. On se marie pour se sentir protégé et rassuré, contenu, fort, voire invincible, indéniablement complet. On se marie pour fuir cette solitude qui renvoie inévitablement à cette persistante fragilité intérieure, pour déjouer le vide et la mort quelque temps, pour le pouvoir contraphobique des « toujours », l'immuabilité sécurisante des « pour le meilleur et pour le pire ». Avec l'essor de l'hyperindividualisme et la montée des angoisses dépressives, le goût de l'autre s'est affadi ; le mariage d'amour n'apparaît plus tant comme une chance ou un privilège que comme une simple option à choisir dans une vie en *kit*. Quand Narcisse se marie, c'est résolument pour lui-même… Et à ses conditions.

M.-F. C. Pour ma génération, la famille jouait un rôle, soit que l'on voulût se rapprocher du modèle proposé par les parents, soit que l'on voulût s'en éloigner. Je dois parler de mon cas particulier : j'étais orpheline lorsqu'il s'est agi pour moi de chercher le *prince charmant*. J'avais dix-neuf ans à la mort de mon père et je me suis retrouvée assez seule, le frère le plus proche ayant vingt-huit ans, déjà marié et parti à l'étranger ! J'ai été tentée, dans ces circonstances, de me rattacher aux idéaux de mes parents. J'étais tout en noir après la mort de mon père et je n'allais plus m'amuser dans les soirées. Dans une réunion d'amis, du genre intellectuel, je rencontre Jean qui me lance des plaisanteries gasconnes, ce qui me fait rire ! J'en avais besoin. Puis, je décide peu à peu, avec lui, du mariage, avec le souci pour ma part des études de mon futur mari et du sérieux de sa famille bordelaise et gasconne. Enfin, hasard quelque peu inattendu : l'étude graphologique de son écriture manuscrite par un de mes professeurs que j'aimais bien. « Cet homme est un cadeau de votre mère ! », me déclara-t-elle, sans se douter quel impact inconscient avait cette phrase décisive pour l'affirmation du choix de mon futur époux.

S. D. Vous-même établissez donc un lien entre le mariage et la *perte.*

Le nouveau désordre amoureux

S. D. Et le divorce ?

M.-F. C. Dans ma génération, le divorce était une exception ! Certaines familles ne recevaient pas de divorcés à leur table.

S. D. Je l'ignorais. Cela me choque beaucoup.

M.-F. C. Le divorce était un traumatisme pour l'ensemble de la famille. Nous étions dans la ligne d'un mariage pour la vie. Autour de moi, j'ai eu des adultes que j'admirais et qui s'étaient tenus à cette ligne. Une grand-mère maternelle remarquable qui formait avec mon grand-père un couple très uni, gai et solide, sans contrainte apparente ! Du côté de mon tuteur (après la mort de mon père, la majorité étant à vingt et un ans), mon oncle maternel, le frère de maman : il avait connu sa femme avant la guerre de 1914, puis avait été blessé plusieurs fois, était tombé dans le coma, mais avait survécu à toutes ses blessures, n'en gardant qu'une jambe atrophiée ! Ils avaient fondé ensemble après la guerre une grande famille et sont restés très unis. Du côté paternel, la situation était différente et je ne les ai pratiquement pas connus.

Il est vrai qu'après la période d'amour-passion, les défauts de l'un et de l'autre vont amener des déceptions. Autant on peut comprendre des divorces qui adviennent pour de très graves raisons (on pourrait les citer), autant, dans la majorité des cas, c'est le désenchantement et l'espoir de retrouver l'amour-passion qui motivent le divorce. Dans ce cas, la lucidité impose de savoir que l'idéal n'existe pas et que l'on pourra inévitablement trouver d'autres raisons de divorcer de nouveau.

S. D. Oui. C'est ce qui semble insurmontable pour les personnes de ma génération. Renoncer à l'idéal personnel ? Impossible ! On le cherche en vain, toute sa vie, espérant de toute son âme à chaque rencontre l'avoir enfin trouvé avec la même crédulité enfantine mais n'hésitant pas à y renoncer avec une déroutante facilité dès les premières déconvenues et épreuves à traverser. Les moindres remous sur l'onde calme du couple sont hautement dissuasifs ; on arrête tout quand le vernis craquelle ; on démolit et on recommence, pour un rien, parce que l'autre, face à nous, ne peut être que lui-même, qu'il finit inévitablement par affirmer sa personnalité et résister à l'image d'Epinal que nous avions de lui. Le moindre désaccord peut être fatal ! On tend vers un idéal ; on ne le choisit pas ; on allume le futur mais jamais on ne le rejoint, jamais on ne se l'accapare ; on le construit perpétuellement sans pouvoir « l'acquérir » à l'instar d'un autre produit. Je ne pense pas que ces phénomènes soient très clairs pour ma génération.

M.-F. C. Pascal Bruckner s'est beaucoup intéressé à ces questions et a publié, après les événements de Mai 68, un livre avec un autre philosophe, Alain Finkielkraut, intitulé *Le Nouveau Désordre amoureux*[1]. Selon ces auteurs, la révolution sexuelle, avec toutes les libertés qui l'accompagnaient, pouvait nuire à l'amour. Ils montrent très bien, en s'insurgeant contre la pensée situationniste de Gilles Deleuze et de Félix Guattari, que l'amour authentique ne se prête pas à la révolution préconisée par les étudiants qui défilent dans les rues de Paris en criant : « Il est interdit d'interdire ! »

S. D. Nous n'en sommes absolument plus là.

M.-F. C. C'est bien pourquoi Bruckner se pose de nouvelles questions dans *Le Paradoxe amoureux*[2]. Nous avons

1. Bruckner, P. et Finkielkraut, A. (1977), *Le Nouveau Désordre amoureux*, Paris, Le Seuil.

2. Bruckner, P. (2009), *Le Paradoxe amoureux*, Paris, Grasset.

gardé, selon lui, les avantages acquis de Mai 68 : contraception, IVG, divorce plus facile, émancipation des femmes par le travail, tabous sexuels renversés, amour libre... Mais nous avons conservé aussi des exigences comme le besoin d'amour, de fidélité, l'engagement matrimonial autour des enfants, la hantise et le drame de l'adultère. Ainsi, un siècle après son invention, le mariage d'amour n'est pas en meilleur état qu'était le mariage bourgeois à la fin du XIXe siècle. Il y a aujourd'hui moins de mariages et plus de divorces. Par ailleurs, il faut imaginer que beaucoup de personnes se marient pour avoir des papiers ! Le risque de l'infidélité est l'obsession de tous les couples. C'est le propre de la monogamie que de nous interdire d'aller voir ailleurs, ce qui rend cet ailleurs plus attrayant. On veut tout à la fois, à savoir la perspective du long terme et l'intensité passionnelle du présent de l'amour fou. Nous aimons l'état dans lequel nous plonge un nouveau partenaire, sans être sûr que nous aimons cette personne en particulier. En réalité, ce qui devrait compter n'est pas d'aimer plus, mais d'aimer mieux. L'intensité n'est pas seule en jeu, comme dans « l'amour de l'amour ». Cette expression, nous la trouvons dans *Les Confessions* de saint Augustin : « J'aimais l'amour [...]. Aimer et être aimé m'était encore plus doux si je pouvais en outre jouir du corps de l'être aimé[1]. » Il faut nouer un pacte avec le temps et revenir à une forme de sagesse. Ainsi, nous n'avons pas terminé cette évolution irréversible, mais Pascal Bruckner, qui avait cru que l'amour libre était une solution, plaide « non pas pour une sagesse de l'amour, mais pour une sagesse dans l'amour, où l'on réconcilie le cœur et la raison[2] ».

S. D. Je vous rejoins au moins en partie. Vous vous doutez bien cependant que c'est aussi de l'artificialité des règles

1. Saint Augustin (397-398), *Les Confessions*, livre III, ch. 1, Paris, Garnier, 1964.

2. Bruckner, P. (2010), *Le mariage d'amour a-t-il échoué ?*, Paris, Grasset.

permettant cette « sagesse » d'autrefois que dépend la fébrilité contemporaine... Tous ces cadres et ces interdits n'ont pas faibli sans raison. Mais je vous l'accorde, ces paroles de saint Augustin prennent un certain poids aujourd'hui.

M.-F. C. Trente-quatre ans après *Le Nouveau Désordre amoureux*, Alain Finkielkraut reprend la plume sur ce sujet brûlant dans *Et si l'amour durait*[1]. L'amour était autrefois contre l'ordre établi. Aujourd'hui, l'amour est un droit de l'homme. Non seulement nous prétendons aimer comme nous voulons, quand nous voulons et qui nous voulons, mais l'amour est aussi le critère d'une vie réussie. A partir des lectures de Madame de La Fayette (*La Princesse de Clèves*), de Philip Roth, Milan Kundera et des films d'Ingmar Bergman, il se demande ce que devient ce lien dans un monde où le « Tout, tout de suite » est la loi et où l'engagement dure ce que dure le désir, *trois ans* ! Le principe de plaisir serait-il l'unique principe de notre action ? L'amour a beaucoup gagné avec la liberté des femmes mais ne pourrait-il pas durer ? Paul Valéry écrit : « Le renoncement à la durée marque une époque du monde. L'ère du provisoire est ouverte. » Heidegger prolonge cette pensée : « Etre aujourd'hui, c'est être remplaçable. » Mais l'amour, c'est le fait d'éprouver un être comme irremplaçable et de le lui déclarer. Si l'amour n'est qu'un sentiment, alors il se mesure à son intensité et ne peut durer qu'un temps très limité. S'il est la découverte de ce qu'un être peut avoir d'unique, celui avec lequel nous avons tissé de nombreux liens, comme la mise au monde d'enfants, il s'approfondit dans le temps. Si l'amour renonce à la durée et proclame sa propre obsolescence, cela voudra dire que l'amour n'est plus l'amour, mais un avatar sentimental de la consommation !

Le philosophe André Comte-Sponville nous convie à une autre réflexion. Il reprend les trois formes d'amour d'après les grecs : *Eros*, *Philia* et *Agapè*. Il y a le rêve de la fusion et

1. Finkielkraut, A. (2011), *Et si l'amour durait*, Paris, Stock.

l'expérience du manque. Il y a la passion et l'amitié. Il y a l'amour qui prend et l'amour qui donne. Il y a la très douce et très pure charité. Ce sont trois pôles dans un même champ qui est celui d'aimer. Il faut vivre ces trois amours autant qu'on le peut et c'est la seule façon d'aimer la vie. La passion amoureuse relève bien sûr d'*Eros* : c'est l'amour qui prend. L'amitié irait plutôt de l'autre côté : l'amour qui se réjouit et qui partage. L'amour qui donne, c'est l'*Agapè*. Dans son dernier livre, *Le Sexe ni la mort*[1], il oppose l'amour sexuel, proche de notre animalité, à l'amour de l'autre comme personne. Il montre avec pertinence que l'homme doit s'affranchir de ses pulsions animales pour s'élever jusqu'à la conception d'une morale humaine, celle-ci lui enjoignant de traiter l'autre comme son semblable. Ainsi, il s'agit de concilier son plaisir avec la joie d'aimer son partenaire. Les couples heureux sont ceux qui peuvent, après de longues années, se réjouir de l'existence de l'autre. Ainsi pourraient se vivre amour et plaisir sexuel, ce qui implique le temps d'aimer durablement.

S. D. Si je vous suis, vous me dites que l'amour, on le construit et qu'il n'est pas donné d'avance. Cette intolérance à la frustration et aux défauts de l'autre serait la cause de la fragilité actuelle des couples.

M.-F. C. Vous partagez mon point de vue ?

S. D. Oui. Dans une certaine mesure.

M.-F. C. J'en suis très heureuse.

S. D. En revanche je trouve que nombre des conceptions que vous évoquez sont obsolètes. L'amour sexuel proche de notre animalité ? Voyons ! Quelle vision morbide empreinte de morale pour cette fascinante rencontre de deux esprits par le biais du corps ! La sexualité aujourd'hui est moins névrotique et problématique qu'à votre époque.

1. Comte-Sponville, A. (2012), *Le Sexe ni la mort*, Paris, Albin Michel.

L'infidélité

S. D. Vous avez dénoncé l'obsession de l'infidélité.

M.-F. C. L'infidélité a toujours existé, à toutes les époques. Sa crainte, son obsession, fondée ou non, a inspiré beaucoup des thèmes de la littérature et de l'opéra ! Il y a toujours, inséré dans le désir humain, l'idéal de l'amour-passion. Nous avons tous à faire le deuil de l'amour maternel qui correspond à un idéal de fusion. Nous devons consentir au deuil de l'amour absolu et de la dépendance passionnelle. A certains moments de la vie, l'amour-passion peut apparaître, inattendu et magnifique. Chacun d'entre nous peut en faire l'expérience. A ma génération, il y avait une forme de tolérance à condition que cette infidélité soit vécue dans son paroxysme sans trop entraver la vie du couple légitime. Je crois à une forme de réciprocité de l'infidélité. La liberté prise par l'un peut devenir la permission prise par l'autre. Chacun des membres du couple peut la vivre à sa manière et le secret relatif permet souvent d'en atténuer les conséquences néfastes. Nous avons tous droit à *l'amour-passion* mais il ne doit pas casser nécessairement *l'amour-tendresse*, l'amour familial autour des enfants. Pour eux, c'est terrible de voir leurs parents se déchirer. Je préfère les laisser penser que l'amour durable existe, même après des infidélités passagères.

S. D. La préservation du couple à tout prix. L'enfant à tout prix. L'infidélité avec réciprocité. Le narcissisme préserve quelque peu cette abnégation sacrificielle que je trouve, finalement, un rien extrême !

M.-F. C. André Green écrit : « Il est peut-être difficile d'admettre que la "sexualité naturelle", complète et satisfaisante, avec un objet digne de confiance, relève d'une idéalisation ou, pire, d'une illusion. Favoriser une libre pratique ne résout pas tous les problèmes. Plus la sexualité a le champ libre, plus son accomplissement devient complexe et délicat[1]. » Cette citation m'aide à conclure cette question difficile de l'infidélité.

S. D. J'y vois l'indice que Gleeden ou d'autres sites Internet de rencontres infidèles, aux slogans aussi racoleurs que désespérants, ont certainement tout compris du marketing… mais rien de l'être humain. Quand il n'y aura plus aucune limite, que restera-t-il du désir ? Un rêve enfui. Un mouchoir sale.

M.-F. C. J'ai vu des affiches dans le métro précisant qu'il s'agissait d'un site de rencontre pour époux et épouses infidèles. Une société ne devrait pas faire l'apologie publicitaire de l'infidélité ! C'est encore aux enfants que je pense. Ce sont eux qu'il faut préserver avant tout. Aujourd'hui, nous autres, d'une génération différente, nous ne mourrons ni pour la patrie, ni pour un idéal religieux, ni pour une idéologie (le paradis sur terre !), mais nous pourrions accepter de mourir pour sauver un de nos enfants.

Rencontrer l'étrangeté… sur Internet

S. D. Je vais être plus critique encore une fois à l'égard de ma génération que vous à l'égard de la vôtre.

Ce qui m'intéresse, dans vos propos, c'est la perception de l'autre, voire l'attente de l'autre, dans son altérité, et non pas dans sa ressemblance avec soi, dans sa singularité. Dans votre psyché, la différence de l'autre, psychologique mais aussi morale et culturelle, est non seulement reconnue et intégrée mais elle constitue également la condition *sine qua non* d'une rencontre épanouissante et enrichissante : vous vous nourrissez plus de ce qui vous échappe que de ce qui vous ressemble. Vous ne cultivez pas le fantasme de contrôler le partenaire, de l'adapter à votre désir. Bien au contraire,

1. Green, A. (2012), *La Clinique psychanalytique contemporaine*, Paris, Ithaque, p. 192.

j'entends dans votre discours une invitation, lancée non pas à une personne mais à l'imprévu, à la surprise, à la découverte d'une humanité comme celle d'un territoire naturel dont la beauté dépendrait de la préservation et non pas d'aménagements. Il y a de la poésie dans votre description de cette magie précieuse et fragile par laquelle deux inconnus, que parfois tout oppose, finissent par se rencontrer et cheminer l'un vers l'autre jusqu'à ne faire plus qu'un.

S'il est un domaine dans lequel le bouleversement générationnel se révèle lisible, c'est celui de la rencontre amoureuse. Croiser l'autre, apprendre à le connaître, le désirer, investir l'histoire naissante, toutes ces étapes dessinent une représentation si ancrée en chacun qu'elle semble décrire une rencontre amoureuse « traditionnelle », nécessairement incontrôlable, forcément naturelle lorsqu'elle commencerait au travail, chez des amis ou ailleurs. S'en remettre au hasard serait la loi de l'habitus.

Dans l'ère postmoderne, je crois qu'on admet difficilement de renoncer à contrôler ce premier contact, qu'on refuse de céder aux contingences de l'existence, par-dessus tout qu'on n'abdique certainement pas ses goûts ni ses dégoûts au profit du mystère de l'autre : ces déterminants sont rois. Oui, les choses ont changé. Mais la rencontre dont nous devrions parler en vérité, c'est avant tout celle de ce fantasme générationnel d'une relation idéale maîtrisée, de ses prémices jusqu'à son achèvement, et d'une technologie, d'une industrie permettant dans une certaine mesure son exhaustion. « Moi je crois que les belles rencontres se font partout, mais surtout ailleurs », ânonne la jeune femme de la publicité pour le célèbre site de rencontre Meetic.

J'en viens à aborder la question des sites de rencontre. Leur succès n'est plus à démontrer, ni même la variété des offres qu'ils proposent. L'hétérogénéité des méthodes et des « produits » répond toutefois à un procédé rigide. Une personne se crée un profil, définit ses critères de sélection, lance une recherche à partir de laquelle elle pourra trouver des personnes correspondant à ses attentes et avec lesquelles elle pourra choisir d'entrer en contact. L'élection de l'autre sur des critères objectifs et prédéterminés représente une véritable révolution sociale et psychologique. Un ébranlement de l'intersubjectivité dans lequel l'idéal personnel prime sur la différence de l'autre. Ce dernier n'est plus attendu, il est recherché. Il n'est plus découvert, il est anticipé. Les désirables qualités que vous prêtiez à l'autre en imaginant la rencontre sont devenues des conditions non négociables sans lesquelles cette dernière n'a pas lieu. Oui, c'est une révolution dans l'abord de l'autre, dans sa représentation, une transfiguration dont ma génération devrait *a priori* émerger moins seule, plus capable d'aimer. Mais dans le schisme intergénérationnel que représente la poursuite du partenaire à n'importe quel prix, le pari technologique est loin d'être gagné.

Soyons clairs, ma génération n'est pas la seule utilisatrice de ces sites. Même des personnes de votre génération y ont recours aujourd'hui, Marie-France. En revanche, pour mes contemporains, la démarche paraît infiniment plus évidente, il va de soi de s'inscrire, ne serait-ce que pour essayer, pour tenter sa chance sur le Web. Les personnes de ma génération passent beaucoup de temps sur les divers sites et réseaux, multiplient les prises de contact et les « chats », affinent leurs listes de critères, enchaînent les rencontres. Ce qui surprend le plus, de prime abord, c'est cette frénésie, cet empressement vers l'autre. Plus qu'à un désir, cette précipitation s'apparente à un véritable besoin de l'autre, à une compulsion de l'autre : il *faut* le trouver, efficacement, au plus vite. Chacun passe rapidement de profil en profil, hâtif de trouver enfin chaussure à son pied, enfin un être parfait de cette fameuse « compatibilité », maître-mot du business affectif. Une anxiété palpite pourtant derrière cette agitation. Plus que dans le nombre impressionnant d'inscrits sur les sites, elle se remarque dans le florilège de toutes ces questions qui retentissent tant en consultation que sur la scène publique. « Fais-je ce qu'il faut ? Le rencontrerai-je avant de prendre de l'âge ? Sera-t-il assez bien pour moi ? » A ces craintes exacerbant le fantasme d'une vie qui, pour être heureuse, doit être « complète », pleinement satisfaite, qu'il s'agisse d'emploi, de santé ou de famille, le site de rencontre prétend offrir des outils, des armes pour trouver le vrai, le bon, l'unique amour, et accessoirement soulager de l'angoisse de finir seul et par là même inachevé. L'injonction sociale de se réaliser trouve son aboutissement dans la rencontre amoureuse, sa solution dans la formule Internet. Ne pas être seul : un dernier état d'urgence.

C'est un fait, l'instrument Internet se révèle un outil redoutable. Il est possible de ratisser large, sur toute la planète s'il le faut, de *géolocaliser* la « cible » avec son iPhone, de la dénicher où qu'elle se terre, de la soumettre alors à l'arsenal de grilles de critères monstrueux de précision. De la pointure des pieds aux goûts culinaires, rien ne doit être négligé. Une promesse commerciale est faite : celle que plus personne ne sera jamais seul. Sur AdopteUnMec, il suffit de glisser l'objet de sa convoitise dans son panier virtuel, comme n'importe quel produit. Le site abrogerait pour de bon l'inhibition, le complexe, l'hésitation, la routine, les résistances. Rien de commun avec les agences matrimoniales d'antan. Ici personne ne se déplace ; chacun dispose les accessoires comme il l'entend sur la scène de son désir ; le contrat est l'affaire du Soi, d'intimité ; le tiers est électronique ; le mot émerge aussi vite qu'il est pensé ; chacun figure son propre conseiller. Internet retisserait un lien que l'Homme ne saurait plus saisir autrement. L'engloutissement dans l'autre commence indubitablement de l'autre côté de l'écran, chez soi, en soi.

M.-F. C. Très sincèrement, je ne suis pas tentée par les sites de rencontre… Vous me direz que c'est à cause de mon âge ! Pas seulement, car je pourrais y trouver des occasions faciles de prolonger les délices du plaisir et de la maturité tardive… De fait, la rencontre amoureuse a lieu dans le tête-à-tête ou le corps à corps. J'ai le sentiment que l'on peut falsifier ces moments uniques et imprévisibles grâce à des techniques abusives ou mensongères. Je préfère rester dans le rêve, dans ce qu'il contient d'unique et d'intransmissible sans calcul ni médiation. Un seul coup d'œil, une parole, une émotion, et c'est toute la musique qui se joue avec l'autre.

S. D. Le site de rencontre nous confronte à certains paradoxes. Le premier concerne « l'ouverture » de ces sites. C'est l'argument le plus vendeur, tout le monde pourrait être rencontré, ou plus exactement toutes les rencontres seraient possibles. Il y aurait sur ces pages de larges échantillons d'humanité. Mais c'est inexact. L'idéal que construit la personne en remplissant une grille de critères verrouille, dès le premier item coché, la rencontre, sur le schéma d'un autre fantasmé comme correspondant à ses attentes, excluant de fait une grande partie de personnes réelles, non circonscrites à cette création psychique. Même sans passer par une grille de critères, sans appliquer ses préférences, la présentation de l'autre, qui n'est alors qu'une image soignée et élaborée, un détour du Soi mais pas le Soi, enclave encore une fois la rencontre. Qui est vraiment soi-même sur le Web ? Qui peut l'être, dès lors qu'il y a transition par un mot ou par une photographie ? Internet évince la personnalité authentique, le site de rencontre exclut l'intégrité psychique de son utilisateur au profit d'un figurant, d'une création imaginaire composée de toutes pièces par lui-même pour plaire, mais aussi par celui qui, souhaitant satisfaire sa quête d'idéal, n'en verra que les qualités. L'ouverture mythique du site de rencontre fait confondre groupalité et promiscuité, solitude et isolement. Lorsque tout le monde est tributaire de l'imaginaire… tout le monde n'est plus personne. Le deuxième paradoxe est à coupler au premier. En vérité, sur les sites de rencontre, aucune rencontre ne se fait jamais ! Une rencontre, ce n'est pas seulement un contact visuel, un mot échangé, un simple « bonjour ». Une rencontre se définit avant tout par la confrontation de deux êtres, de deux organismes et de deux psychés, par des interactions sensorielles, par une communication verbale mais aussi non verbale, qui fait intervenir toute la richesse de la métacommunication[1]. Même si des mois et des mois d'échanges ont lieu, on ne se rencontre pas sur un site Internet, on ne se croise même pas. On tente de se deviner. Tout au plus, on se rêve.

Speed dating *et distanciation de l'autre*

S. D. L'erreur serait de considérer que ces problématiques attestent de l'échec de ces sites. Cette mise à distance de l'autre, cette façon de le contourner tout en le cherchant inlassablement dévoile au contraire une marque de leur triomphe. Effectivement, n'est offert au sujet que ce qu'il espère vraiment. Brandir une grille de critères parfois très hermétiques, enchaîner les rencontres ou même les relations sexuelles, ou au contraire demeurer dans la sphère virtuelle avec des compagnons voués à rester de l'autre côté de l'écran, passer au plus vite de contact en contact, évincer le partenaire au premier « défaut » qui apparaît. Quel meilleur moyen de ne jamais rencontrer véritablement l'autre, de ne jamais savoir qui il est vraiment ? Le Web n'y est pour rien, ce n'est qu'un outil, un espace qui n'est pas le seul concerné. L'autre se dissimule aussi loin derrière l'écran que dans l'obscurité d'une discothèque, derrière le nuage de fumée d'une cigarette, dans l'ivresse d'une nuit, toujours plus proche, toujours moins lui. Les profils sont tout aussi vite écartés lors d'une séance de *speed dating :* on reste à la surface, on se garde bien de cet Autre en l'autre, celui que l'on prétend regretter. Pourquoi tout contrôler s'il est espéré, s'il ne fait pas peur ? Pourquoi ne pas s'attarder, parler plus avec lui ? Pourquoi lui opposer tant d'intermédiaires ?

1. Ce terme, introduit par l'anthropologue Gregory Bateson en 1935, désigne l'ensemble des signaux affectifs qui accompagnent un message verbal et en renforcent, modifient ou infirment le contenu.

Pourquoi se contenter d'une image tour à tour floue ou retouchée ? Le virtuel n'est pas une création de l'informatique mais de la psyché. Le moyen d'apprivoiser l'étrangeté de l'autre est devenu une façon de l'éviter.

Voici ma génération face à son objet, au moment où la rencontre n'est que la coïncidence d'une intimité et d'une autre, cet instant précis où elle observe le fruit de ces promesses qui finalement n'appartiennent qu'à son psychisme, cette personne bien réelle qui s'extrait de l'obscurité de ses idéaux. L'autre, elle le désire et elle le veut, elle l'imagine et le fait apparaître devant elle. Mais elle le hait quand il n'est pas parfait, quand il n'est pas semblable à l'image que de lui elle a composée, suffisamment bon, éminemment conforme, soumis au procès de personnalisation, à une idéalisation massive. La rencontre paie alors le prix de l'hyperindividualisation, d'un hédonisme de survie où, puisque plus rien ne compte, ni valeurs ni institutions, il ne reste plus qu'à s'écouter soi, à se rabattre sur le Moi. Ce prix est élevé : l'objet est clivé tandis que s'attise l'angoisse devant l'inconnu. Pour l'être narcissique postmoderne, hypermoderne, l'autre finit invariablement par faire peur, par devenir un étranger menaçant sitôt qu'il récupère ses caractéristiques propres, qu'il se libère de cet idéal dans lequel on pensait l'emprisonner. Internet et d'autres moyens de rencontre sont intrinsèquement anxiogènes et collaborent à cette forme de paranoïa sociale. Ils admettent trop d'intermédiaires entre soi et l'autre, trop d'interprétations de signes et de mots. Ils accroissent les obsessions de chacun, les processus de contrôle, la vigilance à l'égard de l'autre. Les phénomènes de projection et d'identification sont trop massivement sollicités. Indéniablement, hors de l'idéal personnel, l'autre fait peur, avec ses défaillances, les vides et les manques de son humanité, ses carences, ses faiblesses où lire et déchiffrer les nôtres, ses différences qui rappellent que rien ne peut vraiment être contrôlé, qu'il n'est pas un objet, pas un fétiche, pas un remède à la castration. L'autre ne nous fut d'ailleurs jamais si étranger que depuis qu'Internet nous le certifia familier.

Voyez-vous, Marie-France, la rencontre est le temps le plus important de la vie amoureuse pour un grand nombre de jeunes. Lorsque l'autre n'existe pas encore, qu'il est bercé et pensé par le rêve, redouté quand il s'approche et qu'il révèle ses traits mais qu'il est malgré tout désiré, porteur d'un espoir, attendu comme un langage pour dire ce qui ne va plus, une résolution existentielle. Ma génération pourrait demeurer à ce stade de la séduction, cette époque qu'elle n'a pas fait apprentissage mais délire d'emprise, bien en surface, de narcissisme à narcissisme, chacun jouant le Soi avec l'autre, chacun jaugeant son propre idéal à la face d'un autre qui ne fait pas encore peur ou qui ne menace pas encore d'être perdu, quand chacun se répare, se comble d'images… De *speed dating* en *speed dating*, de site en site, ma génération parcourt les altérités comme de petites planètes sur lesquelles elle se pose sans jamais les explorer.

M.-F. C. Bien sûr cela m'intrigue. Je suis étonnée par la fréquence de ce mode de rencontre. Comme tout un chacun, je reçois régulièrement des invitations à rejoindre ce type de réseau et je ne m'imagine pas y adhérer. Pour l'instant, je ne cherche pas d'autres relations mais je pourrais en chercher une autre pour toute une série de raisons qui peuvent arriver dans la vie de chacun. Je n'imagine pas que je pourrais m'investir dans cette manière, qui semble être un dispositif bien précis en vérité. J'avais l'intuition de l'existence des procédés que vous décrivez. La recherche d'un amour idéal, dès la rencontre, où l'autre est fantasmé comme pouvant combler tous nos souhaits. Un idéal symbiotique et fusionnel qui serait rompu à la moindre défaillance de cette image quasi narcissique de l'autre !

S. D. Considéré plus largement, nous retrouvons les théories de Baudrillard. Le site de rencontre simule la rencontre amoureuse et confronte l'individu au simulacre de l'épanouissement affectif.

M.-F. C. Très juste.

Le couple : entre extase et fracture

S. D. J'ai évoqué un certain nombre de phénomènes : le clivage, l'idéalisation et l'angoisse, la projection, le refus de la différence de l'autre. Ces mécanismes sont fondamentaux puisque, s'ils interviennent, ils peuvent influencer au long cours le développement de la relation qui s'établit. Psychiques, nodaux, ils font se croiser des facteurs, sociaux, éducatifs et culturels. Il me faut par conséquent en approfondir ici la compréhension théorique. L'enjeu est de taille puisqu'en étudiant ses relations avec autrui, ses investissements objectaux, nous saisissons la façon dont ma génération cohabite avec elle-même.

J'ai employé le terme de « clivage ». Le clivage de l'objet se « traduit cliniquement par la perception d'un monde manichéen et par la labilité d'états affectifs extrêmes, où l'on peut voir le patient passer, à propos d'un même objet, brusquement de l'amour à la haine ou vice versa[1] ». Je peux reconnaître dans cette description du psychiatre Julien-Daniel Guelfi une disposition caractéristique de ma génération.

Pour Melanie Klein[2], qui a élaboré ce concept, le clivage est un mécanisme intervenant d'abord lors de *la position schizo-paranoïde*, qui précède *la position dépressive* déjà mentionnée[3].

---

1. Guelfi, J.-D. et coll., *Psychiatrie*, *op. cit.*, p. 403.

2. Klein, M., *Essais de psychanalyse*, *op. cit.*

3. La *position schizo-paranoïde* couvre les trois ou quatre premiers mois de la vie. A cette période, le nourrisson établit des relations avec un objet partiel, principalement le sein de la mère, sur lequel sont projetées les pulsions libidinales et les pulsions agressives sadiques orales, alors particulièrement violentes. De ce fait, le sein maternel est partagé en bon et mauvais objet. Lorsqu'il procure du plaisir, il est le bon sein aimé et oriente la pulsion de vie à l'extérieur ; lorsqu'il ne procure pas ces satisfactions et qu'il est frustrant, il devient le mauvais sein haï et persécuteur, support de la pulsion agressive. Corrélativement au clivage de l'objet, il se produit un clivage du moi (un *bon moi* et un *mauvais moi*), de

Guelfi avait déjà soutenu que « ce clivage s'actualiserait sans cesse dans la perception du monde et l'activité relationnelle[1] ». Pour ma génération, c'est spécifiquement au sein même du couple que s'exprime le plus bruyamment ce mécanisme. Tour à tour, le partenaire figure l'adjudant puis l'antagoniste, l'objet solaire d'un désir sublime ou l'excrétion de la plus virulente répulsion ; on s'y abandonne corps et âme ou on le fuit coûte que coûte. L'intensité de l'idylle, l'éclat de la gloire du couple, n'a d'égale que celle de l'explosion des crises et des ruptures, peut-être même de l'intensité du silence. En un instant, sans transition véritable, le mode relationnel peut basculer d'un extrême fusionnel et symbiotique à celui d'un rejet tout aussi absolu et imparable. Tant et si bien que le spectateur de ces élans contraires pourra parfois s'étonner que l'objet désigné soit toujours le même, que ce soit la même personne qui aujourd'hui joue la proie d'une haine viscérale quand hier encore elle suggérait la tendresse ou la passion. Le bon et le mauvais sont hermétiquement isolés l'un de l'autre. Découvrir l'un implique de renoncer à l'autre.

Il me semble que c'est lors des divorces que nous pouvons le mieux observer ce renversement particulièrement véloce, du surinvestissement au rejet, de la glorification à l'abomination. Dans la crise de couple se révèle cette binarité tonitruante, cette fracture dans l'intersubjectivité qui fait passer le sujet du tout au rien, du vertige amoureux à celui de la haine, fût-elle circonscrite à une guérilla juridique. Les souvenirs eux-mêmes semblent imprégnés de cette affectivité divergente. La perception de l'autre, et même de l'histoire du couple, donne l'impression d'un retournement, d'un sursaut de la réalité. L'histoire n'était pas si belle en vérité. L'autre

---

sorte que les aspects bons et mauvais restent séparés et que le bon objet ne puisse être détruit. Lors de *la position dépressive*, le clivage porte cette fois sur l'objet total. L'angoisse n'est plus celle de morcellement mais de destruction de l'objet maternel, de sa perte.

1. Guelfi, J.-D. et coll., *Psychiatrie*, *op. cit.*, p. 209.

n'était absolument pas ce qu'il semblait être. Les personnes expliquent qu'elles se sont trompées, qu'elles ont « ouvert les yeux » ; elles ne reconnaissent plus : « Rien n'est comme avant. » Une erreur aurait été commise. Une personnalité démasquée.

Il n'est cependant pas nécessaire d'attendre la rupture pour observer le clivage se révéler dans l'assomption d'une image au détriment d'une autre. Lorsque ma génération aime, c'est avec ardeur, pleinement, puissamment. Elle s'attache à un être parfait, à une représentation inattaquable, à l'emblème indestructible d'un rêve incarné. Elle lui fait porter tous les serments, des ciels dénués du moindre nuage, la promesse que le conte de fées ne finira jamais. La mise en scène frôle le cinématographique et je suis d'ailleurs souvent surpris de constater la fréquence du recours aux comparaisons, aux films ou aux séries télévisées, lorsqu'une personne cherche à décrire son couple : « Tu vois, nous deux c'est un peu comme Bree et Rex dans *Desperate Housewives*. » Dans la société du spectacle, nul doute que le couple est un théâtre. Cet idéal indissoluble délimite une zone relationnelle sans aspérité au sein de laquelle le défaut, la carence n'est pas admissible. Un être parfait. Un amour parfait. Une vie parfaite. De l'herbe toujours plus verte. Les épreuves elles-mêmes ne sont acceptées que si elles concourent à affirmer les traits de cet idéal, si, suffisamment intenses, elles suscitent l'envie ou la commisération du public, si elles rendent un peu plus encore « télévisuelle » la relation. Les véritables fragilités de l'autre subissent ou bien le déni – c'est-à-dire le refus du sujet de reconnaître quelque chose qui existe dans la réalité, au point que la perception même est désavouée[1] – ou bien la dénégation –, soit un détour singulier par lequel il s'agit de trouver le

1. C'est d'ailleurs en étudiant le fétichisme que Freud a décrit ce mécanisme. (Freud, S. [1938], « Le fétichisme », in *Abrégé de psychanalyse*, *op. cit.*) Par exemple : « C'est quelqu'un de fort, de puissant, jamais rien ne pourra le toucher, il n'a aucun point faible. »

moyen de formuler le contenu refoulé, tout en niant qu'il lui appartienne[1]. Ces désaveux doivent porter sur la différence du conjoint, sur ce qui pourrait venir corrompre l'idéal espéré, sur tout ce qui pourrait rappeler une trop défaillante humanité, un désaccord mineur dans l'unisson, descendre cette statue figée de son piédestal, réveiller le dormeur.

Les couples fonctionnent sur un mode de plaisir visant l'exhaustion complète de tous les besoins, physiques ou psychiques, la réalisation de tous les fantasmes et l'exclusion systématique de tout ce qui pourrait ternir la sublime image, faire frémir l'idéal. Plus qu'au discours social hédonistique, il est difficile de ne pas lier cette disjonction radicale intervenant au sein du couple à des ensembles plus vastes, économiques, politiques, sociaux, voire civilisationnels. L'exclusion d'un système, son désaveu, permet l'essor d'un autre. Le couple, pour ma génération, pourrait-il être le point de chute dans lequel vient se perdre l'onde de choc d'un nouveau malaise dans la civilisation ? Soit tout va bien. Soit tout va mal. Soit l'autre est tout. Soit il n'est rien. Quand une faille se dessine, c'est tout le couple qui s'y engouffre, trébuchant en un instant de l'extase à la fracture.

M.-F. C. L'autre n'est pas un produit consommable à prendre et à jeter ; il porte une histoire complexe et singulière qu'il faut découvrir progressivement ; c'est elle qui signera la force de l'attachement réciproque. Je suis inquiète de ce nouveau consumérisme amoureux, de cette chosification de l'autre qui évince les nuances délicates de sa personnalité profonde. Je suis donc en accord avec votre analyse. J'ajouterai que les couples modernes ont tendance à oublier les raisons subtiles de l'émoi amoureux.

---

1. Freud, S., « La dénégation », in *Résultats, idées, problèmes*, vol. III, *op. cit*. Je donnerai l'exemple d'une patiente m'expliquant que son conjoint n'était pas colérique, pas jaloux, et qu'elle ne le croyait « en aucune façon infidèle » quand je lui avais simplement demandé qu'elle me parle de lui !

Le couple dans tous ses états

S. D. J'ai cité l'importance des mécanismes projectifs et d'idéalisation lors de la rencontre de l'autre. *L'identification projective* désigne le « fantasme de projection de l'enfant à l'intérieur du corps maternel (le non-Soi) pour le maîtriser, le posséder et éventuellement le détruire en voulant contrôler les mauvais objets qui s'y trouvent déjà eux-mêmes projetés[1] ». Elle agit comme une défense contre l'angoisse puisqu'elle permet au sujet de projeter dans l'objet des affects et des contenus psychiques négatifs, voire l'intégralité de son être pour l'habiter et en prendre le contrôle. Cette emprise de la vie intérieure sur la réalité est susceptible d'expliquer l'installation de cette paranoïa du quotidien, ce climat de méfiance conduisant à appréhender l'altérité d'abord avec une certaine vigilance, à colorier le masque neutre de l'inconnu d'hostilité. Le péril intérieur d'une génération en manque de symboles s'expulse à l'extérieur. Dans le mystère de l'autre, l'impensé et l'incompris peuvent être anéantis. Dans l'empire narcissique, sa perception dépend plus que jamais de soi. Dans le monde des objets, il devient celui dans lequel déposer les siens, pour l'animer de sa propre vie interne. Une marionnette pour jouer avec soi-même.

Ce mécanisme se rencontre dans les *perversions narcissiques*. Pour le pervers narcissique, la psyché de l'autre sert de réceptacle à d'anciens traumatismes et il est important de soulever « cette capacité qu'ont les pervers d'externaliser chez l'autre leur malheur puis de l'y attaquer dans une sorte d'agissement continu[2] » puisqu'elle atteste, de façon extrême, de la

1. Bergeret, J. et coll. (2000), *Psychologie pathologique*, Paris, Masson, 2008, p. 113.
2. Hurni, M. et Stoll, G. (2003), « Perversion narcissique dans les couples », in *RFP* LXVII, p. 876.

réification, de la fétichisation potentielle de l'autre, au sein du couple. Le conjoint est alors employé, brutalement, pour cautériser l'hémorragie narcissique d'une psyché incapable de subsister sans cet utilitarisme affectif, sans cette oscillation permanente entre emprise séductrice et violence psychologique, entre réparation et destruction.

L'idéalisation nomme « le processus psychique par lequel les qualités et la valeur de l'objet sont portés à la perfection [1] ». L'idéalisation permet au sujet d'affirmer les qualités de l'objet jusqu'à ce que celui-ci devienne parfait, de renforcer ses traits pour l'opposer fermement au mauvais objet et en garantir ainsi l'étanchéité et la préservation. Lorsque l'autre est aimé, il est ainsi le plus parfait d'entre tous, le plus beau, le plus complet. En somme, pour ma génération, quand la vie est belle, elle ne saurait l'être plus. Mais à cette idéalisation d'autrui positive, méliorative, avec sentiment d'omnipotence, correspond son pendant inverse avec l'idéalisation négative, la dévalorisation d'autrui, représentation agressive voire violente, vécu persécutif. Quand l'autre se métamorphose en monstre, il ne saurait être pire.

M.-F. C. Vous secouez mes convictions qui ne sont pas, je l'espère, trop routinières ou automatiques… C'est toute une vie qui s'est organisée autour de telles notions. Freud est sans doute dépassé dans certaines modalités mais il reste pour moi un grand promoteur de l'humain psychologique que nous devons défendre. Pour lui, l'Œdipe était l'ordre du monde. Mais je comprends bien que votre génération n'est pas exposée aux mêmes aléas que la mienne. Plus notre réflexion commune avance, moins j'imagine votre génération se situer dans des problématiques névrotiques telles que nous les concevons classiquement.

S. D. La difficulté à faire coïncider le bon et le mauvais, à aimer l'autre dans sa globalité psychique, témoigne d'une difficulté à accéder à l'ambivalence, processus névrotique à la

1. Laplanche, J. et Pontalis, J.-B., *Vocabulaire…*, *op. cit.*, p. 186.

racine même de l'Œdipe : « Un amour bien fondé et une haine non moins justifiée dirigés tous deux vers la même personne[1]. » Le clivage est certes *antéœdipien*[2] ; les modalités relationnelles au sein du couple mettent en exergue les problématiques narcissiques spécifiques à ma génération. Tous les mécanismes que j'ai évoqués ont été rattachés par Otto Kernberg[3] aux états-limites. Bergeret a épousé cette conception tout en la développant. Pour lui, l'angoisse de l'état-limite désigne « une angoisse de perte d'objet, de dépression, qui concerne à la fois un vécu passé malheureux tant sur le plan narcissique qu'érotique, et, en même temps, reste centrée sur un avenir meilleur, teinté d'espérance, de sauvetage, investi dans la relation de dépendance vis-à-vis de l'autre[4] ». Par conséquent, la relation d'objet « demeure une relation à deux mais différente de la dyade primitive rencontrée dans les psychoses. Il s'agit d'être aimé de l'autre, le fort, le grand, en étant à la fois séparé de lui en objet distinct et à la fois en "s'appuyant contre" lui[5] ». Ce détour théorique permet d'éclairer d'un jour nouveau l'exigence affective de ma génération. C'est un défaut dans le sentiment de sécurité intérieure, l'atteinte d'un objet interne, qui conduit à rechercher un autre objet, extérieur cette fois-ci, dans lequel déposer les siens, avec lequel développer une relation soutenante et étayante, au prix de la dépendance. Le couple constitue un moyen d'esquiver l'angoisse de perte d'objet. On aime pour ne pas s'effondrer ; on tient la main pour marcher, on sépare le bon du mauvais, on ferme les yeux sur ce qui n'est pas parfait plutôt que de l'accepter ; on se projette en

1. Freud, S. (1909), *Cinq psychanalyses*, Paris, PUF, 2010, p. 111.

2. La différenciation entre Soi et non-Soi est acquise, mais l'intégration du bon objet et du mauvais objet est plus complexe.

3. Kernberg, O. (1979), *Les Troubles limites de la personnalité*, Toulouse, Privat.

4. Bergeret, J. et coll., *Psychologie pathologique*, *op. cit.*, p. 225.

5. *Ibid.*

l'autre ; on le rêve admirable ; on le désire fidèle tant dans sa vertu que dans sa personnalité : c'est une question de psyché. L'autre est choisi ou plutôt construit, puisque clivé et idéalisé, afin de répondre à une fonction, un rôle et un statut pouvant contrebalancer les fragilités de la vie psychique. Perdre l'autre, c'est plus que jamais se perdre soi, raviver la blessure, faire saigner le vide. Pour ma génération, cliver, c'est endiguer la perte.

Il peut être espéré du conjoint qu'il soutienne le sujet dans une dynamique anaclitique stricte. L'autre est alors contenant, fort, protecteur, offrant un univers affectif immuable et *secure*, solide. Ce type de relation implique une très forte proximité proche d'un maternage. L'irruption d'un besoin, d'un affect non pris en charge menace immédiatement la structure même du couple. Le sujet peut aussi rechercher un fétiche, un objet venant combler le manque, un étendard narcissique dans lequel observer l'image sans tache d'un Moi grandiose. Le partenaire a alors toutes les qualités, tous les mérites, physiques et intellectuels. Il incarne le miroir fabuleux grâce auquel on devient ce que l'on contemple. Alberto Eiguer[1] a, avec ces deux concepts, opéré une dichotomie entre le couple anaclito-dépressif et le couple narcissique.

Nous pouvons observer combien cet abandonnisme[2] influe sur le choix de l'autre, puis sur sa représentation. Le partenaire a une fonction analgésique, voire réparatrice. Il offre une armure vide dans laquelle la psyché viendra se blottir pour le faire chevalier, celui qui n'abandonne jamais, l'homme ou la femme sans ombre, le totem contraphobique

1. Eiguer, A. (1998), *Clinique psychanalytique du couple*, Paris, Dunod.

2. L'abandonnisme, ou névrose d'abandon, désigne une crainte irrationnelle mais permanente d'être quitté. Ayant peur d'être abandonné, l'abandonnique projette sa peur sur le partenaire et cela peut conduire à le quitter avant d'être quitté. L'avidité affective, le besoin illimité d'amour, l'hypersensibilité, la susceptibilité, la demande de soins constante sont des traits que je rencontre fréquemment chez les vingt-trente ans. (Guex, G. [1973], *Le Syndrome d'abandon*, Paris, PUF.)

par excellence, la statue et son piédestal, une entité toute-puissante à laquelle tout accorder, de la confiance jusqu'au Soi. Naissent ainsi des symbioses formidables, avec un double ou une extension de soi, avec un siamois merveilleux avec lequel dessiner une relation vraiment pas comme celle des autres, partager l'état de grâce, le respirer, le faire perdurer non pas dans un travail de construction et de communication au sein du couple, fondé sur l'apprentissage du conjoint, mais d'investissement psychique. Ce n'est pas un échange, c'est un pacte. Nul doute que, dans le secret du symptôme, la vie pourrait bien s'écouler parfaitement, tant que l'autre comble, répare, valorise, tant qu'il fait naître un univers chaleureux autour de l'être aimé, tant qu'il résonne avec le Soi, qu'il collabore à le stabiliser, qu'il comble ce qui finit toujours par manquer. Je pense que ces mécanismes éclairent d'un jour nouveau l'impressionnante possessivité des personnes de ma génération ; elle ne renvoie à aucun conservatisme moral mais plutôt à une façon de préserver le partenaire, qui réduit l'hémorragie narcissique.

Mais ce temps édénique est en permanence menacé par l'angoisse de perte et la disparition effective, réelle ou symbolique de ce pygmalion nécessaire. La frustration, l'épreuve insurmontable, la demande déclinée, l'entente questionnée déclament de sombres invocations à la part négative soigneusement camouflée ou franchement déniée jusque-là. L'autre qui commence à s'en aller révèle l'absent en soi, ce qui est vide, ce qui fait peur. L'idylle fondée sur une interdépendance permanente ne tolère pas la nuance ou les compromis : elle ne peut admettre que l'exclusivité, la concorde constante ou une réciprocité absolue. La résurgence de la perte signe la consomption psychique, la consommation du bon objet par le mauvais, la fin de l'entente, la réaction dépressive pourtant soigneusement contournée jusqu'alors. C'est par un même principe que la différence de l'autre, les vides et les creux de sa pensée, son autonomie rappellent qu'il n'appartient pas au sujet, qu'il est avant tout son propre objet, qu'il peut disparaître, entraînant avec lui ce qu'il lui aura confié, révélant par son éloignement la fragilité qu'il masquait auparavant. D'idéalisé, l'objet d'amour devient haï. L'univers du couple se renverse sur lui-même. A l'abandon auprès de l'autre succède son abandon effectif ; à la confiance succèdent la méfiance et la jalousie ; à la tendresse la brutalité, au respect l'agressivité, à la considération le mépris le plus acide. La dépendance mettra du temps à se dissiper et dans l'attaque contre le mauvais objet gisent encore les vestiges de ce lien impossible à couper, ce deuil interne inacceptable, irréalisable[1]. A l'intensité relationnelle correspond une certaine virulence des crises et des ruptures dans lesquelles, là encore, le compromis et la nuance semblent très inaccessibles.

Ce processus relationnel encensant l'idéal, fustigeant la perte et la frustration, trouve une légitimité dans le discours social valorisant la recherche d'un partenaire pour s'épanouir, pour réussir, pour être heureux, mais incarcérant systématiquement l'amour au cœur d'une problématique personnelle éminemment narcissique. Le continuum existentiel, en opposant pourtant au couple des épreuves et des difficultés, des absences, des refus, ne permet pas une relation très aisée sur ce mode. De plus, puisque tout est commercialisable, que les échanges sociaux n'échappent pas à la réification, il n'est pas surprenant que même l'être aimé fasse l'objet d'une utilisation, qu'il soit « employé » à des fins psychologiques, que l'autre finisse par être gadgétisé comme n'importe quel produit, que l'objectivisation du spectre consumériste puisse altérer sa représentation tout en accroissant nos attentes

1. Comme le rappelle Bergeret, « le préjudice subi par le sujet (qui ne peut se résoudre à abandonner définitivement l'objet frustrant) l'entraînera dans le mouvement régressif inverse, caractérisé par la reprise à l'intérieur de lui-même, sur le mode de l'identification, par introjection du mauvais objet, destiné à le conserver malgré tout ». (Bergeret, J. et coll., *Psychologie pathologique, op. cit.*, p. 208.)

vis-à-vis de lui, qu'une « économie » de la relation affective conduise à la capitaliser comme n'importe quel investissement.

Nous comprenons pourquoi la quête affective insatiable, qui précède la rencontre avec l'autre, ne s'achève jamais véritablement, menaçant l'entité couple à tout instant. Pas tant que demeure le sentiment de vide, pas tant qu'il est nécessaire de le combler. Autour de moi, je remarque combien les couples de ma génération sont fragiles, comment du jour au lendemain peut s'écrouler tout ce qu'ils ont construit, mais je vois aussi dans quel état cette fracture peut les mettre, les dépressions interminables, les guerres entre eux qui n'en finissent jamais, ce lien qui, même une fois coupé, ne cesse jamais vraiment de les lier dans la blessure. Les crises découlent principalement de difficultés de symbolisation des conflits internes, plus que d'un véritable écueil du lien entre les deux conjoints eux-mêmes. Il est plus aisé de se séparer que de construire, de court-circuiter l'élaboration psychique dans un acting administratif. L'acte est moins coûteux psychiquement que le clivage. Oui, l'amour est passionné et les déceptions sont profondes. Ma génération peut au moins s'appuyer sur un compagnonnage très fort, fût-il virtuel, de l'autre côté d'un écran. Quand l'un des deux s'en va, la quête reprend. Avec ses angoisses, ses petites superficialités, ses hésitations, le triomphe narcissique et la certitude brutale une fois l'autre trouvé. Dans sa quête pour être aimer, Narcisse finit plus seul que jamais. Le reflet est troublé.

M.-F. C. Je suis d'accord. Quand je pense aux divorces, tels que je les envisage, je vois une rupture qui se fait pour de prétendues bonnes raisons, comme je l'ai raconté précédemment, parce que celui qui demande la séparation n'a pas admis que l'autre avait ses manques et ses défauts, de même que lui avait les siens. Dans ma perspective, le divorce mène à la quête d'une autre perfection entraînant une inévitable déception renouvelée mais, au bout du compte, un équilibre sera peut-être trouvé dans cette deuxième ou énième tentative. Quand je vous écoute, je ressens que les séparations, dont vous parlez, sont des errements narcissiques de part et d'autre ; que ces errements et ces quêtes peuvent se multiplier infiniment, comme une demande impossible à combler dans l'élaboration d'un désir précis et reconnu. Autrement dit, la triangulation œdipienne n'est plus là pour structurer le désir. La demande est vacillante, indéfinissable, soumise aux multiples aléas de circonstances imprévues et sans contours, c'est-à-dire indéterminables. Le nouveau projet ne peut pas vraiment exister car l'autre est aléatoire et incertain. Les théories de Lucy Vincent[1] ne sont pas validées à l'aune de la passion éphémère car le flou règne et le désir flotte.

La crise du Lien

S. D. C'est vrai. Qu'il s'agisse des concepts psychanalytiques, du prolifique vocabulaire qu'on nous a légué, des dernières découvertes de la psychologie, nous pouvons y recourir pour étayer notre pensée et pour la transmettre. Nous pouvons puiser dans ces richesses pour rendre plus lisibles, plus identifiables certains comportements que nous observons. Mais les articuler aux grandes entités nosographiques, bien délimitées de la névrose, de la psychose ou des états-limites ne devrait et ne peut pas être une fin en soi. Je ne serai d'ailleurs pas vraiment en mesure d'apprécier les postures de ma génération en ayant recours uniquement aux théories freudiennes, ni même en ne m'appuyant que sur les grands cadres psychopathologiques ! Plutôt que d'exprimer une bascule des mouvements névrotiques vers les mécanismes limites, tels que je les ai cités, il nous faut considérer que la société a évolué tout comme l'appareil théorique

1. Voir p. 244.

clinique, et réfléchir à la signification profonde de ces changements. La prise en considération des facteurs socio-historiques et une relecture vivante mais impartiale des dogmes psychanalytiques s'imposent comme les conditions obligatoires vers notre but : une meilleure appréhension de l'individu, non enfermé dans un cadre nosographique mais libre, dans son essence, dans son identité propre et complète, dans son histoire et dans l'Histoire... Libre peut-être de ne pas l'être. Mais libre de cet étau entre la névrose et la psychose, libre de rester à la limite ou de la dépasser, de rompre avec un cadre devenu trop étroit. Je souhaiterais faire de la psychopathologie un instrument mobilisable dans une analyse plus absolue de l'être humain et de ce que rencontre ma génération. Je voudrais, en vérité, réconcilier la psychanalyse avec celle qui l'a fait naître : la philosophie.

M.-F. C. Ma réflexion se donne libre cours en vous écoutant. Je dois avouer que ma perplexité est redoublée par vos propos. Je suis d'accord pour admettre qu'un monde entièrement nouveau advient et qu'il est inutile de le juger avec des critères d'un autre âge et d'une autre époque. Les critères du nouveau malaise sont à penser et à évaluer dans de nouvelles perspectives. Dans une époque de mutation comme la vôtre, il faut aussi se donner le temps de comprendre des situations psychologiques différentes et inconnues jusque-là. Une nouvelle philosophie de la vie et de la relation à l'autre doit se construire. Une nouvelle nosographie doit succéder à l'ancienne.

S. D. Non ! Il nous faut juste prendre du recul et recontextualiser notre savoir ! Le philosophe et psychanalyste Daniel Sibony a affirmé, par exemple, que ce n'était pas comme le suggérait Freud dans la libido sexuelle que la société prélevait de l'énergie aujourd'hui mais dans les pulsions narcissiques. Pour lui : « La société prélève moins dans le besoin d'aimer que dans la peur d'être seul, ou de se retrouver face au semblable qui dit et fait la même chose, le semblable que la société sécrète en série[1]. » S'affilier uniquement à une copie de soi liquide la place d'un autre véritable, d'un autre qui, par définition, nous est nécessairement inconnu et nous échappe, se soustrait à notre capacité d'anticipation, encore plus à notre maîtrise. Nous sommes terrifiés à l'idée de nous retrouver seuls, ou confrontés à un autre qui n'est que nous-mêmes, qui nous rappelle notre vide intérieur. C'est ce qui est pourtant impossible d'éviter aujourd'hui.

Pour Sibony, le véritable malaise dans la civilisation ne concerne pas la pulsion sexuelle comme pouvait le prétendre Freud, mais « l'impulsion à lier et à se lier[2] ». Cette difficulté à créer un lien qui ne soit pas un simple divertissement, qui ne réponde pas à un idéal anonyme et isolé, un lien qui demanderait un actif travail de construction psychique s'illustrerait dans le « fantasme d'un lien social automatique, qui fonctionnerait tout seul : il suffirait de se brancher dessus pour être pris en main[3] ». De quoi d'autre est-il question avec les sites de rencontre ? Comment considérer autrement la recherche du conjoint pour ma génération que comme une tentative d'exhaustion de ce fantasme de maternage social ?

« Le social se définit comme prolongement de soi en soi, assimilation donc effacement de tout autre ; continuation extensive de "soi-même"[4] », écrit-il. C'est à cause de l'intrication de notre narcissisme individuel dans ce narcissisme groupal que nous ne saurions plus nous lier à l'autre sans en faire une extension de notre être. N'est-ce pas là ce que chacun attend de son couple aujourd'hui ? Qu'il subsiste envers et contre tout, qu'il subsiste seul et sans effort, qu'il aille de lui-même comme dans un rêve narcissique, un rêve parfait où

1. Sibony, D., *Perversions. Dialogue sur les folies « actuelles »*, *op. cit.*, p. 344.

2. *Ibid.*, p. 324.

3. *Ibid.*, p. 333.

4. *Ibid.*, p. 339.

tout serait écrit et planifié, sécurisé, un rêve où nous figurerions l'ensemble des protagonistes, ainsi que le décor. Un cauchemar en fin de compte, un cauchemar dans lequel l'autre n'est jamais que nous-même, un autre avec lequel soliloquer. Un enfer dépersonnalisé.

Selon Sibony : « La civilisation échoue de par sa réussite : elle devait prélever une part d'instinct en chacun, la convertir en un peu plus de sécurité pour jouir du reste... et il n'y a plus de reste ; il n'y aurait plus que prélèvements et conversions. A force d'être assuré de tout, nul n'est sûr de rien[1]. » Nous en sommes là. Tous nos besoins matériels ont été exaucés. Notre confort est total. Alors comment faire vibrer encore la corde du désir ? Comment manquer pour désirer ? Comment maintenir vivant le désir autrement qu'en inventant de nouveaux besoins, en nous accrochant de toutes nos forces à ces objets, en constituant de toutes pièces la peur de les perdre ? J'ai parlé à plusieurs reprises du manque à être. Il était présent dès l'origine, dès notre naissance, et voilà que la société prétend y répondre par des artefacts, des ersatz phalliques toujours renouvelés mais immuables dans leur matérialité, dans leur a-symbolisme. Nous ne sommes pas soudainement tous devenus incapables de manquer, privés d'un legs narcissique nous permettant d'affronter les deuils et les renoncements existentiels. Mais le monde a changé. La société a changé. Elle a fait de notre manque à être un handicap, un état de manque perpétuel à corriger, un besoin à satisfaire coûte que coûte.

Notre narcissisme vautré dans le narcissisme collectif, totalement comblant, totalement angoissant, n'aspirerait qu'à être comblé toujours plus, qu'à être repu de lui-même, et viendrait appréhender comme une menace l'altérité, la différence, toute pensée qui viendrait se détacher de cette chaleureuse torpeur, de tous ces liens véritables, « ces fêlures

1. Sibony, D., *Perversions. Dialogue sur les folies « actuelles »*, *op. cit.*, p. 348.

dans la parole » ou « ces passages entre ordres et désordres[1] ». C'est pourtant bien dans ces défaillances que l'Autre se devine : « L'Autre étant la nature, la matière, le social, Dieu, le Cosmos… Bref tout ce qu'on échoue à épuiser. L'être infini du monde, branché sur nos besoins et nos folies[2]. » C'est dans sa dimension langagière et structurante que l'altérité a été désavouée.

C'est à ce titre que notre société serait créatrice de perversion puisque créer un fétiche, plus contrôlable, plus maîtrisable que les liens proposés par le domaine social serait une des seules solutions du sujet pour échapper à l'angoisse de finir captif de ce lien unique dont « la tension nous échappe », ce lien parfaitement comblant, mais parfaitement vide de sens, expurgé d'une mémoire véritable, faite de transmissions et d'altérations, d'une inscription dynamique des liens dans le temps. Un fétiche pour pallier la différence. Un fétiche pour remplir les gouffres de notre mémoire. Un fétiche pour camoufler la différence de l'Autre, fût-elle salutaire. Un fétiche pour nous compléter. Un fétiche pour nous représenter, l'investir de notre narcissisme. Un fétiche au travers duquel se sacraliser soi-même. Narcisse est plus que jamais d'essence divine, de sa propre essence.

Le pervers serait « celui qui ne peut voyager à travers les liens disponibles sans avoir son fétiche, son lien à lui, en lui[3] ». Nous construirions tous notre fétiche, notre idéal, en réponse à une société dans laquelle régneraient l'indifférence, l'ennui, le semblant, la vacuité du temps. La fétichisation de l'être aimé est un risque qui prend écho dans celui de fétichiser le corps, l'image ou même le temps. Il y a donc là quelque chose qui dépasse l'individu, qui touche au vœu profond qu'il partage avec la société : perdurer, atteindre une certitude d'être,

1. Sibony, D., *Perversions. Dialogue sur les folies « actuelles »*, *op. cit.*, p. 365.

2. *Ibid.*, p. 354.

3. *Ibid.*, p. 325.

« mais en fixant l'immense doute concernant l'être, ils le dévoilent[1] ». Aborder les aléas du développement psychique ne suffit donc pas ; chercher à séparer la normalité du pathologique est impossible au regard de ces dynamiques civilisationnelles. Qu'est-ce qu'un dépressif sinon celui qui n'a pas su trouver l'objet et qui reste tétanisé devant le cratère de son propre désir ? Qu'est-ce qu'un pervers narcissique sinon l'allégorie vivante, incarnée, d'une monstruosité sociale, d'un cannibalisme refusant toute forme de manque, consommant le réel de l'autre, ses pensées, son identité, pour alimenter son vide intérieur, se gargarisant d'une histoire, d'une mémoire qui ne lui appartient pas, cherchant à le réduire à la dimension de son néant personnel ? L'intolérance à la privation, à la frustration, à la castration n'est plus le seul fait de l'homme pervers, de l'homme fou. Elle l'est de l'humanité. En prise avec son temps.

J'ai beaucoup parlé d'objet, du clivage de celui-ci, de son identification et de son idéalisation ; j'ai également utilisé les troubles limites comme un modèle de compréhension (voire d'incarnation véritable d'une métaphore sociale lorsqu'ils portent sur le réel du corps) mais ce dont il nous faut témoigner, ce n'est pas d'une psychopathologie générationnelle mais plutôt d'une analyse du lien entre l'individu et la société dans laquelle il est né. « L'enjeu du fétichiste est moins de munir la "mère" d'un organe qui lui manque que de condenser en un même point le réel du désir, l'épuisement du désir et l'automatisme d'une loi morte, éternisée[2]. » Ce n'est pas d'une mère dont ma génération manque. C'est de la loi du langage vivant, du langage d'une société enfin ressuscitée.

1. Sibony, D., *Perversions. Dialogue sur les folies « actuelles »*, *op. cit.*, p. 331.

2. *Ibid.*, p. 367.

La famille à inventer

Les familles heureuses se ressemblent toutes. Les familles malheureuses sont malheureuses chacune à leur façon.

Léon TOLSTOÏ, *Anna Karénine*.

Définitions

Marie-France Castarède. La famille, vaste question ! Selon la définition classique, la famille est une association d'individus unis par des liens transgénérationnels et interdépendants qui forment un groupe où se transmettent les valeurs de la vie. On distinguait autrefois, selon les définitions de l'historien Philippe Ariès [1], la famille élargie et la famille nucléaire. Cette dernière est devenue prépondérante dans nos sociétés, ne conférant à la famille élargie qu'un rôle mineur et variable.

Freud s'est souvent référé à la famille en tant que facteur du développement psychique de l'enfant mais il n'y a pas dans ses écrits une théorie psychanalytique de la famille.

La première grande approche est *systémique* : un *système* est un complexe autorégulé d'éléments en interaction. Cette notion, appliquée à l'ensemble du groupe-famille, fonde la perspective

1. Ariès, Ph. (1960), *L'Enfant et la Vie familiale sous l'Ancien Régime*, Paris, Plon.

systémique. Aux Etats-Unis, les chercheurs de Palo Alto en Californie (Gregory Bateson et Paul Watzlawick) ont étudié, autour des années 1950, les modalités des communications dans les familles de schizophrènes. Ils ont dégagé des notions comme la *double contrainte*, *l'injonction paradoxale*, le *patient désigné* nécessaire à l'homéostasie familiale. Ces nouveaux concepts ont été utilisés dans le traitement des familles dysfonctionnelles, selon les pratiques dites *thérapies familiales systémiques*. Cette approche est suivie dans les années 1970 par l'approche *psychanalytique* : le groupe familial élabore un *appareil psychique familial*, selon l'expression définie en 1976 par René Kaës[1], qui possède son propre mode de fonctionnement psychique. Résultant de la fusion des psychismes individuels, l'*appareil psychique familial* a été conceptualisé par André Ruffiot[2] en 1981. Sa fonction est de contenir les psychismes individuels. Cet appareil psychique du lien serait la résultante d'un jeu complexe d'entrecroisements de projections et d'introjections entre les membres d'une famille qui doit donc se maintenir dans une souple homéostasie, un équilibre à l'intérieur duquel chacune des parties collabore à la régulation de l'ensemble.

En 1985, Didier Anzieu décrit l'*enveloppe familiale*, fantasme partagé d'une membrane commune, d'un *Moi-peau* familial. Elle assure les fonctions principales de pare-excitation interne et externe, de frontière entre l'intérieur et l'extérieur de la famille, de filtre des échanges. La nature, rigide ou souple, de cette enveloppe psychique détermine le fonctionnement intrafamilial et ses rapports avec le monde extérieur. L'enveloppe généalogique constitue un cadre délimitant un espace d'échanges qui inscrit la famille dans une histoire *transgénérationnelle*.

C'est Alberto Eiguer qui conceptualise l'*objet transgénérationnel* dans la thérapie familiale. Dans son ouvrage, *Corps en famille*,

1. Kaës, R. (1976), *L'Appareil psychique groupal*, Paris, Dunod.

2. « Le groupe-famille en analyse », *in* Ruffiot, A. et Eiguer, A. (1981), *La Thérapie familiale psychanalytique*, Paris, Dunod, p. 1-98.

il définit le *corps psychique familial,* autour de la tendresse et de l'intimité : « Nous sommes passés d'une psychologie du sujet à une psychologie du lien entre sujets, à leur interaction et leur inter-fantasmatisation inconsciente[1]. » C'est ainsi qu'il fait l'éloge de la caresse : « Dans le contexte des liens familiaux, la caresse apparaît, d'une part, comme le mode de relation le plus convoité et le plus apprécié, et, d'autre part, comme le moins ambivalent[2]. » J'ai apprécié ces réflexions sur la caresse. Cet attouchement subtil, délicat, respectueux de l'autre, montre bien tout à la fois le lien charnel qui existe entre les membres d'une famille et les limites de ce lien pour qu'il ne dérive pas vers des développements sexuels. Le chant, la musique traduisent bien métaphoriquement cette tendresse : berceuses, cantilènes, chansons gaies ou tristes[3]. La *caresse,* comme le vent ou la musique, est un effleurement tendre, une ode à la liberté de l'Autre qui la garde et la goûte dans son *for intérieur.* Elle est signe, sans passage à l'acte, fugitive, sans lourdeur ni appropriation. Le toucher du pianiste ou le vibrato du chanteur nous incitent et nous invitent à la traduction des affects de tendresse. La caresse se marie tout naturellement au symbolique. Il y a un versant sublimatoire de la caresse qui en garantit l'authenticité et la valeur, loin du déchaînement pulsionnel. Elle exprime une conduite authentique d'altérité.

Samuel Dock. C'est une très belle façon de voir les choses.

M.-F. C. Il suffit d'un rien pour que la caresse ne devienne intrusion, possession pervertie de l'autre, viol, c'est-à-dire violence. Violer, au sens propre comme au sens figuré, c'est se comporter comme si l'autre n'existait pas, sauf pour en jouir… sans son consentement. Ce qui est terrible et souvent raconté,

1. Eiguer, A. (2010), *Le Corps en famille,* Paris, In Press, 2010, p. 27.

2. *Ibid.,* p. 28.

3. Cf. « La chanson triste » du compositeur Henri Duparc, commentée par Roland Barthes en 1977 dans *Fragments d'un discours amoureux, op. cit.,* p. 121.

c'est que l'enfant violé – fille ou garçon – peut prendre du plaisir lors de ces rencontres sexuelles avec l'adulte. Bien pire, il lui est expressément demandé de n'en point parler à quiconque, ce qui renforce son isolement et sa culpabilité. En réalité, c'est un plaisir destructeur qui corrompt l'âme, c'est-à-dire le psychisme humain. Le respect de *la différence des générations* est ici fondamental, comme l'a très bien établi Freud. Lévi-Strauss faisait aussi, pour sa part, du *tabou de l'inceste* un principe universel, régissant toutes les sociétés.

S. D. Je suis d'accord et sensible à ces approches théoriques.

M.-F. C. La tendresse, dans une famille normale, c'est la liberté de montrer son affection en dehors de toute jouissance sexuelle personnelle. Dès que l'équivoque s'installe, la limite de l'interdit est franchie. Toutes ces réflexions se situent dans le cadre d'un groupe familial stable et cohérent. La question de la famille stable se trouve donc interpellée mais finalement confortée par la notion subtile de *corps familial*. Il y a bien une *inter-fantasmatisation*, qui crée une unité dévoilée et travaillée dans une thérapie familiale, par exemple après un divorce qui a fragilisé tel ou tel membre de cette communauté. Dans les cas de séparation, *l'unité groupale* est malmenée au détriment des maillons faibles de l'entité familiale.

La famille œdipienne, une famille traditionnelle

M.-F. C. Pour les personnes de ma génération, l'enfant reste l'avenir du couple. Prête à défendre la famille, je reprends les idées quelque peu traditionnelles de la psychanalyse : Freud a mis en évidence le complexe œdipien. Samuel, vous avez évoqué, au moins à titre d'illustration théorique, un recul de la problématique œdipienne et cette élaboration nouvelle du narcissisme qui la contrecarre en quelque sorte. J'ai le souci de le formuler ainsi : c'est par le dépassement du complexe d'Œdipe qu'une personnalité se structure et accède à une forme de maturité. L'enfant, issu du corps de la Mère, accède au langage par l'intermédiaire du Père et à l'avènement de la *tiercéité*, comme l'a très bien théorisé André Green : « Pour lui, l'imago paternelle a besoin d'être construite comme tiers permettant de dédifférencier le dedans et le dehors et les frontières du Moi, d'instaurer un espace tiers entre la mère et l'enfant[1]. »

Le couple est consolidé par la naissance de l'enfant et celui-ci profite de la présence structurante de ses deux parents, homme et femme. A cause de ces idées, désuètes peut-être, je reste une protectrice de la famille traditionnelle. Elle m'apparaît toujours comme une sorte de modèle. Mais c'est aussi une question de générations ! Dans ce mouvement, je tente un rapprochement avec certaines personnalités du monde psychanalytique d'aujourd'hui.

Dans un séminaire, André Green rappelait : « S'il n'y a pas de père ou d'instance tierce, c'est le déchaînement de la violence[2]. » Le milieu psychanalytique a, bien sûr, évolué par rapport à cette importante question. L'ordre patriarcal, dont Freud remarquait déjà l'affaiblissement dès 1900, a continué son déclin jusqu'à aujourd'hui, en fonction de plusieurs paramètres : la vie professionnelle de plus en plus importante pour les femmes, la contraception permettant la décision libre de la procréation, l'influence éducative répartie mieux qu'autrefois entre le père et la mère. Mais la *tiercéité*, concept tiré de l'œuvre de Charles Sanders Peirce[3], sémiologue et philosophe américain, père de la sémiotique moderne, représente la plus haute capacité de l'esprit. Elle est aussi la condition de la formulation d'une loi appelée en psychanalyse le Surmoi. Selon André Green, « la qualité surmoïque du père n'est pas tant due à la supériorité des

1. Cupa, D. et Pirlot, G. (2012), *André Green : les grands concepts psychanalytiques*, Paris, PUF, p. 194.

2. Castarède, M.-F. (2008), « La voix du père », in *Image du père dans la culture contemporaine*, *op. cit.*, p. 155.

3. Peirce, C.S. (1993), *Ecrits sur le signe*, Paris, Le Seuil.

hommes sur les femmes qu'au fait que les pères ne peuvent porter des enfants. Ils ne savent pas ce que signifie d'être deux en un, nourrir un bébé au sein ou sentir sa chair comme leur chair. C'est le cœur du problème : un jour, ce paradis touche à sa fin, deux en un devient deux séparés, et c'est pour cela qu'un troisième est nécessaire[1] ». Cette reconnaissance de la Loi du Père permet la naissance de l'Idéal du Moi, la désexualisation, la sublimation et l'avènement culturel de la civilisation. Dans un de ses derniers ouvrages, Freud lui-même soulignait l'importance du patriarcat : « Ce passage de la mère au père caractérise en outre une victoire de la vie de l'esprit sur la vie sensorielle, donc un progrès de la civilisation, car la maternité est attestée par le témoignage des sens, tandis que la paternité est édifiée sur une déduction et un postulat[2]. » Freud montre, de ce point de vue, l'importance du père dans la construction de la capacité de pensée, liée au développement de la parole et du langage chez l'enfant, alors que ses premiers moments sont liés à des sensations en lien avec le maternel.

S. D. Le père pour la pensée, la mère pour les sens. N'est-ce pas encore là une autre figuration phallocrate ? Le père raisonne, secondarise et s'élève, on le croit « moteur » du progrès de la civilisation. La mère s'hystérise dans les sens. Une fois de plus, ces concepts n'ont de signification que rattachés à leur époque.

M.-F. C. Vous m'accorderez que, dans la clinique moderne des états-limites, la figure du Père n'apparaît plus comme celle du Père-séparateur entre la mère et l'enfant. Les mères peuvent aller jusqu'à usurper la fonction paternelle, en fonction des changements sociaux survenus et des divorces de plus en plus

1. Cupa, D. et Pirlot, G., *André Green…*, *op. cit.*, p. 191-192.

2. Freud, S. (1939), *L'Homme Moïse et la Religion monothéiste*, Paris, Gallimard, 1993, p. 213. On disait autrefois : « *mater semper certa est, pater semper incertus est*. » Aujourd'hui, la paternité peut être établie par des tests ADN, mais cela n'enlève rien à la relation tierce que le père apporte par rapport à la relation mère-enfant.

fréquents. André Green écrit : « Il est de la plus grande importance que la folie maternelle qui s'exprime dans l'amour pour l'enfant inclue le père. Non seulement parce qu'il est le donateur mais parce qu'il représente la contention de cette folie, mettant une limite à l'illusion omnipotente de l'enfant et obligeant à prendre conscience que l'amour de l'enfant ne saurait à lui seul combler la mère[1]. » Ces propos, que je reprends pour mon propre compte, ne signifient nullement que les pères contemporains ne pourraient pas avoir avec leurs enfants des conduites différentes de celles de leurs aînés, plus proches, plus tendres, plus vigilantes, surtout en cas de séparation d'avec la mère, mais la triade œdipienne doit continuer d'exister pour les raisons que j'ai évoquées plus haut : « On a toujours besoin d'un père, même aujourd'hui[2]. » L'identification au père est un principe de parenté fondamental.

Après Freud, Jacques Lacan s'explique sur cette question et explore la *métaphore paternelle* comme le carrefour structural du symbolique et de la subjectivité : « La fonction du Père dans le complexe d'Œdipe est d'être un signifiant substitué au premier signifiant introduit dans la symbolisation, le signifiant maternel. Selon la formule de la métaphore, le père vient à la place de la mère[3]. »

S. D. Tout cela a été écrit dans un monde où la femme ne pouvait pas faire d'études, divorcer sans le consentement de son mari, ou même ouvrir un compte en banque sans sa permission d'ailleurs…

M.-F. C. Mais enfin bien d'autres psychanalystes contemporains, hommes et femmes, se sont exprimés sur la question du père ! Je pense à René Diatkine, psychanalyste d'enfants que j'ai bien connu. Se référant au deuxième trimestre de la vie de l'enfant et à la phobie du visage de

1. Green, A. (1990), *La Folie privée*, Paris, Gallimard, p. 185.
2. Green, A., *La Clinique psychanalytique contemporaine*, *op. cit.*, p. 188.
3. Lacan, J. (1957-1958), « La métaphore paternelle », in *Le Séminaire*, livre V, Paris, Le Seuil, 1998.

l'étranger[1], il explique ainsi la découverte du père : « Dans le chaos négatif de l'étranger, c'est la figure ambiguë de cet autre qui est le père qui se singularise plus ou moins rapidement[2]. » Il montre qu'un des moments les plus dramatiques de la vie de l'enfant est celui où il se rend compte que la mère a une vie à elle, autrement dit qu'elle est une personne séparée et autonome et qu'elle appartient au père. Cette situation est à l'origine d'une triangulation originaire. Michel Ody avance, pour sa part, son concept d'*Œdipe attracteur*, en s'inspirant de la théorie du chaos[3] : « La triangulation implique que l'Œdipe soit une structure d'accueil, un attracteur vers la complexité[4]. » Janine Abécassis a, quant à elle, démontré que, « d'une certaine façon, le père enlève à l'enfant sa mère et l'en sépare régulièrement. Quand il ouvre la bouche pour parler, l'enfant n'en comprend pas les termes : seule sa voix, avec sa tonalité, son rythme, sa hauteur et son intensité, parvient à ses oreilles. Et cette voix porte une signification pour lui : elle est celle d'un homme qui le sépare de sa mère. Par la voix, le père signifie ainsi la loi, la limite. [...] C'est la voix de l'institution, de l'autorité, de la culture, de l'éducation. [...] La voix du père porteuse de la loi est la voix par laquelle se transmet et se constitue le surmoi[5] ». Dans le langage courant, nous

---

1. Selon René Spitz (1887-1974), *la phobie du visage de l'étranger* est une réaction négative de l'enfant, vers le huitième mois de sa vie, face au visage d'un inconnu qui n'est pas sa mère. Elle traduit l'accession de l'enfant à une *relation d'objet total* et à l'expérience de la séparation d'avec la mère.

2. Diatkine, R., « Agressivité et fantasmes d'agression », in *RFP*, XXX, n° 5, p. 78.

3. Théorie étudiant les phénomènes dans lesquels intervient le hasard, mais qui présentent des régularités pouvant être décrites mathématiquement.

4. Ody, M. (1990), « Œdipe attracteur », in *La Psychanalyse, questions pour demain, RFP*, Paris, PUF.

5. Abécassis, J. (2005), « Voix et paternité », in *Au commencement était la voix* (dir. Castarède, M.-F., avec Gabrielle Konopczynski), Toulouse, Erès, p. 256.

retrouvons ces expressions imagées : « Ton père a son mot à dire », ou encore : « Il a voix au chapitre. »

Ainsi, la mère doit aider son enfant à passer de sa parole à lui qu'elle comprend et imite à la langue paternelle, langue sociale qui l'ouvrira à la compréhension de tous. C'est le passage si crucial de la parole à la langue. La langue de tous est riche, dotée d'un vocabulaire varié et raffiné ; elle obéit à des règles d'orthographe, de syntaxe et de grammaire ; elle est un objet de transmission dont l'école et la société doivent se porter garantes.

Dans cette famille traditionnelle qui a été la mienne, l'enfant se sentait bien parce qu'il se sentait protégé. La condition première pour ce ressenti positif était, bien entendu, la relative entente des parents entre eux. J'ai connu petite la mort de ma mère, mais j'ai compris très vite que ma grand-mère maternelle allait tout faire pour épauler mon père dans sa tâche éducative et être présente pour se constituer en figure de remplacement. Aujourd'hui et après coup, je saisis que ma grand-mère bénéficiait pour elle-même d'une excellente complicité avec son mari, mon grand-père. A eux deux, ils représentaient une grande force morale et intellectuelle : ils avaient traversé ensemble toutes les épreuves des deux guerres et s'étaient affermis réciproquement, à l'aune de leurs malheurs et de leurs deuils. Ils allaient s'occuper de leur petite-fille et lui manifester leur inébranlable affection et autorité en souvenir de leur fille tant aimée. En évoquant ces souvenirs personnels, je me rends compte à quel point la solidité des liens de mes grands-parents s'est exprimée à mon endroit, m'ouvrant à un monde de sécurité[1], en dépit d'une perte douloureuse. Aujourd'hui encore, je pense très souvent à eux et me réfugie dans leur tendresse fidèle, inaltérable. Ainsi, le couple des

1. Je pense à l'attachement *secure* décrit par Mary Ainsworth, psychologue américaine, disciple de John Bowlby (1907-1990), différent de l'attachement *défiant* ou *ambivalent*.

parents, solide et ferme, proposait aux enfants une structure affective, composée tout à la fois de tendresse et d'autorité. Chacun devait ensuite se construire à partir de ces deux figures marquantes.

La famille personnelle

S. D. J'ai moi-même grandi dans une famille tout à fait « traditionnelle ». J'ai reçu l'amour d'un père et d'une mère mariés, catholiques tous les deux, pas vraiment pratiquants sauf à Pâques et Noël, sauf pour le réconfort de la tradition, pour les enfants peut-être. J'ai grandi auprès de ma petite sœur, Salomé. Nous nous entendions bien, complices jusqu'à notre caractère, inconditionnellement solidaires de toutes les joies et de toutes les peines, dans le partage délicat de cette époque mythique et préservée. Un temps si bref. Un temps infini dans la course folle de l'enfance. Nous vivions dans la chaleur de cette maison que j'aimais tant, en Alsace, dans un petit village de contes de fées entouré par des collines et des vignes, les demeures, traditionnelles elles-mêmes, bordées de verdure et de rivières. Tout était très incroyablement « typique », les gens, leurs mœurs, leur rythme, toutes ces vies qui s'enchaînaient les unes aux autres et formaient la voûte sociale, homogène et indivisible de mon enfance. Cet environnement tranquille et doux m'a permis de trouver dans l'enfance un sentiment de triomphe souriant, cet état de grâce éloignant la mort, préservant le rêve sauvage du monde tonitruant des adultes. J'ai tant de souvenirs, tant d'images de cette époque, chargées de soleil, des odeurs de craie et de feuilles mortes, la voix de ma mère, le rire de mon père. J'ai eu une enfance très heureuse et, certes, très traditionnelle.

Les traditions ont une place extrêmement importante en Alsace et j'ai bien conscience de la consolation immuable qu'elles peuvent apporter, le confort de leur répétition, les symboles qui traversent les mots et les gestes, la dimension contraphobique du rituel[1]. Les liturgies sont à elles seules des architectures humaines, un foyer immatériel dans lequel habiter. Un refuge que l'on peut retrouver facilement lorsque l'on s'égare ; ce ne sont que des mots et des mouvements, des lumières, des codes à respecter, un partage, des points d'ancrage, des corniches à agripper dans le maelström d'une société déchaînée : un repli temporel, des racines humaines, notre héritage. Les traditions demeurent cependant des constructions artificielles, le fruit des hommes ; et je crois que ce qui importe n'est pas tant ce que c'est mais ce que l'on en fait, pas le message originel mais celui que nous avons énoncé, pas le texte mais l'émotion retrouvée. A titre d'exemple, mon agnosticisme ne m'empêche pas d'apprécier Noël, d'aller même à la messe de minuit. Mon respect de ces traditions ne m'interdit pas d'en inventer de nouvelles. Je respecte certaines traditions parce que ce sont des vestiges d'une époque heureuse, des artefacts que je me surprends à exhumer lorsque je doute pour retrouver avec délice la sérénité de la nostalgie. J'avais une famille traditionnelle. Mais la tradition ne l'a pas empêchée de se déchirer.

S'il m'est difficile d'en juger, je crois avoir reçu une bonne éducation, avec des satisfactions mais aussi des limites à respecter. Mes grands-parents paternels étaient très présents et j'ai appris à cohabiter avec la peine de n'avoir jamais pu rencontrer les parents de ma mère. Je me rappelle combien, durant mon enfance, mes parents étaient heureux ensemble, leur tendresse, cet humour qui leur était commun, la force du lien qui les unissait. Ma mère nous élevait et s'occupait d'une bibliothèque municipale. Mon père travaillait très dur pour que nous ne manquions de rien. Moi-même, je ne manquais de rien ; j'avais la forêt pour moi, des amis, les livres, une école couleur brique qui me plaisait, l'écriture déjà, des convictions

1. Freud, S. (1927), *L'Avenir d'une illusion*, Paris, PUF, 2013.

déjà[1]. Chaque chose avait sa place. Chaque chose une raison d'être. Je n'étais ni meilleur ni pire que les autres. Juste là. Un vivant parmi les vivants.

Peut-être avez-vous raison ? Peut-être sont-ce les enfants qui permettent au couple de subsister ? Mais je crois que c'est encore là une conception traditionnelle. Mes parents n'avaient pas besoin de nous pour s'aimer. Et ils n'ont pas eu besoin de nous pour se séparer. Deux vies ne devraient jamais se confondre totalement en une seule.

Les choses n'en sont pas restées là et, comme tout état de grâce, il fallut que celui-ci s'achevât sans que nous y prenions garde. J'avais dix ans lorsque mon père accepta une mutation en Franche-Comté, pour relever le challenge d'un autre poste, pour embrasser d'autres responsabilités, sans doute pour que nous puissions définitivement ne manquer de rien. Mais que nous manquait-il encore si ce n'était un père un peu plus présent ? Je me souviens de la lente mais inexorable dégradation du couple de mes parents, de la tension fielleuse qui s'instilla peu à peu, jusqu'à envahir chaque recoin de notre nouvelle maison, jusqu'à recouvrir et altérer chaque moment que nous passions en famille. Le regret et le remords. Une rancune incomprise qui refluait. Des actes déplacés. Une vie en stase. Mon impuissance. La leur, pour tout arranger après l'orage. Mais toujours l'orage revenait. Ni les larmes, ni les longues conversations, ni les promesses les plus repentantes ne parvenaient à conjurer l'essor du refoulé. Les gestes, les mots, les regards, les voix et la façon de parler, toutes ces heures, c'est comme si ma famille avait été légèrement décalée de son image, comme s'il fallait faire un effort pour faire advenir ce qui auparavant allait de soi, comme si chacun se traînait par-delà son reflet. L'acidité du constat de l'échec rongeait tous les domaines où il aurait été possible que mes parents se

1. Je suis certain d'avoir hérité ma profonde, presque organique, haine de l'injustice de cette époque durant laquelle chaque être sensible comptait pour moi.

retrouvent, toutes les chances pour qu'ils se retrouvent. Les griefs les plus minimes engendraient des disputes dévastatrices, disproportionnées. Comment de si petites choses, une tâche ménagère, une phrase mal formulée, avaient-elles pu prendre une telle importance ? Que s'était-il passé ?

Ma famille était alors traditionnelle et chutait de façon traditionnelle : par entropie. Un père et une mère, deux enfants pour lesquels les deux premiers finissent par rester ensemble. Jusqu'à ce que l'effort devienne trop coûteux. Jusqu'à ce que le bénéfice secondaire ou le contre-don devienne insuffisant. Jusqu'à ce que le mépris cède aux derniers accès de haine. Jusqu'à ce que le rejet préfère le silence aux reproches. Ma famille n'a pas tenu, face à la vie, face au monde, face aux autres, aux épreuves, au culte du désir individuel, à son emprise, à tous ces objets à acheter pour que personne ne manque de rien, à l'avidité du plus et du mieux, à la tentation de tous les ailleurs possibles, à l'absurdité d'un modèle qui n'est plus que carcan, définition univoque, costume trop étroit pour l'Humanité, à tout ce bruit du vide dans lequel résonnent nos attentes déçues, au milieu duquel je veux bien croire que plus personne ne s'entend.

Au cœur de mon adolescence, j'ai posé sur eux un regard intransigeant, plutôt dur, je le reconnais. Je les ai crus quand ils prétendirent que le divorce s'imposait, plus lucide après leurs années de combat, plus endurci, très certainement désinvesti de cette histoire qui n'appartenait plus qu'à eux, et peut-être était-ce le cas depuis le début. J'imaginais que le divorce nous apporterait une forme particulière de paix. Hélas, j'ai connu la garde alternée, toutes ces lois absurdes qui l'accompagnent, un moment chez l'un, un instant chez l'autre, se déraciner d'un lieu et s'enraciner ailleurs, se construire à un endroit, reprendre le cours de sa vie à un autre[1]. Je me

1. Personne ne s'inquiéta véritablement de là où ma sœur et moi souhaitions aller. Nous obéissions à l'ordonnance fixée par un juge qui ne nous connaissait pas, qui ne nous rencontra jamais.

retrouve dans ces quelques mots de la psychanalyste Piera Aulagnier : « L'inconscient ignore le hasard et fabrique ses propres théories étiologiques, ses propres causalités. Le plus souvent le sujet préfère le plus la culpabilité à la détresse et penser qu'il est à l'origine de la situation parce qu'il est mauvais, plutôt que de penser que ses parents sont incompétents et fous, ce qui le laisserait dans la solitude, la perte d'identification et la détresse la plus totale[1]. » C'est encore aujourd'hui le sort de ma génération. S'adressant à des pères imaginaires, craignant la solitude comme une ombre survivant même dans le noir, portant les regrets d'outrage qu'elle n'a pas commis, actant l'échec d'autres générations, en souffrant pour d'autres et en dissipant le reste dans le fun, le cool… Et ce fut le mien. J'ai porté ma mère, inversant l'ordre naturel du monde, du mieux que j'ai pu ; je l'ai aidée, sans regretter une seule seconde de taquiner le traditionnel, de m'adapter à la vie tout simplement, fût-elle monoparentale. J'ai essayé de comprendre les choix de mon père sans jamais vraiment y parvenir. Pour Dolto, un adolescent devient adulte lorsque « l'angoisse de ses parents ne produit plus sur lui aucun effet inhibiteur[2] ». Le divorce de mes parents m'a rendu adulte pour de bon. De cette enfance et de cette adolescence, il me reste les livres, le regard peut-être trop intransigeant. L'écriture. Des convictions. Le goût du soleil. Malgré tout.

M.-F. C. Je dois rappeler que, pour les générations d'autrefois, le divorce d'un couple était vécu comme un traumatisme. Cela n'était pas uniquement la conséquence d'un conformisme excessif. Le couple était une valeur primordiale, d'autant que les familles avaient connu des guerres meurtrières avec pour conséquences des deuils

1. Aulagnier, P. (1987), « Sources somatique et discursive de nos représentations de la réalité », in *Journal de psychanalyse de l'enfant*, n° 3, p. 247.

2. Dolto, F. (1988), *La Cause des adolescents*, Paris, Robert Laffont, 1997, p. 27.

innombrables. Il y avait aussi les maladies qui pouvaient devenir mortelles faute de soins et de médicaments appropriés. Dans ces circonstances, le couple parental était le mieux placé pour soigner et éduquer les enfants *nés du même lit*. Les familles unies et solides étaient garantes de la société nouvelle, construite autour de la protection de la vie et du développement des enfants. Aujourd'hui, époque des mariages d'amour et d'inclination, dans nos sociétés où la médecine a fait tant de progrès, nous devons reconnaître et admettre la nouvelle fragilité psychologique du couple. En ce qui concerne les enfants, je pense que la fréquence des divorces ne les isole plus comme autrefois mais si leurs parents survivent à leurs querelles et à leurs différences, ils se structurent plus facilement dans la sérénité d'une famille unie. L'amour peut durer !

La destructivité

S. D. L'histoire que je vous raconte, mon histoire, est des plus classiques, des plus traditionnelles. Quasiment banale. Les chiffres du divorce sont éloquents, presque un poncif rappelant à tout instant le péril marital de notre société, la délétère crise du lien. Perte des valeurs, fracture des institutions, tentation consumériste de l'affect, éparpillement individualiste, fêlures dans la communication… Les problématiques sont nombreuses et finissent par se confondre avec les hypothèses qui prétendent les résoudre. Reste que les fêlures continuent de s'étendre, de dessiner un nouvel atlas relationnel, tour à tour extatique et agonistique. D'un point de vue plus clinique, si tant est que ce mot puisse convenir tant les crispations sur l'individu de notre discipline nous éloignent des logiques groupales, nous pouvons observer des familles se faire et se défaire, se transformer inlassablement, finissant par dépasser très largement les schémas, les étiquettes que nous pourrions être tentés d'appliquer. Peut-être plus pour nous rassurer sur l'immuabilité d'une institution devenue mouvante que pour vraiment en comprendre les enjeux. Oui, nous voyons les couples s'aimer, achopper un court instant, perdre l'équilibre, basculer, entraîner leur famille, en former une autre un peu plus loin. Pas une structure univoque et inaltérable.

Pour Freud[1], l'Idéal du Moi individuel est naturellement mis de côté au profit d'un Idéal du Moi groupal lorsqu'une personne intègre un groupe. Il existe entre ces deux idéaux une certaine conflictualité que l'on retrouve au sein du couple. L'individu façonne son couple à l'image de son idéal, tout en cohabitant avec celui de son partenaire. La construction d'une entité familiale passe elle-même par cette coopération psychique, chacun devant puiser dans ses fantasmes individuels le matériau pour l'enrichir tout en s'en éloignant parfois pour laisser de la place à ceux de l'autre. Les conjoints flirtent tout au long de la relation entre acceptation et résignation. L'enfant lui-même parachève cette histoire filiale, duelle et intense psychiquement, quand il ne la ponctue pas. Ma génération a été enfant dans une société postmoderne, une société où nous avons vu justement que si le concept d'idéal est polymorphe, il n'en marque pas moins chaque pensée, chaque attitude. Et c'est dans cette société que ma génération peut maintenant devenir parent. La puissante responsabilité que représente la famille au sein de la société lui incombe. Quel regard peut-elle porter sur la famille traditionnelle ? Comment le concilier à l'injonction de faire triompher l'idéal personnel à tout prix ? Quelle expérience susceptible d'être intégrée à sa propre conception de la famille en a-t-elle faite ?

Avec ce qu'il nomme le principe de destructivité, Winnicott[2] a démontré qu'un nourrisson entre quatre et six mois multiplie

1. Freud, S. (1921), « Psychologie des foules et analyse du Moi », in *Essais de psychanalyse*, Paris, Payot, 1981.

2. Winnicott, D.W. (1984), *Agressivité, culpabilité et réparation*, Paris, Payot, 2004.

les attaques contre son environnement matériel (les objets comme les parents !) afin d'en tester la solidité, la réalité psychique. La résistance des objets prouve à l'enfant qu'ils ne sont pas une extension de lui-même et qu'il n'est pas tout-puissant, que sa pensée, ses actes peuvent rencontrer des limites qui lui accordent en retour une forme, des contours, un espace personnel bien délimité. Ma génération a soumis le modèle familial traditionnel à la destructivité, sans le toucher, sans même chercher à l'abîmer. Elle l'a regardé en face, l'a éprouvé, et a dessiné une ligne entre cette famille modèle et l'environnement social. Et le modèle n'a pas résisté. La ligne s'est effacée. L'institution garante d'une protection de la famille pour le meilleur et pour le pire a périclité. Nos limites ont été compromises et notre toute-puissance sur ce réel social confirmée. Des parents qui ne s'aiment plus ou qui s'aiment pour une maison, pour des enfants certainement pas dupes, des enfants égarés, des parents désarçonnés par eux-mêmes, par leurs propres constructions, puis face à leur propre filiation. Finalement, ces familles bancales s'en remettant entièrement à la Loi, celle-là même qui auparavant scellait leur union, pour parvenir à régler ce qui déraille, pour fonctionner à nouveau. Pour que chacun puisse encore exaucer son désir. La supercherie est dévoilée. Est-ce l'archétype que nous devrions imiter ? Les parents s'aiment ; ils aiment leurs enfants ; ils aiment même très certainement le modèle dans lequel ils évoluent, celui-là même qu'ils essaient de transmettre. Et puis il y a la vie, la société, les efforts à fournir, le plaisir personnel à préserver, la facilité du divorce comme la tentation de s'emparer d'une ardoise magique qu'il suffirait de secouer pour pouvoir recommencer mais cette fois-ci avec bien inscrit en tête le plan des écueils à éviter. Pourquoi ne pas gagner du temps et sauter une étape ? Pourquoi ne pas filer directement à l'exhaustion de l'idéal individuel ? Pourquoi ne pas courir tout droit jusqu'à ce supposé bonheur, cette allégresse du libre choix filial ? Oui, nous sommes sans doute tout-puissants, conscients de la consomption de ce patron consacré, institué. Mais de quelle réalité, de quelle pertinence disposent ces familles si fragiles ? Pourquoi répondre à une exigence sociale ou aliénante, ou insuffisante, ou intenable ? Pourquoi dépendre d'une construction qui n'a pas résisté à l'épreuve du réel, du monde, ou de notre fantasme ?

M.-F. C. Notre dialogue a ses limites puisque vous me décrivez l'inéluctabilité du divorce là où je cherche des arguments pour pérenniser l'unité du couple des parents. Sans reprendre les arguments développés à propos du couple dans le chapitre précédent, j'insiste sur la différence entre l'amour-passion, fusionnel et idéal, et l'amour-tendresse où l'entente cherche à perdurer pour l'équilibre des enfants et de la famille. A travers les récits de mes patients, je suis confrontée au divorce et aux problèmes qu'il recouvre. Par exemple, j'écoute une de mes patientes se plaindre régulièrement, dans sa famille recomposée, de la place de ses beaux-enfants au regard de leur père, son deuxième mari. Au décours de son analyse, elle saisit de mieux en mieux que ses difficultés présentes se rapportent à ses conflits infantiles, à une époque durant laquelle elle avait souffert terriblement de la naissance de son frère venu lui ravir sa place d'enfant-Reine. Elle comprend progressivement comment elle doit *partager* l'amour au lieu de rêver à une omnipotence idéale. La place du Tiers-Père apprend à chacun de nous, dans sa vie amoureuse et sexuelle, à trouver un juste équilibre entre la réalité consentie et le rêve d'union idéale.

La famille idéale, la famille à inventer

S. D. Certes. Mais je crois que pour ma génération la famille n'échappe pas au procès de personnalisation et que le noyau couple domine et façonne considérablement l'homéostasie familiale, plus que le lien entre chaque membre du groupe. Le Moi reste le premier gardien de la représentation de la famille ; elle doit répondre à son ambition personnelle, à son projet, correspondre aux personnages dont il souhaite s'entourer, avec lesquels il entend se contenir. Le lien familial, dans une société encourageant toutes les formes d'individualités à s'exprimer, ne peut plus être contenu, enfermé dans une définition unique du concept. La famille n'est plus traditionnelle. Elle n'est pas non plus atypique. Elle n'est pas monoparentale. Ni homoparentale. Elle est narcissique. Elle est ce que l'on en fait. Elle est comment on la crée.

Le roman familial freudien lui-même est à réécrire. Autrefois, il désignait une construction imaginaire de l'enfant, une invention consciente. Celle de filiations plus illustres que la sienne qui un jour viendraient le sauver de ses véritables parents. Ces scénarios permettaient la critique des parents réels en même temps qu'ils autorisaient sans culpabilité l'issue à la conscience de désirs incestueux. Pures propriétés des frustrations œdipiennes, ils disparaissaient tandis que le complexe d'Œdipe était dépassé. Aujourd'hui, sa définition n'a pas vraiment changé, nous avons toujours « la création d'une œuvre imaginaire, d'un récit intérieur romancé, avec de multiples épisodes dont le sujet est le héros [1] ». Toutefois, l'imaginaire doit désormais être exaucé. On ne s'en débarrasse jamais vraiment ; l'œuvre ne doit plus être temporaire mais celle d'une vie ; les épisodes sont autant de tentatives familiales avortées et recommencées, mais pas de doute, le héros reste le sujet. La filiation rêvée ne concerne plus les parents mais celle que l'individu composera pour ses enfants. Le parent parfait n'est plus espéré que dans l'attente de le devenir soi-même.

Lors d'un conflit avec les parents, Freud reconnaissait l'utilisation massive de la fantaisie du roman familial par la majorité des sujets. Est-ce cette virulence critique à l'égard

---

1. Freud, S. (1909), « Le roman familial des névrosés », in *Névrose, psychose et perversion*, Paris, PUF, 1973, p. 27.

des parents, si contemporaine, qui rend plus difficile de se libérer de ce fantasme d'une famille idéale ? Selon la classique conception freudienne, pour faire le deuil de ce parent imaginaire, l'enfant doit accepter l'impossibilité pour ses parents de répondre de manière parfaite à tous ses besoins, d'être la copie conforme de ses désirs et de son imagerie mentale. Certes, le creuset de départ dans la vie est fait pour que l'on s'en éloigne, du moins symboliquement, afin d'inventer notre propre chemin. Toutefois, ce processus ne peut s'accomplir que quand le lien est assuré et intériorisé. C'est un autre aspect capital du roman familial : pour pouvoir s'en défaire, il faut l'avoir intégré. Mais comment se détourner de ce roman quand la réalité demeure terne et sans relief ? Quand la défaillance est déjà anticipée ? Quand la reproduction du même est un risque de l'avenir ? Ma génération désire plus que jamais faire de ce roman merveilleux, esquissé dans l'enfance, une histoire vraie. Les adultes que nous sommes devenus transportent avec eux ce mythe familial, cette filiation merveilleuse qu'ils désirent engendrer.

Œdipe est dépossédé de cette fiction, et il convient d'abandonner dans le cadre de cette réflexion les fantasmes incestueux, les rivalités fraternelles, les désirs de grandeur. C'est Narcisse qui élabore la trame de ce récit quasiment thérapeutique, ce roman en forme de plan, ce manifeste à l'égard de nos pères, ce rempart contre l'effondrement, contre la rupture annoncée, la démission parentale. Le témoignage que peut-être nous autres pourrons, à défaut de faire mieux, réussir là où eux ont échoué, ou simplement nous accomplir dans une famille plus conforme à nos idéaux, plus respectueuse et plus congruente. N'est-ce pas dans l'imaginaire que nous pouvons lire le négatif des angoisses, des peurs, de tout ce que nous ne souhaiterions pas réitérer ? Il en faudrait peu pour que cette invention onirique devienne une vérité de nous-mêmes, vérité révélée à mesure que sont délaissées ces rengaines conformistes, intolérables. L'abandonnisme générationnel ne tolère pas l'échec, le néant, le manque, le risque de la solitude, la castration d'un être dans son entièreté, fût-elle véhiculée par ces dogmes et ces institutions, de toute façon désinvestis. Par le truchement du fantasme, par la composition de cette famille idéalisée, par cette volonté de tendre vers une entité familiale plus belle et plus juste, c'est une forme d'opposition qui se manifeste, plus qu'une réparation narcissique : une preuve d'intégrité. Tel est le conte déposé au cœur de la sphère sociale. Pas un appel au secours. Pas une jubilation anonyme. Juste un rêve de liberté, de respect et d'équilibre. Pour une personne de la génération Y, le parent parfait, c'est celui qu'elle sera ; la famille parfaite celle qu'elle rencontrera. Les déceptions seront corrigées ; plus autonome, elle s'emparera des couleurs et des traits de ses fictions intimes pour dessiner une famille à l'image de ses rêves. Une fois cette maison invisible construite dans l'imaginaire, une fois préparée dans l'inconscient, doucement caressée, il ne restera plus qu'à la bâtir dans le monde réel. Et l'habiter.

M.-F. C. Il est agréable de vous entendre raconter ce que vous appelez « le conte déposé au cœur de la sphère sociale ». J'entends ce conte comme l'expression du formidable rêve adolescent qui anime votre génération. Winnicott avait l'habitude de dire que l'adolescence est une phase unique dans la vie car elle se déroule sans vouloir être comprise ni élucidée : « Cette période de la vie qui est essentiellement celle d'une découverte personnelle doit être vécue. Chaque individu est engagé dans une expérience, celle de vivre – dans un problème, celui d'exister[1]. » Il poursuit son propos en montrant que le seul remède à proposer pour cette crise d'adolescence, *c'est le temps qui passe.* A travers vos propos, je perçois l'importance de Narcisse (qui se laissa mourir de ne pouvoir saisir son image), en référence à la perte de l'autorité symbolique.

Je poursuis en décrivant l'amour à l'adolescence. Pour Julia Kristeva, « l'Œdipe adolescent est violent parce qu'il opère sur l'onde porteuse de l'idéalisation. Il s'agit de se séparer du couple parental en le remplaçant par un modèle

1. Winnicott, D.W., *De la pédiatrie à la psychanalyse, op. cit.*, p. 256.

nouveau, porteur d'une satisfaction absolue pour ce sujet adolescent. [...] Dans ce but, le narcissisme du Moi, noué à ses idéaux, déborde sur l'objet en donnant lieu à la passion amoureuse que spécifie l'intrication pulsion-idéalité[1] ». Plus loin, elle écrit : « Une élation vécue comme un destin absolu, qui fait table rase de l'Œdipe originel, une ruée vers des paradis nouveaux. Images, idéologies, modèles existentiels : tout y est convoqué et érigé pour étayer un narcissisme idéalisé déferlant sur autrui et qui dépasse en puissance tous les idéaux antérieurs. [...] Cette jonction [entre ses pulsions libidinales] est accompagnée par la croyance de devoir et de pouvoir dépasser le couple parental, et même de l'abolir, pour s'en évader dans une satisfaction totale idéalisée, paradisiaque[2]. » Je me retrouve dans ces propos car *l'idéalisation* est tout à la fois le paradis et l'enfer de l'adolescent.

Voici ce que j'écrivais dans mon journal de jeune fille, me référant au grand philosophe d'origine indienne, Jiddu Krishnamurti : « Lorsque vous aimez, il n'y a ni "une" personne, ni "les hommes", il n'y a que l'amour. Ce n'est que par l'amour que nos problèmes peuvent être résolus et que nous pouvons connaître la joie et la félicité. » L'Amour tant attendu, rêvé et imaginé à travers toutes les lectures romanesques et poétiques, était notre vœu le plus cher et faisait fi de toutes les complications liées aux rencontres singulières, menant nécessairement à une forme de désillusion. Le couple parental, dont chacun avait connu, à des degrés divers, les vicissitudes, s'éloignait sous les feux de l'Idéal. Force était pourtant de renoncer à la *maladie d'idéalité* pour construire un projet concret et réel. A toutes les époques, l'idéalisation de l'adolescent s'est affirmée dans un premier temps jusqu'à ce que le raisonnable s'ensuive dans un deuxième temps. Les modalités de cette idéalisation sont différentes selon les

1. Kristeva, J., *La Haine et le Pardon*, *op. cit.*, p. 451.
2. *Ibid.*, p. 451-452.

périodes de l'histoire, les manières de les contourner aussi ! Le seul remède, *c'est le temps qui passe*…

J'ai ressenti, en vous écoutant, ce désir de rompre avec des modèles anciens et dépassés, afin d'en pérenniser pour votre génération de nouveaux plus exaltants.

Le « mariage pour tous » et les psys

S. D. Les enseignements de la psychologie clinique et surtout de la *théorie systémique* offrent des perspectives intéressantes pour comprendre la dynamique familiale postmoderne. A la différence de la *théorie systémique* toutefois, la psychanalyse se soucie moins de l'influence de l'environnement sur l'individu que de l'exploration des strates historiques, de la sédimentation mentale qui forgea son identité. Avec la richesse de son vocabulaire conceptuel et la finesse de sa méthode, l'outil métapsychologique accorderait pourtant au voyageur patient une voie royale vers les croyances, les valeurs, les mythes, les rituels, les symptômes, les expériences réussies ou non, les crises identitaires, les systèmes d'appartenance et les règles de la famille. Freud a lui-même posé les bases grâce auxquelles les psychanalystes auraient pu réfléchir à une prise en considération efficiente de la famille. Il a, par exemple, montré l'influence de la triangulation œdipienne sur la constitution du Surmoi mais surtout, et en cela il était un véritable précurseur, toute l'importance des phénomènes transgénérationnels. Il a écrit par exemple que « le Surmoi de l'enfant ne se forme pas à l'image des parents, mais bien à l'image du Surmoi de ceux-ci ; il s'emplit du même contenu, devient le représentant de la tradition, de tous les jugements de valeur qui subsistent ainsi à travers les générations [1] ». Freud, bien avant tous ses

1. Freud, S. (1932), *Nouvelles Conférences d'introduction à la psychanalyse*, Gallimard, Paris, 1984, p. 91.

héritiers qui en galvaudèrent la pensée, accueillait déjà, dans la conception analytique de l'individu, la langue étrangère des générations le précédant, tous les avatars de la société. Un univers.

Plus récemment, le psychiatre et psychanalyste Jean Guyotat[1] a défini la filiation comme le processus par lequel un individu se reconnaît appartenant à une lignée et peut donc se situer ; tant par rapport à ses ascendants immédiats ou lointains qu'à ses descendants réels ou éventuels dans un réseau de parenté. Il rappelle que le lien de filiation peut être approché de différentes manières : juridique, anthropologique, biologique, ces trois constituants exprimant surtout l'axe réel de ce lien. En vérité, Untel est dit *fils ou fille de quelqu'un* parce qu'il y a eu acte de naissance et reconnaissance du lien par les autres. Le lien, dans la réalité, est attesté par le groupe, et se superpose ou non au lien biologique, au lien de sang. La réalité du lien passe donc par ce qu'a institué le groupe, mais ce qui importe plus que tout demeure la façon dont il est vécu par l'individu, comment il se situe, lui-même, dans la chaîne des générations par rapport à ses ascendants et à ses descendants. Nous pouvons en déduire que l'ouverture sur le monde extérieur, de solides connaissances des mécanismes sociaux et de l'histoire du droit, l'enquête à travers les âges de l'histoire familiale et l'exploration de ses mythes, l'observation du langage du sujet et de ses capacités de symbolisation, tous ces éléments, hautement signifiants, devraient constituer la colonne vertébrale de toute démarche psychanalytique tendue vers la famille.

Qu'en est-il aujourd'hui ? Que reste-t-il de cette brèche ouverte par Freud dans la discipline qu'il a lui-même inventée ? Je n'aurai pas peur des mots : le bilan semble pour l'heure franchement négatif. Hors du temps et non pas intemporelle, dogmatique plutôt que didactique, trop vaniteuse et

1. Guyotat, J. (1980), *Mort, naissance et filiation. Etudes de psychopathologie sur le lien de filiation*, Paris, Masson.

détachée des autres sciences, plus conservatrice qu'empathique, privilégiant l'exégèse à l'expérience, l'élitisme et l'hyperlangage à l'accessibilité, coupant la parole du sujet de toute société, préférant la triade interne Ça-Moi-Surmoi aux groupes exogènes qu'il doit rencontrer, le mythe du rêve au mythe familial, la psychanalyse a perdu de cette acuité, de cette force symptomatique qui lui garantissaient autrefois la possibilité d'explorer toute la gamme des sentiments et des comportements humains, d'être là où personne jamais ne l'attendait. Oui, la psychanalyse a perdu de sa superbe quand elle s'est institutionnalisée, à plus forte raison sur des fondements théoriques rigides et univoques, des textes « cadavres » dont la substance éthique, les principes humanistes semblent avoir été aspirés par la machine analytique.

Quant aux auteurs, aux pionniers osant braver la férule mécanique, muer des parangons freudiens ou lacaniens pour une parole véritablement nouvelle, ils paraissent peu pressés de quitter l'anonymat : la voie nouvelle se fait désespérément attendre tandis que la psychanalyse, éperdument en manque d'un leader, agonise, perd ses « adeptes ». Plus grave, l'accompagnement médiatique d'un certain nombre de prises de position de psychanalystes « célèbres » nous a permis d'entrevoir l'impact terrible de la thématique familiale dans la psyché prétendument résiliente des analystes : le réveil de vieux démons que l'on croyait endormis pour toujours.

Ce phénomène s'est fait particulièrement remarquer lors des nombreux débats qui ont encadré le vote de la loi sur le « mariage pour tous ». A cet instant la famille n'était même plus un fait anthropologique, dont l'équilibre dépendait d'une société, d'une temporalité spécifique, mais un bloc, ultranucléaire, enkysté dans une vision unique ; un modèle à sauvegarder à n'importe quel prix. Il nous faut d'ailleurs reconnaître que les plus véhéments, les plus extrémistes de nos confrères étaient alors pour la plupart uniquement psychanalystes et non pas psychologues, psychiatres, intervenants sociaux... Un travail dans l'intimité du divan suffit-il pour aborder des problématiques aussi macroscopiques ? Il faudrait également interroger l'accointance entre l'engluement autour de la pratique analytique et la difficulté d'en appliquer les principes de juste distanciation, au profit d'une forme de rayonnement, de pouvoir social. Car plus encore que de donner une opinion personnelle, ce qu'aurait dû éviter une psychanalyse soucieuse de neutralité, c'était d'espérer cette implication politique réelle. C'est une blessure difficilement cicatrisable qu'ont infligée à notre discipline ces hommes et ces femmes dont les pirouettes langagières peinaient à masquer le jugement subjectif et partial, des préjugés appartenant à d'autres idéologies que celles de Freud et de Lacan. J'en veux pour preuve toutes ces invocations au règne du « naturel » quand hier encore ils clamaient la nature profondément psychique de l'être humain. Autrefois, le psychanalyste était l'homme ou la femme au flegme curatif, celui qui « ne s'angoisse pas devant l'angoisse », pour reprendre la formule consacrée de Dolto, qui désignait les bons soins accordés à l'enfant comme la clé de voûte de son existence future. Aujourd'hui, des hommes et des femmes ont, en utilisant leur position de psychanalystes, et c'est là le plus grave, exacerbé la peur, porté des jugements, revendiqué des préjugés, produit les amalgames des plus perfides ; l'homosexualité était de nouveau une perversion dans son sens le plus usuel. Ils utilisèrent l'enfant, sans aucun support clinique, à des fins démonstratives. Ils ont balayé d'un revers de main l'héritage freudien ; ils ont fait de tous ces couples homosexuels des monstres indignes, des parents terrifiants ; ils ont fait de tous leurs enfants des victimes nécessairement stigmatisées. Ils ont forclos le principe selon lequel c'est « l'introjection des objets d'amour qui constitue le "lest symbolique" intérieur nécessaire à l'élaboration d'une heureuse distanciation psychique[1] ». Mais c'est ainsi, l'esprit semblait avoir disparu, l'humain n'était plus qu'une grenouille ou un

1. Clément, R. (1993), *Parents en souffrance,* Paris, Stock, p. 46.

poisson. Un être sans tête pour penser. Sans cœur pour aimer.

Durant des heures et des heures de débats, dans tous ces articles, dans tous les journaux, on demandait à des psychanalystes de se prononcer en faveur ou contre le « mariage pour tous ». Autrefois récalcitrants aux lumières de la scène publique, préférant l'ombre douceâtre, le huis clos du cabinet, certains analystes se précipitaient maintenant dans les bras tentaculaires du journalisme de masse. Comment pourrions-nous garder notre crédibilité quand le corps analytique a brisé de lui-même l'engagement d'une bienveillante sérénité à l'égard du tapage du réel ? La psychanalyse ne pouvait pas se permettre de promulguer un discours moral. Tout au plus aurait-elle pu accompagner le débat sur le terrain de l'éthique, la PMA et la GPA qui sont, que nous les approuvions ou non, des supports à des questionnements majeurs. Mais la parole comptait plus que l'écoute. Le parti pris plus que la laïcité. Nous sommes bien devenus des nouveaux prêtres comme l'opinion publique nous le reproche, des hypocrites ergotant sur la moralité en proposant des tarifs délirants dans une France en crise, des êtres éclairés mais éthérés incapables d'appréhender le réel autrement que par le prisme conceptuel. Oui, la psychanalyse a trahi son fondateur : elle s'est politisée.

Effaré et déçu, j'ai constaté les tentatives éperdues mais malgré tout acharnées pour appliquer à tout prix des concepts d'une autre époque, sans flexibilité, sans tenir compte de l'évolution réelle de notre société. Œdipe à n'en plus finir, Jocaste aussi, et tant pis pour les veufs et les veuves, les divorcés ordinaires. L'objet transitionnel jusqu'à la nausée. L'ère postmoderne n'a pourtant que peu en commun avec la Vienne de Freud ou l'Angleterre de Winnicott ! La mauvaise foi épistémologique se voulait de toute façon aussi intégriste qu'essentialiste. Pauvre Freud, pauvre maître mort secoué comme un prunier, dont on entendait bien faire tomber un concept ou un autre à la rescousse d'une sacro-sainte et univoque conception de la famille, de ce modèle révolu mais qui, je vous l'accorde, dispose d'un charme suranné. Le concept égoïste. Non pour aller vers l'autre. Non pour comprendre l'autre. Pour préserver sa fragile moralité à tout prix. Les psychanalystes se sont posés en censeurs, en hygiénistes de la famille, en esthètes du lien, en précieux borgnes, en inquisiteurs apocalyptiques... en tout sauf en psychanalystes. Trop occupés à désigner « le déni d'incomplétude », pour citer Jean-Pierre Winter, ils n'ont même pas soulevé leurs propres résistances et il fallut que d'autres psychanalystes rendent à Freud ce qui appartenait à Freud, pour rendre aussi la misère à la misère [1].

La famille a évolué comme la société a évolué. Cette famille glaise que l'on façonne selon son idéal, cette famille libérée du standard traditionnel s'accommode mal des tentatives de systématisation ou de l'approche psychanalytique. Les psychanalystes ne réalisèrent pas durant cette période mouvementée que, quoi qu'ils disent, ils jouaient le jeu postmoderne, qu'ils défendaient leur idéal personnel comme tout un chacun. Mais, de toute façon, aujourd'hui, il n'est plus question de toute la richesse des approches de Freud, de Kaës, de Klein, de l'appareil à penser, des deux conceptions freudiennes de l'angoisse, de la complexité pulsionnelle, non, soyons francs, aujourd'hui sont nés le bien et le mal. Et c'est à la psychanalyse de déterminer qui obéit à l'un, qui engendre l'autre. La psychanalyse se perd en conjectures et oublie de s'intéresser à l'être humain, essayant plutôt de contrecarrer le présent en maudissant l'avenir, les changements indéniables de la société plutôt que de les accompagner. N'était-ce pas là notre mission, il y a des années de cela ? Nous pouvons déplorer ou admirer

1. De nombreuses voix se sont élevées, dénonçant l'instrumentalisation « du savoir psychanalytique afin de cautionner, dans le débat qui agite la nation, certaines des thèses opposées au projet de loi ». Je cite le texte de la pétition rédigée par Laurence Croix, psychanalyste et maître de conférences à l'université Paris X-Nanterre, et Olivier Douville, psychanalyste et anthropologue, lancée le 13 janvier 2013. Elle a réuni plus de 1 500 signataires.

les circonvolutions de l'humanité, de l'âme humaine ; oui, nous pouvons fermer les yeux le temps que l'orage de l'existence passe et nous abandonne là, au centre du passé. Ou nous pouvons les ouvrir grands pour regarder les choses en face, voir le monde tel qu'il est, l'aimer pour que d'autres à travers nous puissent l'aimer, même dans l'analyse, même dans le diagnostic si tant est qu'il en faille un.

A moins qu'il ne s'agisse de forcer, de tirer tant que nous pouvons sur la corde de nos prestiges et de nos gloires d'antan, d'écraser les individualités, les familles homoparentales, monoparentales, de leur offrir un très discriminant statut particulier, pour qu'ils ne menacent pas le mythe, qu'ils collaborent à l'assomption de la Sainte Trinité père, mère, enfant. Transformer les ronds en carrés pour qu'ils y pénètrent pour de bon et à jamais. Aussi rejetants que sont un grand nombre de psychanalystes à l'égard des théories sociologiques, tous savent parfaitement que la société jouera son rôle régulateur, que certains cherchent à la contrôler ou non. Pour ma part, je crois en ma génération, qui, avec ses forces et ses faiblesses, a la capacité de s'émanciper dans son cheminement vers elle-même, plus libre du religieux, du moral, du politique. Pour devenir cet individu qu'elle souhaite. C'est ce qui menace de plein fouet la psychanalyse, ce qui pourrait la mener à l'extinction. La nouvelle génération déjà n'en souhaite plus, comprenant bien les méfaits totalitaires de cette discipline d'un autre âge, incarcérée dans une vertu indéfendable, apte à la parole mais plus à l'écoute, dispensatrice d'un jugement devenu trop encombrant. Essayant de réduire des individus à leur sexualité. Le conflit autour du « mariage pour tous » était hautement générationnel. Et si des personnes de ma génération ont défilé sans être ni *homos* ni *monos*, c'était peut-être pour rappeler qu'ils peuvent aimer comme ils l'entendent. Que leurs pères ont échoué et que les faux prophètes, dans toute leur inauthenticité, n'ont plus leur place en société. Il nous reste bien plus que le réconfort de la tradition. Ce qui menace la psychanalyse aujourd'hui, c'est le progrès.

M.-F. C. Je comprends que votre déception est profonde et argumentée. De guerre lasse, je vais m'en sortir non pas par une pirouette, mais par un renoncement justifié à vous convaincre. Dans cette société qui connaît une mutation historique, fort bien décrite et solennellement racontée à maintes reprises par Michel Serres[1] (et d'autres !), nous sommes en attente de grands changements en tout point imprévisibles bien qu'inéluctables. Je souscris à cette préfiguration, regrettant, autant que lui, de ne pouvoir que partiellement la connaître car je ne serai plus là pour la penser et la juger. Vous, Samuel, vous y serez. Nous vivons aujourd'hui une période d'utopie : « Vive l'utopie[2] ! »

L'évolution de la filiation

M.-F. C. Après avoir évoqué la famille traditionnelle et celle que vous imaginez pour demain, retrouvons le débat sociétal. Comme vous l'avez remarqué, les *psys* ne sont pas d'accord entre eux. Sur ce point, il faut être clair : les psychanalystes ne sont pas des moralisateurs. Ils n'ont pas à intervenir dans les problèmes de société pour dire la norme. Ils peuvent avoir leur avis personnel – je vous l'ai exprimé pour ma part – mais ils sont là, avant tout, pour écouter leurs patients et tenter de les aider à voir clair dans leur vie psychique. C'est à la vérité sur soi-même que se consacre la psychanalyse. Le psychanalyste est celui qui a fait ce long travail pour découvrir sa propre vérité à l'aide d'un autre (psychanalyste) et qui va, s'il en ressent la capacité et le désir, faire de même avec les patients qui viennent le consulter.

S. D. Sur ce point, nous sommes d'accord.

1. Serres, M. (2012), *Petite Poucette*, Paris, Le Pommier.
2. Serres, M. (2013), « Je salue l'arrivée de l'individu ! », in « La Vie numérique », in *Revue des Deux Mondes*, p. 119.

M.-F. C. En ce qui concerne les problèmes de filiation, il est exact de dire que la question importante est celle des sexes et des générations. Il ne faut pas confondre la filiation biologique et la filiation sociale. La famille et le mariage traditionnels permettaient de les concilier mais le divorce est apparu, relativisant la filiation biologique. Nous vivons un vrai changement civilisationnel, que ne récusent pas les anthropologues. Je pense à Françoise Héritier : « Nous n'avons plus besoin d'asseoir le lien social sur les mêmes règles. Aujourd'hui, la solidarité organique du lignage s'est effacée face au primat de l'individu[1]. » Il en va de même pour un autre anthropologue, Maurice Godelier. L'individu peut décider de tout pour lui-même, y compris de sa sexualité. Ces propos montrent l'ouverture exigeante de grandes personnalités de notre culture.

Ainsi, on peut valoriser l'adoption à condition de ne pas confondre un parent et un géniteur. Il faut respecter le droit fondamental de l'enfant à son identité personnelle, dès lors qu'il n'est pas né des parents qui l'élèvent : c'est ce que l'on appelle *l'identité narrative*, terme emprunté à Paul Ricœur : « L'homme est un être de narration. Son identité est une identité narrative[2]. » Ce terme signifie que chacun de nous doit pouvoir connaître son histoire. Paul Ricœur, nous le savons, s'est montré très ouvert aux idées de Freud et à sa réflexion sur le destin singulier de chaque personne liée à son enfance. Avec sa conception de *l'identité narrative*, il explique, en grand philosophe qu'il était, l'importance de cette histoire personnelle retracée par chacun dans toute sa vérité.

La sociologue Irène Théry s'est particulièrement intéressée à la famille[3]. Elle note la montée de l'union libre et des

1. Héritier, F., tribune dans *Le Point*, n° 2099.

2. Ricœur, P. (1985), *Temps et Récit*, vol. III : « Le temps raconté », Paris, Le Seuil.

3. Théry, I. (2010), *Des humains comme les autres. Bioéthique, anonymat et genre du don*, Paris, EHESS.

divorces à partir du milieu des années 1960. Ce qui bouleverse alors la famille, c'est l'égalité des sexes. Ainsi, le *pater familias* existait auparavant : il était le chef de famille désigné et la femme s'occupait de la maison et des enfants. C'était le mariage civil moderne réglé par le code Napoléon. Aujourd'hui, la situation n'est pas comparable eu égard à la transformation du statut des femmes. Il est utile, dans notre débat, de rappeler ces dates fondatrices des changements survenus.

De nos jours, le mariage devient une question de conscience personnelle. Au cœur de ces mutations, l'arrivée de la femme moderne. Elle devient une véritable interlocutrice pour l'homme. C'est l'avènement du *mariage-conversation* qui suppose que la femme ait acquis son indépendance économique par un travail salarié. Il s'agit d'une deuxième révolution démocratique. Qui dit conversation dit risque de désaccord. Ce n'est plus le mariage hiérarchique indissoluble mais un nouveau pacte, tissé d'humour, de distance à soi et de complicité tendre.

On peut avoir des enfants sur lesquels l'autorité parentale s'exerce en commun depuis 1970. Le couple est, plus que jamais, une valeur, mais plus *une valeur sûre* ! Le principe d'indissolubilité s'est déplacé du mariage vers la filiation : elle devient *le seul lien à vie*. L'adoption plénière date de 1966 et c'est la loi de 1972 qui institue l'égalité de tous les enfants, que leurs parents soient mariés ou non, législation qui nous fait entrer dans un nouveau monde. C'est maintenant la filiation qui devient l'axe commun du droit à la famille. On peut fonder la filiation non seulement sur la procréation mais sur l'adoption ou même sur l'engendrement avec tiers. Nouvelles étapes, nouveaux enjeux !

Le véritable problème est de *dématrimonialiser*, excusez le néologisme, la filiation. Dans ce contexte, il faut distinguer *procréer* et *engendrer*. Celui qui donne ses gamètes procrée l'enfant mais il ne l'engendre pas. Comme je l'ai déjà dit, l'enjeu pour chaque enfant est de construire son *identité narrative* : il a le droit de savoir l'exacte vérité sur sa conception et sa naissance.

Personnellement, je suis contre la GPA car le risque existe d'une marchandisation du corps de la mère porteuse. Je trouve un allié en la personne du neurobiologiste Jean-Didier Vincent : « La mère porteuse n'est pas un simple réceptacle neutre, mais une véritable forteresse assiégée – à la fois de l'intérieur par l'embryon avec sa dynamique génétique propre et de l'extérieur par un environnement souvent agressif qui perturbe les humeurs de la mère et qui est transmis par le placenta au fœtus dont il peut modifier profondément le développement. [...] Un bébé n'est pas une chose ; il est un objet d'amour[1]. » Voilà qui rejoint ma pensée profonde et sincère, appuyée sur mon expérience de la maternité.

L'enfant-roi

M.-F. C. Je souhaite maintenant aborder la question de l'éducation des enfants. Pour ma génération, c'était une éducation assez fortement centrée sur les interdits. Il y avait beaucoup moins de liberté qu'aujourd'hui sur beaucoup de plans. Les journées étaient rythmées par des horaires bien définis[2]. Le carnet de notes, dans l'établissement que je fréquentais, était, à lui seul, tout un programme[3]. Il devait être signé régulièrement par les parents, sous peine de punitions. En cas de bavardage, *la maîtresse vous mettait au coin*, au sens

1. Vincent, J.-D., *L'Express*, 6 mars 2013, n° 3218, p. 83.

2. Ces horaires n'étaient pas tous synonymes de déplaisir. Ainsi, les jeudis, il n'y avait pas école et nous pouvions organiser des goûters souvent *costumés*, avec des tenues très variées, louées dans des magasins, et qui correspondaient au goût de chacun. On se déguisait en Alsacienne, en Bretonne, en toréador, en princesse, etc.

3. Les divers critères de jugement, avec des notes et des appréciations correspondantes, étaient intitulés : conduite, politesse, maintien, ordre, exactitude, application.

propre du terme, ou demandait d'*écrire des lignes*. Il y avait également le système des *retenues*. En discutant avec mes étudiants, j'ai réalisé que, si votre génération a pu connaître ces principes, elle les a abordés avec plus de légèreté, avec plus de distance, parfois comme des jeux sans véritable importance. Sans y croire. Alors que nous, nous étions extrêmement touchés par ces punitions ; elles étaient véritablement inhibitrices !

Les interdits pesaient lourdement : une sévérité réelle était exercée à l'égard des enfants. Cette sévérité se traduisait par des *claques* ou des *fessées*. Il est clair que nous étions éduqués à l'opposé de ce que l'on appelle communément de nos jours *l'enfant-roi*. Le rôle du père de famille était central, relayé par la mère et l'éventuelle gouvernante. Aujourd'hui, dans une famille monoparentale où la mère élève seule ses enfants, elle peut avoir tendance à satisfaire leurs désirs, leurs goûts pour être la *bonne mère*. Elle a connu passablement d'épreuves parce qu'elle a été quittée, trompée : on peut imaginer de nombreux scénarios. L'enfant va devenir le centre de sa vie et elle veut à tout prix *le réussir*. Dans les écoles, on se plaint non seulement d'un manque de civilité mais d'un manque de respect élémentaire, ce qui nous ramène au rôle du père interdicteur. J'y attache personnellement beaucoup d'importance. Celui-ci avait de l'autorité dans les familles traditionnelles de mon époque bien qu'il y ait eu des vicissitudes comme toujours : les parents pouvaient avoir des désaccords, des mésententes, des conflits, connaître des trahisons. Mais le père restait le père des interdits. Le Surmoi, tel que l'a défini Freud, était plus facilement installé dans les familles de son époque et de la mienne.

S. D. Vous dépeignez un système familial extrêmement rigide ! Presque névrotique si l'on considère cette brutale répression des affects et des désirs au profit d'une règle stricte dispensant la figure paternelle de toute élaboration personnelle. Mais encore une fois n'y avait-il pas un enjeu profondément politique derrière cette structure si oppressive ? Au centre du cercle interdicteur, il n'y a ni femme ni enfant. Juste le père. Juste son royaume dont il édicte les Droits et des Devoirs. Il conserve même, à vous entendre, son pouvoir coercitif, quels que soient ses actes ! Pour lier cette question à un aspect plus psychanalytique, je dirais que le phallocentrisme semble hélas faire se confondre la castration (un acte symbolique permettant l'accès à la sublimation, à la création et à la Loi) et la mutilation pure et simple des contenus psychiques.

Je rejoins Lacan pour qui la transmission éducative, l'apprentissage des règles s'opère à travers l'identification au père, certes autoritaire mais également situé au « centre de la révélation sexuelle », une figure héroïque, exemplaire. Lacan écrit qu'il « s'avère à l'expérience que le sujet forme son Surmoi et son Idéal du Moi non pas tant d'après les instances homologues de la personnalité : ce qui veut dire que dans le processus d'identification qui résout le complexe œdipien, l'enfant est bien plus sensible aux intentions qui lui sont affectivement communiquées de la personne parentale qu'à ce qu'on peut objectiver de son comportement... la transmission tendra à être similaire, en raison de la pénétration affective qui ouvre le psychisme enfantin au sens le plus caché du comportement parental[1] ». La transmission, pour Lacan, ne se fonde pas sur des modalités objectives et conscientes mais sur un rapport de psyché à psyché entre lesquelles transitent des messages affectifs extrêmement forts. L'enfant s'identifie au Surmoi et à l'Idéal du Moi parental et c'est bien pour Lacan « ce qui met au premier rang des causes de névrose la névrose parentale[2] ».

Nous savons quelle marge existe entre les comportements et l'intentionnalité qui les anime, et il semble important, dans ce contexte, de réinterroger une autorité basée sur le passage à l'acte plus que sur le langage, sur la rigidité des sentences appliquées mécaniquement plus que sur la souplesse d'interprétation des comportements transgressifs. Quel son résonne

1. Lacan, J. (1938), *Autres Ecrits*, Paris, Le Seuil, 2001, p. 79.
2. *Ibid.*, p. 79.

derrière la gifle ? Quelle empreinte véritable laisse une fessée ? De quoi punit-on vraiment celui qui est frappé ? Que lui fait-on porter de soi ? Là où le Surmoi est tyrannique... le Surmoi n'est tout simplement pas puisqu'il devrait conduire au sentiment d'autonomie, de justice, non à l'inhibition ou à la peur. Le sadisme anal n'est pas l'autorité. Plus prosaïquement, je doute que l'on apprenne quoi que ce soit dans la violence. Comme l'avait montré le psychanalyste et ethnologue Géza Róheim[1], extrêmement critique en son temps envers les méthodes d'éducation occidentales qu'il jugeait productrices de névroses, une éducation trop répressive appliquée à un enfant jeune induit des modifications irréversibles du Moi. Je préfère l'idéal adolescent, l'invention, l'imagination, l'optimisme ; je préfère même l'incivilité à la brusquerie. Le narcissisme me semble lui-même moins hostile ! Une fois de plus, nous pouvons mesurer l'ampleur du fossé des générations et comprendre pourquoi chacune d'entre elles ressent une certaine appréhension en imaginant ce qui se trouve... de l'autre côté.

M.-F. C. Aujourd'hui, on a bousculé les interdits, à juste titre pour certains d'entre eux, parce qu'ils étaient artificiels et factices. La bonne tenue à table, par exemple, à propos de laquelle j'ai été enquiquinée[2]. Vous avez raison concernant les éducations trop strictes, Samuel. On a parlé de ces éducations répressives pour les juger et les condamner. J'avais une maîtresse en 10e, le CE1 d'aujourd'hui, dans une école religieuse, qui m'a donné une fessée déculottée devant toute ma classe. Aujourd'hui, une plainte serait déposée. Mais je sais

1. Róheim, G. (2000), *L'Enigme du sphinx*, Paris, Payot.

2. Je trouvais heureusement dans les héros de la comtesse de Ségur, tels que la Fée Carabosse, Madame Mac' Miche, Madame d'Embrun, les représentants de cette méchanceté tyrannique à l'égard de l'enfant. Je pense à *Oliver Twist* de Charles Dickens, grande lecture de mon époque. J'avais dans ma petite tête tous ces prototypes : je les éloignais ou me vengeais d'eux grâce à des jeux organisés autour de mes fantasmes.

que j'ai été défendue par mes camarades qui m'ont entourée après dans une solidarité joyeuse. « C'est une peste ! », avons-nous dit toutes ensemble ! L'importance des *jeux*, dans ces circonstances, était primordiale afin de garantir notre solidarité vis-à-vis des adultes dont nous pouvions dénigrer la méchanceté.

S. D. Oui. De même que le jeu devait, par sa fonction cathartique, vous libérer de ce que vous ne pouviez pas affronter dans la réalité.

M.-F. C. Vous avez raison. Je sais gré à mon père d'avoir justement porté un jugement négatif sur l'excès de certains interdits. Il m'a soutenue dans ma conquête d'indépendance et de non-alignement. Je vous ai raconté quelques souvenirs personnels pour illustrer la grande différence entre l'éducation donnée à mon époque et celle d'aujourd'hui. Il n'est pas question de revenir, tous les psychologues s'accordent sur ce point, aux punitions violentes ni aux interdits musclés de ces temps révolus. On se plaît à rappeler, à juste titre, l'importance de Françoise Dolto qui a remarquablement changé notre rapport au bébé et à l'enfant[1]. C'est elle qui a mis à l'honneur la conception de Brazelton : « Le bébé est une personne. »

Sans doute serait-elle étonnée d'observer aujourd'hui que nous sommes allés trop loin : de l'enfant incompris et malmené, nous sommes passés à l'enfant-roi, pour ne pas dire l'enfant-tyran. En bonne disciple de Lacan, elle s'insurgerait contre l'oubli de *la métaphore paternelle* et nous demanderait de rétablir son autorité. Après des siècles d'interdits et de privations, notre société a basculé dans la surconsommation et le

1. J'allais suivre, jeune étudiante, quelques-uns de ses séminaires sur *le dessin d'enfant* à l'Institut océanographique de la rue Saint-Jacques, et j'ai été fascinée par la pertinence et la profondeur de ses analyses. Avec ses Maisons vertes, elle a grandement contribué à changer notre regard sur l'enfant dans ses rapports avec ses parents. Elle a été aussi une pionnière dans l'interprétation des dessins d'enfants.

tout-permissif. Les enfants sont choyés parfois à l'excès et ne sont pas forcément heureux car ils ont besoin de limites pour se construire.

Les psychologues et psychiatres voient défiler dans leurs cabinets des enfants drogués au plaisir immédiat et à la jouissance sans retenue : phénomène nouveau apparu à partir des années 1970-1980. Le jeune enfant ne doit pas être mis en responsabilité de choisir ce qu'il veut. L'éducation doit consister à lui indiquer des choix, émanant de ses parents et de ses professeurs : « Sois poli, fais un effort, travaille, apprends ! » La différence des générations doit être explicitée clairement car des parents bons et compréhensifs savent pertinemment quelles règles sont indispensables à la formation de leur enfant. Cela va effectivement de la politesse, appelée aussi *civilité*, aux quelques principes moraux indispensables, tels que le respect des ordres donnés. S'ils ne le sont pas, des sanctions deviennent indispensables pour rétablir l'autorité ainsi bafouée. Les parents, comme les professeurs, doivent également imposer des horaires : il y a le temps pour apprendre et le temps de la récréation. « On fait ses devoirs », sans allumer la télé ou regarder sa tablette ! On peut sortir avec des amis mais on est tenu de rentrer à la maison à une certaine heure. Si l'autorité n'est pas respectée dans ses divers aspects, l'enfant n'aura pas de conscience morale, pas le sens du bien et du mal, pas de culpabilité envers l'autre.

S. D. Comme je l'ai dit lorsque j'abordais le positionnement de certains psychanalystes lors des débats sur le mariage homosexuel, je recommande pour ma part un plus grand discernement quant à la référence au bien et au mal. Un psychanalyste devrait se dégager de ces référents philosophiques et religieux au profit d'une approche plus nuancée de l'être humain. Moins moralement orientée.

M.-F. C. Certes. Mais nous sommes tous heurtés, consternés par la violence à l'école. Les professeurs ne sont plus respectés. La décision est donc prise d'enseigner à l'école *la morale civique*. Pourtant, la valeur des enseignants n'est pas en cause : de l'avis des spécialistes de l'Education nationale, la qualité des professeurs français est dans son ensemble excellente, une des meilleures du monde, bien supérieure à ce qu'elle était dans les années 1970. Ce qu'il faut davantage incriminer, c'est la mauvaise éducation des enfants. L'éducation, qui relève des parents dans la sphère privée de la famille, doit précéder l'enseignement à l'école. L'enfant doit être *civilisé* avant d'aller en classe : faute d'un minimum de principes éducatifs, il suffit de quatre ou cinq élèves privés de *Surmoi* dans une classe pour rendre la tâche des professeurs impossible. Dans cette perspective, les parents ne doivent pas soutenir inconditionnellement leurs enfants face aux sanctions des éducateurs. Là aussi, l'autorité de ces derniers est indispensable et ne doit pas être sans raison valable discutée.

S. D. C'est juste. En consultation, je suis saisi par la vindicte de certains parents contre le système scolaire, qu'ils accusent fréquemment de l'échec de leurs enfants, quand un simple entretien clinique permet de détecter aisément toutes les lacunes de l'éducation exercée au sein même de la famille.

M.-F. C. Selon Philippe Jeammet, praticien reconnu de l'adolescence, les mœurs ont effectivement beaucoup changé. L'éducation est certes plus libérale mais la violence est aussi la réponse à une blessure narcissique, au sentiment de ne pas avoir de la valeur : « Si je ne vaux rien, je cogne. » L'échec scolaire est parfois une manière de retrouver une forme de pouvoir. Il s'agit donc de dire à l'enfant, tout au long de sa scolarité : « Vous avez un potentiel affectif et cognitif qui fait votre richesse et que vous devez mettre en valeur. Cette mise en valeur va durer toute votre vie, mais il y a des moments plus structuraux, comme le temps de l'école[1]. » Sa motivation et sa réussite dépendent du regard qu'on porte sur lui : parents et

1. Jeammet, P., « Le point de vue d'un psychiatre », in *Le Nouvel Observateur*, 25 avril 2013, n° 2529.

enseignants doivent se retrouver sur la même ligne et ne pas craindre de donner des règles, afin que l'enfant construise une bonne et juste image de lui-même ! Le fondement des règles est institué pour l'intérêt de l'enfant qui est tributaire du regard des adultes. Cela passe aussi par la transmission des valeurs familiales que l'enfant a le loisir d'observer et de comprendre.

Je repense également à cette colère du pédiatre Aldo Naouri[1], qu'on pourrait presque appeler « une sainte colère », voulant dire par là qu'elle n'engage pas sa propre personne qui a réussi sa vie et celle de ses enfants. Il s'insurge, d'une manière générale, contre cette absence de Loi du Père qui ne vient plus limiter vos désirs et vous frustrer parce qu'il pense que c'est positif d'être frustré et d'obéir à une Loi.

Le père symbolique

S. D. Bien sûr, je rejoins votre constat et celui d'Aldo Naouri, au moins en partie. En consultation, j'assiste souvent à des scènes rocambolesques menées par des enfants furibonds capables de tous les excès et des parents à bout de souffle, qui s'époumonent en vain à crier des directives ; ou bien des parents tétanisés, inquiétés par leurs enfants, soucieux d'en satisfaire tous les caprices pour qu'ils se calment enfin. Face à ce spectacle déroutant, difficile d'être certain que les adultes jouent encore aux adultes, que les enfants le sont encore, tant l'enlisement des rôles et des places de chacun brouille les pistes. Paul-Claude Racamier[2] aurait parlé d'*incestualité*, d'une ambiance marquée par l'absence de limites, une confusion des places et des générations. Pour ma part, je conçois que cette absence de limites et cette faillite de

1. Naouri, A. (2008), *Eduquer ses enfants. L'urgence d'aujourd'hui*, Paris, Odile Jacob.

2. Racamier, P.-C. (1995), *L'Inceste et l'Incestuel*, Paris, Collège de psychanalyse.

l'éducation, la préoccupation parentale poussée jusqu'à une trop systématique et trop peu significative commisération équivalent à une forme de démission parentale, voire de maltraitance. D'ailleurs, si les enfants deviennent rois, ce n'est qu'avec la bénédiction parentale. Combien de fois ai-je vu des parents préférant jouer avec leurs téléphones portables plutôt que de s'occuper de leurs enfants qui s'agitaient à côté d'eux ? Pour Narcisse, c'est fastidieux d'élever un enfant, c'est ennuyeux, c'est même très compliqué de lui fixer des limites, oui, éduquer réclame de pénibles efforts et un vrai travail sur soi ! De s'éduquer soi-même ! Ce symptôme de l'individualisme n'a pas certainement pas commencé à produire ses ravages avec ma génération. L'enfant-roi, privé de langage signifiant et de limites structurantes, est d'abord une victime de la postmodernité.

J'ai surtout rencontré ce phénomène d'inversion des rôles, d'un enfant qui exige et d'un parent qui obéit, chez les patients appartenant aux classes les plus aisées. En revanche, ce phénomène n'a pas d'âge et concerne aussi bien les enfants que les adolescents ; seule la nature des passages à l'acte diffère alors. J'ai souvent été appelé en dernier recours, dans des situations d'échec scolaire catastrophique, après des années d'une éducation ultrapermissive, quand toutes les ruses parentales avaient échoué et que, finalement, l'enfant finissait par *effrayer*, pire encore, par menacer. Lorsque je demandais si l'enfant était *puni*, par exemple parce qu'il se battait, le terme suscitait un regard indigné et des expressions d'effroi. Au-delà des problématiques personnelles de chacun, des filiations brisées, il faut considérer qu'il y a là, dans cette impossibilité pour le parent d'arrêter son propre enfant, l'expression du caractère inadmissible, presque asocial, attribué à l'autorité parentale la plus basique. Lorsque je parvenais à faire élaborer les parents autour de leurs résistances, une culpabilité réactionnelle surgissait brutalement et il fallait qu'ils la contrent par un regain d'attentions et de cajoleries.

Les aléas éducatifs ont beaucoup évolué à travers les âges, et si l'éducation ne répond pas à une question spécifiquement générationnelle, interroger les méthodes et leurs limites permet de mieux cerner les valeurs d'une société et d'une époque donnée. Les parents *postmodernes* versent parfois dans un psychologisme outrancier, une difficulté à trouver l'équilibre entre le permissif et le restrictif, un acharnement explicatif finissant par faire de l'enfant un martyr, sinon des autres, du moins de lui-même. On excuse, on passe sur tout, sans que l'enfant ait jamais eu le temps de comprendre son erreur, ce qu'elle représente, profondément, pour son être au monde. L'idéal narcissique de satisfaction, d'exhaustion de tous les désirs, n'est compatible qu'avec cette aménité sans bornes. On ne veut pas fixer de limites, surtout pas entraver le désir. On préfère plaindre et réconforter. On craint plus d'accabler que d'être dépassé. Tous ces parents sont très soucieux de bien faire, de bien éduquer leurs enfants, bien plus que les générations précédentes qui ne se posaient pas, à vous entendre, toutes ces questions. Aujourd'hui, aimer, c'est offrir, c'est satisfaire, c'est accorder. Difficile dans ce contexte de permettre aux enfants d'accéder à l'indépendance, de réfréner le sentiment d'omnipotence et l'illusion de toute-puissance puisqu'ils sont les rois chez eux. On les maintient à ce stade de bébé. Oui, des bébés-rois. Jusqu'à la tyrannie.

Naouri affirme que l'éducation repose sur un principe de verticalité, avec, en dessous, l'enfant et, au-dessus, les parents. Difficile de le contredire sur ce point !

J'ai tout de même tendance à m'éloigner des conceptions d'Aldo Naouri car, selon moi, il n'engage pas assez la parole parentale dans l'éducation des enfants. Pour lui : « Un ordre, c'est un ordre, et il n'y a pas à l'expliquer. » De nombreux psychanalystes se sont déjà élevés contre ces idées, à l'instar de Claude Halmos ou de Serge Tisseron. Il est vrai que les propos de Naouri font souvent polémique. Pour ma part, je respecte les recherches qu'il a menées mais j'ai évolué au contact de théories psychanalytiques plaçant le langage au centre de l'éducation de l'enfant. Je garde l'intime conviction que ce qui fait défaut aujourd'hui, ce n'est pas la figure d'un père *réel* comme peut la présenter Aldo Naouri, mais plutôt le langage des deux parents, conviant le sujet à toute la richesse du symbolique.

La parole et l'enfant

S. D. Pensons à Lacan. A l'instar d'Aldo Naouri, il avait constaté un affaiblissement de la place du père au sein de la société. Ses théories ont eu vocation à lui restituer un rôle plus dense, notamment au sein de la cellule familiale.

Il s'est beaucoup appuyé sur les théories de Claude Lévi-Strauss concernant la prohibition de l'inceste comme gage du passage de l'état de nature à celui de culture : « La loi primordiale est celle qui en réglant l'alliance superpose le règne de la nature livré à la loi de l'accouplement. L'interdit de l'inceste n'en est que le pivot subjectif, dénudé par la tendance moderne à réduire à la mère et à la sœur les objets interdits aux choix du sujet [...]. Cette loi se fait connaître comme identique à un ordre du langage[1]. » La mère, dans la théorie lacanienne, représente l'objet le plus absolument prohibé. Lacan a fait de l'interdiction du désir de jouissance avec elle le fondement du complexe d'Œdipe et de la castration. Ces deux opérations, intimement liées, visent à permettre au petit garçon ou à la petite fille de se séparer de la mère pour advenir comme sujet désirant : « La base du complexe d'Œdipe, [...] c'est la castration, soit la reconnaissance par l'un et l'autre sexe que la mère est manquante et que ce n'est nullement l'enfant qui pourra venir combler ce manque. [...] Le manque est donc propre à chaque sexe[2]. » Pour Lacan, le succès de

1. Lacan, J., *Ecrits*, *op. cit.*, p. 75.

2. Oldenhove-Carlberg, A. (2005), « L'unisexe et la question de l'Autre », in *L'Œdipe après Freud et d'après Lacan*, *Le Bulletin freudien*, n° 45, Revue de l'Association freudienne de Belgique.

cette reconnaissance dépend intégralement d'une opération langagière.

La mère doit signifier à l'enfant, par son discours, que c'est auprès du père que se tient son véritable désir, qu'il est le seul à pouvoir la combler. Une femme ayant perdu son mari peut très bien le faire vivre *symboliquement* par la parole, en le racontant à l'enfant, lui exprimant combien il a compté pour elle : combien il a marqué son désir. De même qu'une femme mariée vivant avec son époux peut très bien exclure ce dernier pour conserver l'enfant comme unique objet phallique, comme unique objet venant combler son manque. Grâce à cette disposition, l'enfant peut cesser de s'identifier au *phallus* de la mère, c'est-à-dire à l'objet de son désir.

Le père représente la loi fondamentale de l'interdit de l'inceste. Dans la théorie lacanienne, il n'est pas question du père dans la réalité mais du père envisagé comme fonction symbolique : *la fonction paternelle* que vous avez déjà évoquée brièvement, Marie-France. Cette fonction, toujours par une activité signifiante, prive la mère de son enfant, de son phallus : « Tu ne réintégreras pas ton produit[1]. » Et l'enfant de sa mère : « Tu ne coucheras pas avec ta mère[2]. » Grâce à cette coupure, l'enfant peut ainsi assimiler que s'il n'est pas le phallus maternel, imaginaire, il ne dispose pas du phallus paternel, au sens génital cette fois-ci, permettant de faire jouir la mère.

Le père porte la loi et exprime à travers sa personne la métaphore paternelle que Lacan appelle le Nom-du-Père. De ce dernier dépend la mise en place du signifiant du phallus symbolique, au centre de toute l'économie subjective d'un individu. Lacan écrit que « l'attribution de la procréation au père ne peut être que l'effet d'un pur signifiant, d'une reconnaissance non pas du père réel, mais de ce que la

1. Lacan, J. (1957-1958), *Les Formations de l'inconscient*, Le Seuil, Paris, 1998, p. 202.
2. *Ibid.*

religion nous a appris à invoquer comme le Nom du Père[1] ». Ce Nom-du-Père, qui est aussi un Non-du-Père, représente la clé de voûte de la séparation de l'enfant d'avec sa mère puisque son signifiant est celui de la castration, de la limite entre la mère et l'enfant, de leur détachement l'un de l'autre. Signifiant ce manque, il est également et par conséquent une ouverture majeure sur le désir, un *appel*. C'est la préférence de la mère pour le père qui prouve l'efficience de la métaphore paternelle : « La métaphore qui substitue ce Nom à la place premièrement symbolisée par l'opération de l'absence de la mère[2]. » C'est également cette métaphore qui rejette dans l'inconscient le désir pour la mère : « C'est dans le nom du père qu'il nous faut reconnaître le support de la fonction symbolique qui, depuis l'orée des temps historiques, identifie sa personne à la figure de la loi[3]. » En effet, corrélativement, le refoulement originaire du désir de jouissance avec la mère permet le passage du réel vécu (être le phallus de la mère) à sa symbolisation dans le langage. C'est ainsi que le signifiant Nom-du-Père prend la place du désir de la mère. Le phallus symbolique apparaît alors comme le véritable signifiant du désir, comme un appel au langage à travers la chaîne des signifiants et des signifiés qui s'origine dans le Nom-du-Père. La métaphore paternelle permet de désigner inconsciemment l'objet fondamental de tout désir, la mère, tandis que le sujet nomme le père.

C'est grâce à toutes ces activités langagières, métaphoriques et métonymiques, à la parole de la mère et du père que l'enfant va pouvoir transiter d'une problématique d'être (le phallus de la mère) à celle de l'avoir (le phallus paternel), pour finalement advenir comme sujet désirant (le phallus symbolique). Sans cette parole, sans ce langage hautement signifiant, il ne peut y avoir de différence des sexes et des

---

1. Lacan, J. (1955-1956), *Le Séminaire*, livre III, Paris, Le Seuil, 1981, p. 590.
2. Lacan, J., *Ecrits*, *op. cit.*, p. 557.
3. *Ibid.*, p. 278.

générations ; le désir du sujet ne peut être ni orienté ni ordonné. L'inscription dans le registre symbolique elle-même est compromise.

Je rappelle maintenant toute l'importance du langage et du désir, dans la constitution de l'image du corps pour Dolto : « L'image du corps réfère le sujet du désir à son jouir, médiatisé par le langage mémorisé de la communication entre sujets[1]. » La parole, les fantasmes, les souvenirs, les désirs, tous ces éléments évoluent au fil du temps et modèlent l'image du corps. Cependant, c'est surtout à travers la notion de « castrations symboligènes » que nous pouvons appréhender toute l'importance de la parole dans le développement psychique de l'enfant.

Dolto s'est appuyée sur les stades libidinaux de Freud pour définir les différentes castrations[2] successives auxquelles est

---

1. Dolto, F., *L'Image inconsciente du corps, op. cit.*, p. 23.

2. La première castration, nommée *castration ombilicale,* concerne la naissance et la coupure du cordon ombilical. Cette séparation est le prototype à partir duquel s'édifieront tous les autres à venir. Elle implique de renoncer au lien corporel fusionnel avec la mère, à la contenance du milieu utérin. Mais elle permet l'inscription dans l'ordre du langage. En étant nommé et prénommé, l'enfant est situé comme individu dans un ordre symbolique. La deuxième, la *castration orale,* repose sur le sevrage et pose un interdit de *dévoration*. La mère doit signifier doucement à l'enfant qu'il ne doit plus téter. Elle impose de se séparer du corps à corps avec la mère et d'abdiquer le plaisir du sein pour déplacer la pulsion orale vers le langage verbal, offrant des possibilités de communication plus vastes. La *castration anale,* fondée sur l'acquisition de la propreté, marque une rupture avec la tutelle maternelle et le plaisir du contrôle sphinctérien (rétention-excrétion) pour atteindre l'autonomie corporelle, un agir utilitaire et ludique du vécu psychocorporel. Cette castration représente un apprentissage que l'on n'obtient moins avec brusquerie qu'avec une parole adaptée. La *castration primaire* confronte à la différence des sexes, à la mono-sexuation de l'être humain. Elle se réfère à la réalité perceptive et signifie à l'enfant qu'il ne possède pas le phallus, l'organe de la toute-puissance. Ce sont encore les mots qui vont faciliter cette découverte car elle représente une véritable épreuve narcissique : « Les paroles vraies qui réfèrent la conformité de son sexe à un avenir de femme ou d'homme, c'est cela qui donne valeur de langage et valeur

exposé un individu durant son enfance. Chacune d'entre elles doit être accompagnée d'une parole parentale puisque c'est celle-ci qui va offrir à l'enfant la possibilité de saisir que, s'il perd la jouissance de la zone érogène concernée par la castration, il gagne en revanche tout ce que peuvent lui accorder de meilleures capacités de symbolisation. Une castration est dite symboligène quand « les pulsions refoulées par les interdits sont à la fois capables de s'organiser en partie en tabous inconscients solides, tandis que les pulsions libres peuvent accéder au plaisir dans les conquêtes du stade libidinal suivant[1] ».

La mère doit accepter, tout au long de ce processus de maturation, la séparation de son enfant qui est, comme pour Lacan, l'enjeu principal de cette succession d'étapes. Là encore la castration représente une loi qui ne peut être humanisante qu'à l'unique condition qu'un *sens* l'accompagne. Les castrations ne peuvent être symboligènes que lorsqu'elles sont entourées par le langage parental. Les mots doivent séparer l'enfant de ses sources de plaisir mais également l'apaiser, le consoler, l'ouvrir à un futur où d'autres plaisirs pourront être trouvés, plus enrichissants. Ce n'est qu'ainsi soutenues que les castrations permettent un refoulement des pulsions, un remaniement dynamique qui mène à la sublimation. Car certes, l'enfant doit abdiquer ses jouissances immédiates, jouissances qu'il ne retrouvera pas, mais il obtient en contrepartie tout ce que peut lui apporter la médiation symbolique et la métaphorisation de ses désirs. Il en va de sa « fécondité future en tant qu'individu[2] ». Car Dolto

---

sociale à son sexe et à lui-même et qui prépare un avenir sain pour sa génitalité. » La *castration géniale œdipienne* se situe dans son prolongement et promeut l'interdit de l'inceste, ici avec le parent de sexe opposé. Pour Dolto, il est crucial que cette loi soit très clairement énoncée, vis-à-vis du parent comme de la fratrie. Comme pour Freud, cette étape permet l'entrée dans la phase de latence, avec ce qu'elle implique de refoulement intense, de sublimation, d'investissement culturel, etc.

1. Dolto, F., *L'Image inconsciente du corps*, *op. cit.*, p. 80.
2. *Ibid.*, p. 201.

évoque avant tout des castrations humanisantes, et ce à double titre. D'abord parce que, comme je l'ai dit, elles développent les capacités psychiques d'une personne et lui permettent de s'affirmer dans sa subjectivité en s'extrayant progressivement des plaisirs immédiats. Ensuite parce qu'elles promeuvent une éthique à la base même de toutes les relations intersubjectives. Le parent est un agent de la castration mais il est lui-même *castré*. Il représente la loi mais n'est pas lui-même cette loi. Le sujet peut par conséquent entrevoir qu'il est, comme les autres êtres humains, inscrit dans un ordre immuable par lequel il est nécessaire de médiatiser ses désirs pour ne pas faire à l'autre ce qu'il n'aimerait pas que l'autre lui fasse. Il peut par ailleurs apprécier que sa liberté commence là où s'arrête celle de l'autre. La castration dessine le modèle de chaque droit, de chaque devoir : de toute loi. Une loi qui est la même pour tous mais une loi « promotionnante du sujet pour son agir dans la communauté ».

L'individu qui, à l'aide du langage parental, a été capable de s'extraire de la satisfaction érotique partielle, peut ainsi aborder une relation plus enrichissante, plus élaborée et plus complète, une relation d'amour fondée sur le partage et sur l'ouverture à l'autre, une authentique communication de sujet à sujet.

Toutefois, lorsque la parole parentale porte la castration mais sans références à cette loi, elle entre dans le champ de la perversion : « La perversion se produit du fait que l'adulte qui a donné la castration ne l'a pas fait au nom de cet être humain qu'il a pour mission d'aider à se développer, mais au nom de son propre narcissisme seulement : il se veut maître de l'autre, son enfant dont il fait son esclave ou plutôt un animal domestique soumis. C'est au nom de sa seule volonté, et non de la loi à laquelle il est lui-même assujetti, que l'adulte impose alors à son enfant le renoncement au plaisir ou sa restriction[1]. » Dans

1. Dolto, F., *L'Image inconsciente du corps*, *op. cit.*, p. 181.

ce contexte, la perversion d'un être est la réponse au narcissisme d'un autre.

Les travaux de Lacan et de Dolto ont considérablement nourri mes observations et mes analyses. Je suis convaincu qu'il n'est possible de se séparer de la mère et de dépasser les manques les plus archaïques que si l'on a été porté et soutenu par un langage, que si nous sommes dépositaires de plus que d'un objet : d'une chaîne éternelle de signifiants et de signifiés. Une chaîne pour libérer. Un manque pour désirer. Si la crise de la modernité se joue en société, elle s'exécute également, à n'en pas douter, *en famille*. La psyché individuelle de ma génération en est toujours le dernier réceptacle.

Aujourd'hui, s'il y un malaise dans la civilisation, il faut le référer à une fragilité non pas des valeurs ou de la qualité des messages qui sont transmis, encore moins à l'influence de parents *réels* devenus incapables d'élever leurs enfants avec *les bons outils pédagogiques*, mais bien aux modalités de transmission elles-mêmes, à une carence du langage.

Quand je pense à ma génération, je remarque que, souvent, aux dires est substitué l'acte comme garant d'une jouissance immédiate. Il y a là une certaine perversification du désir que nul langage ne vient médiatiser : « Une symbolisation pathogène suscite une direction perverse dans l'accomplissement du désir. Le sujet peut être alors leurré par le plaisir qu'il a découvert, par exemple dans un objet de fixation qui apporte un plaisir intense et répétitif, où le narcissisme va se piéger parce que la quête de son désir est arrêtée au corps, lieu partiel ou total du jouir, mais aussi objet pour la mort[1]. » Plaisir intense et répétitif. Quelle plus éloquente synthèse de l'idéal de la génération Y ? Cette citation de Dolto éclaire par ailleurs d'un jour nouveau certains phénomènes que j'avais évoqués, tels que la fétichisation du corps, de l'image ou de l'autre, la difficulté à se fixer des limites, le culte de la

---

1. Dolto, F., *L'Image inconsciente du corps*, *op. cit.*, p. 81-82.

jouissance immédiate qui trouve un écho dans celui de notre société hédoniste.

Pour Lacan, un échec de la castration symbolique conduit également à son retour sur le Réel, sur le corps, à un vécu qui est alors mutilateur et non symbolique. Il faut comprendre que se déposséder de certains signifiants essentiels, de certaines pertes, semble insurmontable et vient affecter plus que l'émotivité d'un sujet : son sentiment d'identité.

Que l'on considère les travaux de Lacan, de Dolto ou d'autres psychanalystes, les manques précoces ne peuvent être *psychisés* par un individu que si un langage est présent dès l'origine, dès la naissance et même avant[1]. Ce sont les mots qui sauvent. Ce sont les mots qui permettent de faire le deuil de ce qui était, de ce qui n'est pas, de ce qui ne sera peut-être pas. Dans une société où l'individualisme importe plus que la parole d'autrui, où l'avoir consomme l'être, où l'hédonisme est érigé au rang de valeur sacrée, où le narcissisme se fait culture de l'esprit, où la sensation se confond avec l'émotion, et le besoin avec le désir, où le moindre échec est vécu comme une perte, où la moindre perte est ressentie comme une blessure, nous pouvons mesurer toute la fragilité de ma génération. L'envergure de son handicap. Le mutisme du sens. Le poids de l'absence.

1. Lacan évoque par exemple le « parlêtre ». Un sujet qui n'existe encore, avant sa naissance, que dans le langage de ses parents.

Conclusion

> *Nous sommes une matière qui épouse toujours la forme du premier monde venu.*
>
> Robert MUSIL, *L'Homme sans qualités.*

Une rencontre

Samuel Dock. Nous voilà arrivés au terme de notre échange. J'observe tout le chemin que nous avons parcouru avec beaucoup d'émotion, de nos premiers écrits sur le corps jusqu'à la famille.

S'il me fallait faire une synthèse des idées que j'ai défendues tout au long de ce livre, je retarderai celle-ci pour livrer d'abord un bilan plus affectif, plus émotionnel. A travers le récit des événements qui ont marqué votre vie, des personnes que vous avez aimées, des lieux de votre enfance, des œuvres qui n'ont jamais quitté votre mémoire, j'ai rencontré plus qu'une époque : un univers que mon imaginaire s'efforçait de déformer avant que nous nous rencontrions.

Votre monde appartient à une histoire aujourd'hui révolue. Il demeure introuvable, effacé des arcanes de la *postmodernité.* Seule la parole peut le faire s'incarner. Je n'ai croisé cet espace que dans votre langage, dans vos souvenirs parfois émus, en remontant le long de vos associations d'idées jusqu'à l'instant vécu, presque intact. Je l'ai découvert comme ce qu'il reste d'un rêve paisible dans la douceur blanche du matin puisque vous m'en avez ouvert les portes avec autant de méticulosité que de bienveillance. Comprenez que je n'ai pas connu la vie de la ferme. Habitué aux prodiges technologiques, je n'ai jamais ressenti la chance de bénéficier d'une invention salutaire surgissant dans mon quotidien pour répondre à un besoin véritable. Il n'y a que dans ma propre enfance que je distançais la chahuteuse urgence des heures à venir. La famille, la nature et les animaux, la lecture, la découverte progressive de l'autre, les jeux, le partage, la rencontre des générations dans le respect et l'écoute, toutes les images que vous m'avez transmises s'imposent comme les représentations d'un monde calme mais puissant, d'un monde en vie. La mort elle-même paraissait moins inquiétante et inéluctable, éclairée par les promesses d'une continuité, dans le futur, autre part, moins froide, réchauffée par la connivence native des rites, de la communion du groupe. Vous m'avez raconté un âge de patience et d'échanges quand aujourd'hui la frénésie de la jouissance corrompt jusqu'à notre capacité à communiquer. Vous m'avez divulgué l'autre quand il se perd maintenant dans une terrible exigence envers tous ceux qui ne peuvent pas être liés à soi. Oui, en écrivant ces lignes, je ressens une intense nostalgie pour cette aurore avant la clameur, pour cette époque à laquelle je me suis attaché, pour ce pays d'hier que je n'ai pourtant jamais traversé. Ponctuer un livre de son point final s'apparente à un deuil. Celui du cœur que nous y laissons pour qu'il soit rencontré par d'autres. Celui de l'effort, de toutes ces heures consacrées, ces nuits à écrire qui disparaissent définitivement dans le papier, abstraites, insaisissables. Celui de tout ce qu'il reste à dire et à composer, des chapitres nécessairement manquants, la condition pour que du haut du mémorial des pages à écrire éclose l'embryon du prochain ouvrage. A ces pertes nécessaires, inexpugnables de l'acte créateur, s'ajoute pour notre essai celle d'un territoire que j'ai aimé parcourir à vos côtés, un espace préservé auquel votre parole a donné forme. Des mots pour percer à travers les brumes du temps, un rayon jusqu'à autrefois. Une voix pour protéger, pour ne pas perdre encore ce qui était jadis.

Marie-France Castarède. Ce qui m'a marqué et ce dont je parle à mes amis, c'est que notre rencontre s'est faite sous le signe de l'affect.

La franchise a fondé nos échanges : effectivement, je vous ai parlé de mes souvenirs, de ma famille, de mon mariage, de mes enfants, avec une totale sincérité. Elle fut une condition essentielle, je pense, étant donné notre point de départ, car l'affect requiert la sincérité : c'est ce qui fait sa valeur par rapport à un discours plus distant et conventionnel.

Ce que vous me dites et qui m'a étonnée, c'est que cette époque pouvait vous surprendre et presque susciter en vous une forme de nostalgie. Ma génération a été plutôt heureuse : nous n'avons connu que la fin de la guerre et notre enfance ainsi que notre adolescence se sont déroulées en paix dans une époque où tout allait plutôt bien. On a même parlé des *Trente Glorieuses* ! Cette époque succédait à la précédente, dramatique, tragique, bouleversante. Il y a des cycles dans l'histoire des sociétés humaines : notre génération sortait d'un véritable cauchemar qui prenait fin.

Après l'importante figure du général de Gaulle, que j'ai connu personnellement et admiré, notamment à travers sa voix magnifique, j'avoue avoir aimé, toute ma vie, le contact avec des figures d'autorité : mes maîtres à la Sorbonne dans les premières années de mes études supérieures, mes maîtres à Nanterre (aujourd'hui Paris-X) où je m'initiais à la psychologie clinique avec la découverte, toute nouvelle pour la France, de la psychanalyse, mes maîtres en psychanalyse pour ma formation à ce métier… Je reviens à la voix : j'ai rendu hommage à l'un d'entre eux, André Green, en parlant précisément de sa voix[1]…

Dans mon travail avec vous, Samuel, j'ai d'abord privilégié notre dialogue vocal et associatif, gage de son authenticité, loin du discours plus sec de la raison. Nous avons été amenés

1. Castarède, M.-F., in *Image du père dans la culture contemporaine*, *op. cit.*, p. 145-155.

à reprendre la parole spontanée pour lui donner la forme de la langue écrite et en faire un livre, celui-ci ! Mais la spontanéité initiale était indispensable pour moi. Après, j'ai admiré votre style qui me frappe, encore maintenant, par son souffle, son emportement, son expansivité, sa trajectoire ardente, loin de la sécheresse du convenu. Vous avez un style, c'est-à-dire une voix, comme l'a si bien montré mon maître, Didier Anzieu, le premier psychanalyste à parler de la voix de l'écrivain.

Le langage, le manque et la société

S. D. Nous retrouvons là le protagoniste le plus important de cette histoire des générations : le langage. C'est bien de ce dernier, et *a fortiori* du registre symbolique, dont j'ai postulé la carence lorsque nous évoquions le corps, la confusion omnipotente quand il était question de l'image. J'ai rappelé toutes les conséquences les moins favorables de son altération : le surinvestissement de l'image du corps, la quête éperdue et parfois dangereuse de limites, l'importance du passage à l'acte, la soumission à un présent frénétique et immaîtrisable, le culte de la jouissance immédiate, de la *sensation* au détriment de l'*émotion*, une méconnaissance de soi et de l'autre, l'absence de sédimentation des contenus intrapsychiques au profit de leur expression instantanée, le risque d'une augmentation des symptômes limites, des troubles dépressifs ou pervers. Parallèlement à cette atteinte, qui représente pour moi la véritable crise de la postmodernité, je me suis efforcé de restituer ses contours à son double indissociable : le manque.

Sans l'appui sur la structure du langage, c'est au manque lui-même, à un manque insoutenable et inachevé que se confronte un individu : celui de son propre manque à être, que notre société tronque ou plutôt *simule*, pour reprendre l'expression de Baudrillard, en un manque à avoir.

Le langage est le seul véritable moyen de conjurer l'absence, non pas d'abolir la perte ou de la mettre à distance mais de saisir ce qui a été perdu, de le représenter pour le comprendre, pour le lier véritablement à soi et le symboliser, pour faire de ce deuil une force vitale. L'enjeu commun de toutes les théories autour de cette *psychisation* du manque, de sa métabolisation par le langage demeure de pouvoir se séparer, par exemple, du plaisir primaire et érogène avec la castration symboligène, du désir de jouissance incestueuse par l'intervention langagière qu'est le complexe d'Œdipe, d'un défunt avec le deuil proprement dit, de la mère comme le prototype même de toutes les séparations.

Elaborer, construire psychiquement de nouvelles représentations par le recours d'une chaîne associative de signifiants menant sans cesse vers de nouveaux signifiés, n'est pas un procédé artificiel mobilisant l'imagination pour rendre la *blessure* du manque plus jolie et moins douloureuse. Non, élaborer est la seule façon de cicatriser, d'assimiler que le manque fait partie de l'existence et de l'identité humaine, qu'aucun objet ne saurait durablement le combler, qu'il est impossible de le camoufler avec une expérience, de le rendre moins opaque en recherchant toujours de nouvelles sensations. Du manque dépendent notre humanité, notre condition de sujet désirant qui repose avant tout sur la possibilité de médiatiser nos désirs. La créativité et le dynamisme de notre vie psychique, notre capacité à affronter toutes les épreuves de notre existence, les pertes, les frustrations et les privations qu'elles charrieront, la qualité de notre relation au monde et à autrui, tout cela naît d'un vide, d'un insignifiant qui ne devient structure qu'en rencontrant une parole porteuse de sens, une loi symbolique.

Si ma génération intègre aujourd'hui dans sa construction psychique une atteinte du registre symbolique, la société elle-même supporte cette faiblesse du langage. Ce n'est pas à une crise des *valeurs* que nous confronte la postmodernité mais à une crise des procédés de leur *transmission*. C'est ce que je me suis appliqué à décrire en comparant plusieurs conceptions sociologiques et philosophiques, telles que celles de Lipovetsky, Baudrillard ou Rosa. Nous pouvons retenir de tous ces travaux l'ascendance du système économique sur le système social qui conduit invariablement l'individu, qui ne peut plus s'appuyer sur les anciennes unités traditionnelles de sens, à se retrancher sur le Moi, sur cet hédonisme de survie. Finalement, à se consommer lui-même comme il consomme des images, des loisirs, du temps, du corps... Jusqu'au vide. Jusqu'à ce que tous les stratagèmes fétichistes soient épuisés et qu'il ne reste plus que le manque, cru et dénudé, présent en l'Homme depuis l'origine de l'Humanité, depuis qu'il naît du ventre d'une mère dont il n'apprendra à se détacher que soutenu par sa parole et ses soins. Jusqu'à ce qu'il soit totalement comblé et qu'il ne reste plus de place où le Désir puisse advenir. Plus de place que pour l'angoisse.

A une tradition *orale*, par valorisation de la transmission par la parole, succéderait le risque d'une société *orale*, dont la signification porterait maintenant sur une consommation *réelle*, sur la jouissance et le plaisir instantanés, sur le primat du corps et de ses envies, l'absorption d'objets et de signes, sur le *tout ingurgitable*. Mais cette faim que ressent ma génération, nul gadget ne saurait la rassasier. Cet appui sémantique disparu, nulle prothèse narcissique, objectale, visuelle ou corporelle, ne pourra le pallier.

Le pervers narcissique, cannibale-consommateur habitué à ce que ni limites ni lois ne viennent réguler ses besoins pour en faire des désirs, mû par des manques et des douleurs qu'il ne parvient pas à penser, ivre de se gaver de tous les formidables objets qui défilent devant lui, de digérer tous ces joujoux merveilleux qui passent à sa portée, en finissant par réifier jusqu'à l'autre pour rejouer dans sa psyché ses traumatismes enfouis, en vampirisant jusqu'à ses affects, en chosifiant son essence même, deviendrait le symptôme grandissant de ce glissement métaphorique.

La pluie et le rêve

S. D. Vous avez été moins critique à l'égard de votre génération que moi de la mienne. Plus j'avançais dans la description de mon époque et de ce monde en mutation, cette planète tour à tour furieuse et vacillante, magnifique quand elle ne semble pas un peu plus terne, avec laquelle il faut bien que nous composions, plus vous vous réfugiez dans votre jeunesse, sur les règles qui l'ordonnaient, les grands systèmes dans lesquels vous étiez née. Dans le souvenir des événements passés, vous forgiez un idéal, attisiez le feu de convictions transformées en formules magiques, en psalmodies, en prières pour la nouvelle génération, *hyperconnectée* mais déconnectée tout de même, de l'instant, du fond des choses, des relations humaines.

Des fleurs pour les miens. L'amour pour s'élever, la culture pour sauver le cœur de Narcisse, la sublimation pour ne pas s'enliser dans la concupiscence, la lecture plutôt que la télévision, la pudeur plutôt que la démonstration, la famille traditionnelle plutôt qu'une autre, croire en quelque chose, même si l'on ne croit plus en rien du tout. Au terme de notre travail, j'ignore s'il s'agissait de solutions pour ma génération, des méthodes qu'il lui suffirait d'appliquer, ou de boucliers pour la vôtre, pour qu'elle puisse couver son inquiétude, rester de son propre côté du fossé, le temps que l'autre berge s'éloigne. Le choc des générations, Marie-France, nous avons réussi à l'arrêter, le temps d'écrire ce livre, pour le raconter.

Il est certain que vous avez regretté chacun des changements que je vous présentais qui, par ce contraste appuyé par mon style et ma détermination parfois orageuse de n'omettre aucun détail même le plus « négatif », conférait à votre génération encore plus d'éclat. J'auscultais, je disséquais, plus le pire que le meilleur, cherchant davantage un savoir qui bouscule qu'une connaissance s'offrant sans résistance. Vous vous évadiez sur la toile d'une vie fantasmée, de vos contes d'enfant, de vos balades dans la forêt, de vos ritournelles. La douceur de cette époque glissait dans la lumière ocre de votre bureau, tandis que nous discutions, tranquilles. Vous me disiez cette beauté. Quand même la mort ne faisait pas peur. Quand on ne redoutait pas demain. Quand tout était sûr. Et moi, je vous disais ce qui n'allait pas. J'amenais la pluie. Je vous laissais le beau temps.

J'ai vu la table de ces lois. J'ai appris leur teneur et la façon dont elles se sont construites. J'ai saisi par quels moyens vous les aviez apprivoisées. C'était votre monde après tout, et vous y étiez adaptée, plutôt heureuse de ce que vous aviez, ne regrettant en rien ce que vous ne connaissiez pas. Mais, Marie-France, que peut-on en faire à présent que le temps a changé ? Qu'en faire maintenant que le sida fait bien plus peur qu'une grossesse non désirée ? Que faire de ces regrets quand même notre accès à l'emploi est devenu plus compliqué ? Que faire d'Œdipe quand, malgré tout, nous aimons, à notre façon ? Comment abdiquer sur les rouages mêmes de notre survie psychique ou, tout simplement, de notre adaptation ?

J'ai appelé tout au long de cet ouvrage ma génération Narcisse. Pour le potentiel évocateur, heuristique, de ce terme. Pour m'appuyer sur cette tradition des sciences humaines et sociales afin de rendre plus représentable mon propos. Pour faire honneur aux cadres nosographiques. Pour défricher, pour avancer. Mais Narcisse ne peut pas tout prendre sur le dos. Si l'individu Y est individualiste, il n'en demeure pas moins lucide quant à sa solitude, quant à la vacuité de toutes ces chasses à l'objet, de toutes ces danses de mort qu'il effectue jusqu'à l'aube, pour apaiser le vide. Il sait ce qui va. Il sait ce qui ne va pas. Il sait qu'il fuit même s'il ignore quoi. Comment pourrait-il faire l'économie des enjeux, des crises de notre époque, quand ils sont rabâchés par tous ces écrans, quand ils s'entremêlent et ne forment plus qu'une seule image, brouillonne, un néant assourdissant ? L'information n'a jamais été aussi accessible que depuis qu'elle recouvre le fond des choses. Elle ne forme plus qu'une cape d'angoisse pour se protéger de tous ces signifiants qui ne signifient plus rien. Mais oui, reste cependant notre anxiété, d'échouer, de manquer, de ne pas suivre ce rythme emballé, de ne plus pouvoir marcher, de crever alors. L'individu Y a peur de l'avenir mais reste convaincu qu'il finira par s'en sortir, qu'il finira bien par grandir, qu'il aura la chance de vivre à son tour. Il sait qu'un jour ce sera à lui de porter les générations qui lui succéderont. Qu'un jour l'ancien, le respectable, celui qu'on écoute, ce sera lui. Qu'il le faut. Que c'est le jeu. Mais les valeurs qu'il cherche, le sens à déposer sur toutes ces images, sur tous ces modèles, la conjuration des simulacres, il ne la trouve pas. Il tourne à vide ; il tourne à l'objet, aux illusions éphémères plutôt qu'aux grandes utopies : le temps que la souffrance passe. Il sait la chute mais il ne la comprend pas. Il se réfugie dans tous les artefacts sociaux mais cette technique ne fonctionne jamais vraiment. Il sommeille ou résiste, en attendant de pouvoir se réaliser. Il fait ce qu'il peut avec les outils dont il dispose, certainement pas dupe quant à leur péremption. Il doute ; il aimerait trouver une raison à son existence, une place plus méritante dans notre société, accéder à un lien entre la loi et ses fondations humaines, une direction, un horizon. Comprendre comment nous en sommes arrivés là. Restaurer le monde. Mais que faire d'une photographie de ce qui était jadis et de ce qui n'est plus ? Que faire de ces réponses qui ne répondent pas vraiment à nos questions ? Peut-être valait-il alors mieux la pluie, toutes les averses dont je suis capable, pour ce sol aride où il semble si difficile de faire pousser nos rêves à nous.

Un nouveau monde

M.-F. C. En vous écoutant, j'admire le souffle du style mais j'entends *une intensité du manque* reléguée derrière une sorte de flot verbal, qui court, talentueux mais inquiet. Je n'imaginais pas une telle conclusion car vous ne terminez pas le dialogue : vous l'ouvrez en présentant Narcisse dont j'ai peur, comme dans le mythe du même nom, qu'il ne meure après s'être indéfiniment contemplé dans son reflet. Dans ce contexte, j'aurais plutôt le souhait de vous protéger et de vous rassurer : il s'agit pour vous et votre génération de trouver une manière de ne pas rester isolé, chacun dans votre bulle, campé dans une solitude que n'abolit aucune de ces nouvelles technologies, si créatives et multiples soient-elles, infinies dans leurs virtualités potentielles.

Ce que montrent vos propos, c'est que nous entrons dans une problématique *civilisationnelle* et non plus *générationnelle*, cette dernière n'en étant que l'introduction. C'est une période transitoire. C'est ceci qu'explique Michel Serres. Ces formidables bouleversements ne sont pas imputables à un simple changement de générations : « Il y a un fossé gigantesque entre les générations nées dans les années quatre-vingt, qui n'ont connu que le numérique et qui ont au maximum trente-deux ans, et les autres. Les premiers vivent dans le numérique et les autres travaillent avec le numérique dans le meilleur des cas. Cela n'est pas du tout la même chose et cela produit une coupure importante[1]. » Il poursuit : « Internet est non seulement un espace de non-droit mais aussi une utopie. [...] A chaque évolution du couple support-message, une nouvelle raison s'instaure. [...] L'avenir est imprévisible et c'est tant mieux[2]. » La loi devra émaner de ce lieu-là... Nous allons connaître des tâtonnements positifs et négatifs.

Il faut du temps pour apprivoiser un nouveau monde. Il faudra trier les bons et les mauvais apports des outils technologiques. Il s'agit aussi de trouver une édification psychologique de l'être humain différente et de nouvelles structures familiales. Il faut reprendre le problème de la subjectivation dans un nouveau régime d'historicité. Vous me parlez d'un élargissement extravagant des quêtes d'objets de toutes sortes, mais il faut, selon moi, réduire les besoins pulsionnels. La censure

1. Serres, M., « Je salue l'arrivée de l'individu ! », *op. cit.*, p. 109.
2. *Ibid.*, p. 119-120.

ne doit pas disparaître complètement si l'on veut préserver la culture et la sublimation. C'est une forme de *grégarité* que vous défendez, l'économie libidinale subjective s'étant métamorphosée en une économie consumériste très individualiste.

S. D. Je ne l'ai à aucun instant défendu, me contentant d'abord d'essayer de décrire les processus structuraux.

M.-F. C. Le malaise dans la culture est devenu un malaise de la pensée, alors que vous constatez vous-même le défaut de *symbolisation*. C'est le problème d'une vie sans histoire, à l'aune d'un *présent perpétuel*. Nathalie Zaltzman[1] parle d'un état de confusion entre le sujet et la masse.

Oui, ce choc des générations correspond à un nouveau malaise dans la culture[2]. L'individualisme forcené et narcissique que vous décrivez répond à un phénomène *civilisationnel* qui demande des aménagements vers d'autres formes d'altérité. Votre génération les trouvera, j'en suis convaincue. « Patience et longueur de temps ! », racontait La Fontaine dans un tout autre siècle.

Vous me parlez de votre époque, de vos contemporains, de vos amis, de ce raccourcissement temporel et spatial spectaculaire ; vous parlez moins de votre nouvelle conception de l'amour, du couple, de la famille. Pourtant, nombre de sociologues en rappellent la nécessité *car personne ne souhaite vivre seul*[3]. Le modèle qui tournait autour du mariage a été remis en question, certes. Votre génération ne se définit plus par sa dimension familiale. Je comprends que votre bonheur ne passe plus nécessairement par le couple, mais qu'en est-il de la solitude et de la projection dans l'avenir ?

---

1. Zaltzman, N. (2007), *L'Esprit du mal*, Paris, Editions de l'Olivier.

2. Richard, F. (2011), *L'Actuel Malaise dans la culture*, Paris, Editions de l'Olivier.

3. François de Singly, professeur de sociologie à l'université René Descartes, *Entretien*, *JDD*, 27 octobre 2013, p. 21 : « Les gens souhaitent plutôt vivre en couple et plutôt avec des enfants. On ne rêve pas vraiment de vivre seul. »

André Green, son témoignage me revient à cet instant, nous avait dit avec une certaine solennité qu'à l'instar de Freud, il pensait que notre monde, sans l'organisation œdipienne, risquait d'être un monde de brutalité. Il pensait que notre époque vivait un désengagement *subjectal*, propice au désintérêt vis-à-vis d'autrui. A vous écouter, il y aurait une inhibition quant à l'ouverture à l'altérité, ce qui mène à un Moi puéril, avide de gratifications immédiates. Que dois-je penser à l'aune de votre témoignage ? Mais il est vrai que le temps, pour vous, n'est plus du tout structuré comme il l'était pour ma génération. Je ne porte pas de jugement : je pose des questions.

Ni moi ni mes contemporains nous ne pouvons nous mettre à votre place, tant le fossé des générations s'est agrandi ! Je ne suis pas née dans ce monde ; je n'y ai pas grandi. Je vous écoute, fascinée, comme l'alouette par le miroir ! Je vous souhaite d'y trouver vos marques pour une vie épanouie et regretterai de ne plus être là pour l'observer et la comprendre.

S. D. Tout à fait ! Nous revoici à notre point de départ, à Margaret Mead qui expliquait l'impossibilité pour une génération de comprendre la suivante par auto-observation, par le comparatif avec sa jeunesse et ses expériences passées. J'ai le sentiment qu'ensemble, nous avons suivi son chemin en même temps que nous décryptions les nouveaux éléments exogènes qui venaient élargir le fossé, inaugurer le choc. Ou plutôt les chocs, tant sont nombreux les motifs d'incompréhension entre nos deux générations. J'ai pu remarquer à travers tous nos échanges que vous décriviez un passé dont toute aura *négative* était supprimée ou considérablement minimisée, de sorte qu'il n'en émanait plus qu'un idéal cyclopéen, magistral. Celui d'une jeunesse disparue n'ayant, de fait, que peu en commun avec la mienne. Vous déplorez la perte de cet idéal et d'un grand nombre de cadres qui selon vous permettait sa réalisation… tandis que ma génération fait face à un monde entièrement nouveau et parfois même effrayant, seule. A travers notre dialogue se répercute le choc des générations, celui de deux idéaux, de deux mythes, mais disposant chacun de leur utilité, de leur fonction défensive, voire structurante.

M.-F. C. Ce que je remarque simplement en vous écoutant et en pensant aux recherches sur lesquelles vous vous êtes appuyé, c'est que le lien social se décompose et que l'individualisme triomphe. Il est vrai que les carences de l'autorité paternelle sont à l'origine de l'angoisse dépressive de nombreux enfants et adolescents.

S. D. Est-ce vraiment d'autorité paternelle dont nous manquons aujourd'hui ? Je ne suis pas certain que ce soit l'absence de patriarche qui explique l'augmentation des troubles limites. Je crois plutôt que c'est l'absence de langage, l'absence de lien entre la loi et son sens. Oui, un lien. Celui-là même entre l'Homme, son dogme et le pouvoir qu'il en tire. Celui-là même capable de rendre à l'histoire ses contours. Sa vérité.

M.-F. C. Je garde ma perplexité en écoutant ces hommes d'expérience craignant, pour les générations futures, des difficultés d'ordre psychologique. Du côté de Michel Serres, en revanche, nous allons vers des utopies plutôt heureuses et créatives, comme je viens de le rappeler. C'est ce que je ressens à le lire et à l'écouter. Mon espérance, en tirant de ma bibliothèque l'ouvrage de Margaret Mead, prédisant les sociétés *préfiguratives*, c'était d'y trouver avec vous des lendemains qui chantent ! Un monde meilleur... Où allons-nous débarquer ? Dans quelle terre inconnue, *terra incognita* ?

L'idéal parlé, l'idéal manqué

S. D. Meilleure que celle que nous menons, votre valse avec la vie, l'idylle de l'existence, plus légère mais plus concernée, moins désinvolte et plus épanouie, portée par plus de culture, visant à plus de spiritualité chaque jour. Un monde pour tant d'êtres humains plus aptes à la transcendance. Mais tandis que j'ai dénoncé la crise du langage de notre époque et ce vide de sens avec lequel ma génération tente de cohabiter, je m'interroge sur ce que votre langage n'a pas signifié : je devine les trous noirs qui égrènent le portrait. Marie-France, accordez-moi que ce n'était pas une période bénie pour tout le monde. Nous avons évoqué le droit des femmes, aberrant pour une personne de ma génération, mais songeons aussi aux minorités. On ne peut pas tout regretter.

J'aurais aimé que vous me parliez de vos regrets intimes, des failles de votre société, de tout ce dont vous avez manqué. Sous la caresse de la mémoire, plus aucune aspérité. Plus rien à craindre ; vous n'avez rien perdu à ne pas être jeune aujourd'hui. Plus rien regretter, vos cadres vous garantissaient la *meilleure* vie possible. La société patriarcale est sauve. L'existence telle que vous étiez en mesure de la mener aussi. Le monde tel que le vous le connaissiez avait sa raison d'être, de tourner comme il le faisait, comment en supporter un autre ? Comment ne pas le défendre avec toutes les théories qu'il a engendrées ? Comment supporter tous ces autres destins possibles aujourd'hui échappés ? Comment renoncer à toutes ces vies manquées ?

Un idéal pour ne pas déplorer les entraves, pour resserrer le corset. Un idéal pour assassiner la première imperfection qui ouvrirait le trou noir premier, qui en laisserait échapper d'autres. Un idéal pour que le monde que vous avez connu soit bel et bien le plus doux. Le meilleur pour révoquer même le pire. Un idéal pour brider ce que vous y avez perdu, taire le non-symbolisé. Peut-être que le vécu de ma génération vous a confrontée à cette part d'indicible ? La description de ses modes de vie convoquait dans notre échange le fantasme silencieux porté par votre époque, vous invitait à en examiner le squelette, toute l'anatomie du non-dit. La mécanique de nos désirs, aux antipodes des vôtres, questionne ceux dont vous avez dû abdiquer la réalisation. A un niveau plus manifeste, toutes les évolutions sociales, des plus discrètes aux plus démesurées, vous ont nécessairement confrontée aux défauts initiaux, aux carences réelles ou supposées mais éprouvées et constatées, auxquelles elles prétendaient répondre. Il est pourtant difficile de trouver dans vos propos, hormis les progrès médicaux dont vous parvenez à louer certains mérites, une appréciation positive de la société actuelle. Peut-être valait-il mieux sacrifier ce manque plutôt que de le regretter ? Ce manque, c'est nous qui l'incarnons aujourd'hui, nous qui bénéficions de tout ce que vous n'avez pas eu, nous qui pouvons jouir de tout, jusqu'au dégoût.

Je sais ce qui vous semble idéal. Je connais vos valeurs, vos engagements, vos certitudes, vos théories. Mais je reste perdu avec tous les autres idéaux, avec ceux nourris de vos souhaits inexaucés, avec les images rebelles et vivantes, les fantasmes auxquels vous avez dû renoncer lorsque vous avez intériorisé les interdits parentaux et surtout ceux de cette société névrotique et patriarcale. Toutes ces divergences, vous ne me les avez pas dites. Comment votre époque aurait-elle pu être plus juste si vous aviez eu le pouvoir de la changer ? Que désiriez-vous d'impossible ? Que faisons-nous que vous ne pouviez pas faire mais dont vous auriez secrètement rêvé ? Tant de sources de frustrations. Mais des désirs non symbolisés. Ceux-là mêmes que nous portons. Ceux-là mêmes que nous réalisons. Ceux-là mêmes que nous actons. Le langage dont ma génération manque, n'est-ce pas aussi le vôtre ? Comment ma génération pourrait-elle entendre ce que vous ne lui dites pas ? Il y avait en fait une attente, vis-à-vis de ma génération. Comment ne pas trahir le fantasme d'un autre ? Comment vivre à sa place ?

A l'unisson

M.-F. C. Il ne s'agit pas de souhaiter un retour au passé, mais d'inventer un futur. Le souhait d'un renouveau existe, y compris dans notre vie sociale démocratique. La nouvelle autorité doit venir d'un échange, car l'on ne reviendra pas aux figures traditionnelles de l'autorité : il faut construire un nouveau lien social. Il s'agit aussi de revenir à une juste conception de la parentalité. Il y a une fonction maternelle, paternelle à redécouvrir. La parentalité moderne est peut-être à trouver du côté d'une *gestion sociale éducationnelle*. Vous voyez que je m'éloigne, volontairement, du schéma traditionnel.

Je ne prétends nullement que ma génération incarne un idéal. Je crois à l'évolution : celle à laquelle nous assistons aujourd'hui est irréversible. La mondialisation peut nous apporter de grands bénéfices : elle peut aussi être inquiétante, voire menaçante à certains égards. Je préfère penser avec Edgar Morin qu'elle est riche de possibilités créatrices. Je vous ai seulement décrit, avec sincérité, comment je me suis engagée dans la vie, comment elle s'est déroulée autour de ma famille et de mon travail. J'ai eu ma part de deuils et de douleur. Quant à l'art, notamment musical, il a tenu et tient toujours une grande place : « La musique est une loi morale. Elle donne une âme à nos cœurs, des ailes à la pensée, un essor à l'imagination. Elle est un charme à la tristesse, à la gaieté, à la vie, à toute chose. Elle est l'essence du temps et s'élève à tout ce qui est de forme invisible mais cependant éblouissante et passionnément éternelle », écrivait Platon. Vive cette idéalisation à laquelle j'ai puisé !

S. D. Nous faisons partie de votre histoire, nous sommes aussi la résultante de vos choix et de vos pensées, vos ombres parlées, vos ombres portées. Nous émergeons aussi de vos silences, de vos secrets, de vos refoulés, de l'inavouable comme du plus dicible. Je vous ai décrit ma génération, soûlée de cette liberté de choisir dont votre génération était privée. Nous avons retrouvé l'enfant-roi élevant d'autres enfants-rois, sanctionnant les professeurs quand vous subissiez des punitions parfois absurdes et disproportionnées. La quête de limites jusque dans la chair quand tant de murs se dressaient entre vous et vos désirs. Enfin, j'ai parlé d'une sexualité libre mais réfléchie quand vous ne parliez que de pudeur et de retenue dans la découverte de l'autre. J'ai dit le manque du manque et vous m'avez expliqué l'importance de la modération au sortir de la guerre. L'inhibition et la névrose avant l'hédonisme et le narcissisme. La frustration avant l'impulsion. La distance avant la catharsis. La société qui est mienne se fait l'écho de la vôtre. Les conflits entre l'individu et la société ne sont plus de la même nature aujourd'hui qu'hier. Mais voilà qu'ils semblent se répondre à travers le temps.

Nous sommes au cœur du choc des générations. Nous avons réussi notre objectif : le représenter. Le vivre aussi.

Votre démarche, de poser des questions plutôt que de porter des jugements, d'interroger sans cesse le Désir, insuffle en moi un immense espoir. Interpréter sans cesse, questionner plutôt qu'enfermer dans des réponses, inviter à la créativité, Marie-France, vous avez jeté les bases d'un nouvel humanisme qui me plaît et me touche : un humanisme aussi universel que singulier. Vous avez fait vôtre cette prescription de Margaret Mead : « Nous devons créer de nouveaux modèles pour les adultes, afin que ceux-ci enseignent à leurs enfants non ce qu'il convient d'apprendre, mais comment l'apprendre ; non ce à quoi ils doivent se vouer, mais la valeur de l'engagement[1]. » Car peu importe que le choc des générations se répercute sur la terre entière, qu'il prophétise un monde différent du vôtre. Dans le secret de l'affect, il se vit toujours différemment. Non, il ne s'agit plus d'ajouter des réponses parmi les réponses, mais d'inviter à s'interroger à nouveau : à retisser le lien, à le maintenir vivant. Un nouvel humanisme donc, dévoilant l'altérité au cœur même du singulier. Et juste pour cela, pour cet appel au désir particulier, la psychanalyse mérite d'être sauvée.

Le choc avec votre voix, vous l'avez tu. Je revois nos échanges, je repense à nos rires, votre regard et votre sourire ; le fossé, finalement, nous l'avons compris, nous l'avons franchi. Chacun avec sa façon d'être. Chacun avec son vécu personnel. Chacun avec son émotivité. Vous m'avez beaucoup appris. J'ai grandi à vos côtés.

Votre génération était adaptée à sa civilisation, avec ses gloires et ses travers. La mienne l'est tout autant avec la sienne, qui ne semble d'ailleurs n'en être qu'une réaction. Rien n'est parfait maintenant. Rien ne l'était avant. Ce n'est encore que dans le langage que se décident les plus profondes

---

1. Mead, M., *Le Fossé des générations*, *op. cit.*, p. 143.

mutations de l'être et de la société, de ce qu'ils sont, de ce qu'il adviendra.

Nous l'avons envoyé valser, ce choc des générations. Des secousses, nous avons fait des mots. Dans le langage de l'émotion, nous avons proposé l'unisson.

Oui. Ponctuer un livre de son point final s'apparente à un deuil. Celui du cœur que nous y laissons pour qu'il soit rencontré par d'autres. Par ma génération et par la vôtre. Qu'ils empruntent notre chemin.

Celui de tout ce qu'il reste à dire et à écrire, des chapitres nécessairement manquants. Pour qu'ils poursuivent l'histoire.

Des mots pour percer, à travers les brumes du temps, un rayon jusqu'à demain. Une voix pour protéger, pour ne pas perdre encore ce qui sera.

Je ne suis pas inquiet. Il leur faudra ouvrir la porte sur l'avenir, qu'ils le fassent sans inquiétude. Pencher la tête sur le reflet. Se regarder en face. Se redresser. Se raconter. Vivre.

M.-F. C. Voici ma conclusion… J'ai trouvé beaucoup de plaisir à dialoguer : vous n'étiez nullement mon disciple[1], mais un jeune étudiant très doué, grand styliste de la langue française, que la vie et les circonstances m'avaient appelée à instruire et à enseigner. Voici que, par un heureux hasard, c'est vous qui m'enseignez aujourd'hui : vous avez réalisé la trame de ce livre à deux voix. Ce sont les vers de Musset qui me reviennent et que je retiens pour clore notre voyage :

> *C'est cette voix du cœur qui seule au cœur arrive,*
> *Que nul autre, après toi, ne nous rendra jamais*[2].

Gardons, Samuel, le souvenir impérissable de nos voix qui s'entremêlent, sans se disputer, simplement pour se faire entendre, se comprendre et aimer la vie.

1. Allusion aux dialogues de Platon !
2. Alfred de Musset (1810-1857), « A la Malibran ».

Bibliographie

Anzieu, D. (1985), *Le Moi-peau*, Paris, PUF, 1995.
—, *Le Corps de l'œuvre*, Paris, Gallimard, 2013.
Ariès, P., *L'Enfant et la Vie familiale sous l'Ancien Régime*, Paris, Plon, 1960.
Atlan, M. et Droit, R.-P., *Humain*, Paris, Flammarion, 2012.
Aulagnier, P., *La Violence de l'interprétation*, Paris, PUF, 1975.
Bachelard, G., *La Terre et les Rêveries de la volonté*, Paris, José Corti, 1948.
Barthes, R. (1954-1956), *Mythologies*, Paris, Points, 1970.
—, *Fragments d'un discours amoureux*, Paris, Le Seuil, 1977.
Baudrillard, J. (1972), *La Société de consommation*, Paris, Gallimard, 2012.
—, *De la séduction*, Paris, Galilée, 1979.
—, *Simulacres et Simulation*, Paris, Galilée, 1981.
Baudry, P., *La Pornographie et ses images*, Paris, Armand Colin, 1997.
Bergeret, J. et coll., *Narcissisme et états-limites*, Paris, Dunod, 1986.
— (2000), *Psychologie pathologique*, Paris, Masson, 2008.
Bettelheim, B., *Psychanalyse des contes de fées*, Paris, Robert Laffont, 1976.
Bruckner, P. et Finkielkraut, A., *Le Nouveau Désordre amoureux*, Paris, Le Seuil, 1977.
Bruckner, P., *Le Paradoxe amoureux*, Paris, Grasset, 2009.
—, *Le mariage d'amour a-t-il échoué ?*, Paris, Grasset, 2010.
Brusset, B., *Le Développement libidinal*, Paris, PUF, 1992.

Besnier, J.-M., *L'Homme simplifié*, Paris, Fayard, 2010.
Castarède, M.-F. et Lebovici, S., *L'Enfance retrouvée. Une vie en psychanalyse*, Paris, Flammarion, 1992.
Castarède, M.-F. (dir.), *Au commencement était la voix*, Toulouse, Erès, 2002.
Castarède, M.-F., *Les Vocalises de la passion*, Paris, Armand Colin, 2002.
Castarède, M.-F. (dir.), *L'Image et la Pensée*, Toulouse, Erès, 2011.
Clément, R., *Parents en souffrance*, Paris, Stock, 1993.
Compagnon, A., *Les Cinq Paradoxes de la modernité*, Paris, Le Seuil, 1990.
Comte-Sponville, A., *Le Sexe ni la mort*, Paris, Albin Michel, 2012.
Cupa, D. (dir.) et coll., *Image du père dans la culture contemporaine*, Paris, PUF, 2008.
Cupa, D. et Pirlot, G., *André Green : les grands concepts psychanalytiques*, Paris, PUF, 2012.
Debord, G. (1967), *La Société du spectacle*, Paris, Gallimard, 1996.
Dehaene, S., *Apprendre à lire. Des sciences cognitives à la salle de classe*, Paris, Odile Jacob, 2011.
Descamps, M.-A., *L'Invention du corps*, Paris, PUF, 1986.
Dolto, F., *L'Image inconsciente du corps*, Paris, Le Seuil, 1984.
—, (1987), *Tout est langage*, Paris, Gallimard, 2002.
Duhamel, G., *La Musique consolatrice*, Paris, Editions du Rocher, 1944.
Eiguer, A., *Clinique psychanalytique du couple*, Paris, Dunod, 1998.
—, *Le Corps en famille*, Paris, In Press, 2010.
Finkielkraut, A., *Et si l'amour durait*, Paris, Stock, 2011.
Ferry, L., *La Révolution de l'amour : pour une spiritualité laïque*, Paris, Plon, 2010.
Freud, S. et Breuer, J. (1895), *Etudes sur l'hystérie*, Paris, PUF, 1971.

Freud, S. (1905), *Trois Essais sur la théorie de la sexualité*, Paris, Gallimard, 1987.
— (1908), *La Vie sexuelle*, Paris, PUF, 1970.
— (1914), *Pour introduire le narcissisme*, Paris, Payot, 2013.
— (1915), *Métapsychologie*, Paris, Gallimard, 1986.
— (1910-1918), *Contributions à la psychologie de la vie amoureuse*, Paris, PUF, 2011.
— (1920), *Au-delà du principe de plaisir*, Paris, Payot, 2010.
— (1921), *Essais de psychanalyse*, Payot, Paris, 1981.
— (1926), *Inhibition, symptôme et angoisse*, Paris, PUF, 1981.
— (1927), *L'Avenir d'une illusion*, Paris, PUF, 2013.
— (1930), *Malaise dans la civilisation*, Paris, Payot, 2010.
Fukuyama, F., *La Fin de l'histoire et le Dernier Homme*, Paris, Flammarion, 1992.
Green, A., *Narcissisme de vie, narcissisme de mort*, Paris, Editions de Minuit, 1982.
—, *La Folie privée*, Paris, Gallimard, 1990.
—, *La Déliaison*, Paris, Les Belles Lettres, 1992.
—, *Le Temps éclaté*, Paris, Editions de Minuit, 2000.
—, *La Diachronie en psychanalyse*, Paris, Editions de Minuit, 2000.
—, *Idées directrices pour une psychanalyse contemporaine*, Paris, PUF, 2002.
—, *La Pensée clinique*, Paris, Odile Jacob, 2002.
— (dir,), *Illusions et Désillusions du travail psychanalytique*, Paris, Odile Jacob, 2010.
—, *La Clinique psychanalytique contemporaine*, Paris, Ithaque, 2012.
Guelfi, J.-D. et coll. (1987), *Psychiatrie*, Paris, PUF, 2007.
Guex, G., *Le Syndrome d'abandon*, Paris, PUF, 1973.
Guyotat, J., *Mort, naissance et filiation. Etudes de psychopathologie sur le lien de filiation*, Paris, Masson, 1980.
Héritier, F., *Le Sel de la vie*, Paris, Odile Jacob, 2012.
Kaës, R., *L'Appareil psychique groupal*, Paris, Dunod, 1976.
Kernberg, O., *Les Troubles limites de la personnalité*, Toulouse, Privat, 1979.

Klein, M. (1921-1945), *Essais de psychanalyse*, Paris, Payot, 1998.

Kristeva, J., *La Révolution du langage poétique*, Paris, Le Seuil, 1974.

—, *Histoires d'amour*, Paris, Denoël, 1983.

—, *Soleil noir. Dépression et mélancolie*, Paris, Gallimard, 1987.

—, *La Haine et le Pardon*, Paris, Fayard, 2005.

—, *Cet incroyable besoin de croire*, Paris, Bayard, 2007.

—, *Pulsions du temps*, Paris, Fayard, 2013.

Lacan, J. (1949), *Ecrits*, Paris, Le Seuil, 1966.

— (1955), *Le Séminaire*, livre III : Les psychoses, Paris, Le Seuil, 1981.

— (1957-1958), *Le Séminaire*, livre V : La métaphore paternelle, Paris, Le Seuil, 1998.

— (1962-1963), *Le Séminaire*, livre X : L'angoisse, Paris, Le Seuil, 2004.

Laplanche, J. et Pontalis, J.-B. (1967), *Vocabulaire de la psychanalyse*, Paris, PUF, 2002.

Le Breton, D., *Signes d'identité. Tatouages, piercings et autres marques corporelles*, Paris, Métailié, 2002.

—, *La Sociologie du corps*, Paris, PUF, 2002.

Lipovetsky, G., *L'Ere du vide. Essais sur l'individualisme contemporain*, Paris, Gallimard, 1983.

Lipovetsky, G. et Charles, S., *Les Temps hypermodernes*, Paris, Grasset, 2004.

M'Uzan, M. de, *La Chimère des inconscients*, Paris, PUF, 2008.

M'Uzan, M. de et Marty, P., *L'Investigation psychosomatique*, Paris, PUF, 2010.

Mannoni, M., *La Théorie comme fiction*, Paris, Le Seuil, 1979.

Marx, K. (1867), *Le Capital*, Paris, PUF, 1993.

Maushart, S., *Pause*, Paris, NiL, 2013.

Mead, M., *Le Fossé des générations*, Paris, Denoël, 1971.

Mijolla, A. de, *Dictionnaire international de psychanalyse*, Paris, Calmann-Lévy, 2002.

Missonnier, S., *Devenir parent, naître humain*, Paris, PUF, 2009.

Montaigne, M. de (1595), *Les Essais*, Paris, Editions du Cerf, 2010.
Morin, E., *Pour une politique de civilisation*, Paris, Arléa, 2002.
—, *Vers l'abîme*, Paris, L'Herne, 2008.
Naouri, A., *Eduquer ses enfants. L'urgence d'aujourd'hui*, Paris, Odile Jacob, 2008.
Peirce, C. S., *Ecrits sur le signe*, Paris, Le Seuil, 1993.
Proust, M. (1913-1927), *A la recherche du temps perdu*, Paris, Gallimard, coll. « Bibliothèque de la Pléiade », tomes I, II, III, 1968, 1969, 1977.
Quignard, P., *Vie secrète*, Paris, Gallimard, 1998.
Racamier, P.-C., *Le Génie des origines*, Paris, Payot, 1992.
—, *L'Inceste et l'Incestuel*, Paris, Collège de psychanalyse, 1995.
Raimbault, G., *Parlons du deuil*, Paris, Payot, 2007.
Ricard, M., *Plaidoyer pour l'altruisme. La force de la bienveillance*, Paris, NiL, 2013.
Ricœur, P., *Temps et Récit*, Paris, Le Seuil, 1985.
—, *Soi-même comme un autre*, Paris, Le Seuil, 1990.
Rosa, H., *Accélération : une critique sociale du temps*, Paris, La Découverte, 2010.
—, *Aliénation et Accélération. Vers une théorie critique de la modernité tardive*, Paris, La Découverte, 2012.
Schilder, P. (1935), *L'Image du corps. Etude des forces constructives de la psyché*, Paris, Gallimard, 1968.
Schneider, M., *Miroirs des princes*, Paris, Flammarion, 2013.
Serres, M., *Petite Poucette*, Paris, Le Pommier, 2012.
Sibony, D. (1987), *Perversions. Dialogue sur les folies « actuelles »*, Paris, Le Seuil, 2000.
Tisseron, S. (dir.), *L'Enfant au risque du virtuel*, Paris, Dunod, 2006.
Tadié J.-Y., *Le Lac inconnu : entre Proust et Freud*, Paris, Gallimard, 2012.
Théry, I., *Des humains comme les autres. Bioéthique, anonymat et genre du don*, Paris, EHESS, 2010.

Truchot, D. (2004), *Epuisement professionnel et Burnout*, Paris, Dunod, 2013.
Vincent, L., *Où est passé l'amour ?*, Paris, Odile Jacob, 2008.
Virilio, P., *Le Grand Accélérateur*, Paris, Galilée, 2010.
Winnicott, D.W. (1957-1964), *Processus de maturation chez l'enfant*, Paris, Payot, 1980.
– (1935-1963), *De la pédiatrie à la psychanalyse*, Paris, Payot, 1969.
– (1975), *Jeu et Réalité*, Paris, Gallimard, 2002.

Remerciements

Les auteurs, Marie-France Castarède et Samuel Dock, tiennent à remercier, pour avoir prodigué leurs conseils et partagé leur savoir durant l'élaboration de cet ouvrage,

Eliette Abécassis, Alain Amselek, Catherine Bergeret-Amselek, Jean-Michel Besnier, Marie Boisseau, Dolores Bojic, Dominique Cupa, Jennifer Guesdon-Plessis, Philippe Gutton, Djénane Kareh Tager, Julia Kristeva, David Le Breton, Frédéric Lenoir, Marie Robert, Nina Rodrigues-Ely, Olivier de Sagazan, Claude Tapia, et Daniel Widlöcher.

Pour leur soutien indéfectible et patient sans lequel cette aventure n'aurait pas été possible,

Michael Bellée et Jean Castarède.

Table

Imprimé en Allemagne par
GGP Media GmbH
à Pößneck
en février 2015

Cet ouvrage a été composé par IGS-CP
à L'Isle-d'Espagnac (16)

Dépôt légal : février 2015